Marieluise Christadler; Florence Hervé (Hrsg.)
Bewegte Jahre - Frankreichs Frauen

Marieluise Christadler; Florence Hervé (Hrsg.)

Bewegte Jahre - Frankreichs Frauen

ZEBULON VERLAG

Die Deutsche Bibliothek - CIP-Einheitsaufnahme
Bewegte Jahre - Frankreichs Frauen / Marieluise Christadler ;
Florence Hervé (Hrsg.). - Düsseldorf : Zebulon-Verl., 1994
(Zebulon spezial)
ISBN 3-928679-21-X
NE: Christadler, Marieluise [Hrsg.]

Umschlag: ZEBULON VERLAG unter Verwendung eines Fotos von Keystone
Lektorat: Anette Lascho
Gesamtherstellung: Druckhaus Beltz, Hemsbach

ISBN 3-928679-21-X

Vorwort

Die französische Frau "pflegt ihre Erscheinung. Sie trägt nicht wie die Germaninnen ihren Urwald an den Beinen, sondern nutzt die in Frankreich erfundenen Mittel der Kosmetik für ästhetische Korrekturen".[1] Der Autor dieses Aperçus, ein bekannter Fernsehjournalist, der seine Frankreich-Erfahrungen in einem vielgelesenen Essay zu Papier gebracht hat, gibt sich als Kenner. Und reproduziert genau das Klischee über "die Französin", das sein Publikum erwartet: Sie ist elegant, körperbewußt, liebeskundig, verführerisch - kurz, die Inkarnation des kunstvoll Weiblichen. Das ist zwar als Kompliment gedacht und Welten entfernt von den gehässigen Ausfällen gegen die Französinnen seitens einer deutschnationalen Völkerpsychologie,[2] die, wie noch das Beispiel Thomas Manns zeigt, nicht zögerte, die ganze französische Nation als "weiblich" zu denunzieren.[3] Aber es überrascht doch, 1990 in einem 400 Seiten starken Werk über Frankreich keine differenzierteren Aussagen über die weibliche Hälfte seiner Bevölkerung zu finden.

Läßt sich überhaupt Allgemeingültiges über die französischen Frauen sagen? Etwas, das auf die Pariser Intellektuelle ebenso zutrifft, wie auf die Bäuerin aus der Bresse, die Textilarbeiterin aus Nordfrankreich, die Immigrantin der zweiten Generation in Marseille - Frauen völlig unterschiedlicher sozialer wie regionaler Herkunft, mit anderen Lebensgeschichten, anderen Selbstverwirklichungsvorstellungen? Gibt es das spezifisch Französische, das ihnen gemeinsam ist und sie verbindet?

Als Michèle Sarde Ende der sechziger Jahre in die USA aufbrach, hielt sie nationalpsychologische Stereotypen für ebenso ärgerliche wie unzulässige Verallgemeinerungen. Als sie mit den Erfahrungen eines mehrjährigen Aufenthalts in den Vereinigten Staaten nach Frankreich zurückkam, war sie davon überzeugt, daß nationale Mentalitäten existieren, und schrieb ein Buch über "die Französinnen". Darin sucht sie u.a. nachzuweisen, daß der Liebeskodex der mittelalterlichen Troubadouren, der auf der Synthese von weiblicher Überlegenheit, Wort-Wichtigkeit und Vermischung von Weiblichem und Männlichem beruht, das Verhältnis der Geschlechter in Frankreich bis in die Gegenwart hinein bestimmt.[4] Sarde macht deutlich, daß Mythen und Stereotypen durchaus mit Realität zu tun haben, auch wenn sie nur Teile der Wirklichkeit spiegeln, daß Fremd- und Selbstbilder so etwas wie ein System kommunizierender Röhren bilden und die Französinnen sich in ihren Repräsentationen nicht nur wiedererkennen, sondern sich auch nach ihnen stilisieren. Als Beispiel dafür nennt sie "den Stolz auf Eleganz und Geschmack", insbesondere "das Sichzukleidenwissen", das im nationalen Selbstverständnis als "ein Kernstück französischer Lebensart" gelte.[5]

"Man kommt nicht als Französin zur Welt. Man wird es unter dem Blick des Mannes und dem der nationalen Gemeinschaft".[6] Es besteht aber nicht nur ein Wechselverhältnis zwischen nationaler Mythologie und individueller Weiblichkeit, zu berücksichtigen sind auch die zahlreichen (nationalspezifischen) Abweichungen zwischen geschriebenem Recht und gelebter Sitte, zwischen dem, "was sich schickt", und dem, was man tut. Ehebruch war nach dem Code Napoléon ein Verbrechen, das, von der Frau begangen, mit einer Gefängnisstrafe bis zu zwei Jahren geahndet werden konnte. Dennoch wurde er praktiziert, wenn auch wahrscheinlich nicht in dem Ausmaß, das seine literarische Behandlung nahelegt. Die Besessenheit, mit der die Schriftsteller - von Stendhal über Flaubert bis Raymond Radiguet - das Thema zum Gegenstand ihrer Romane machten, brachte Frankreich in den Ruf, eine Nation des Ehebruchs und der Dreierbeziehungen zu sein, wo die Frauen zwar rechtlos, aber privilegiert waren - gesellschaftlich tolerierte Mätressen, einflußreiche Egerien[7], anerkannte Schriftstellerinnen und unumschränkte Herrscherinnen in den Familien.

Weitere Ambivalenzen kommen ins Spiel. Etwa in dem schwer entwirrbaren Nebeneinander von Galanterie und Patriarchalismus, das die Unterdrückung der Frauen abfedert. Man muß nur Bonapartes delirierende Liebesbriefe an Josephine mit seinen prinzipiellen Aussagen über das Verhältnis der Geschlechter vergleichen, die sich im Code civil niederschlagen, um nachzuvollziehen, welchen Balanceakt es den Frauen abforderte, "la maîtresse du maître" zu bleiben. "Die Behutsamkeit, mit der die Französinnen ihre theoretische Emanzipation betreiben, erklärt sich aus dem widersprüchlichen Verhalten der Männer ihnen gegenüber", schreibt Michèle Sarde. "Das Problem der Feministinnen ist es, gegen Männer zu kämpfen, die sie privat leidenschaftlich lieben und in der Öffentlichkeit schlecht behandeln; die ihnen unaufhörlich Bücher widmen, aber ihnen das Recht verweigern, selbst welche zu schreiben."[8]

Jeanne Calo unterscheidet zu Recht Misogynie und Antifeminismus. Der Misogyne haßt die Frauen, der Antifeminist verweigert ihnen "nur" den Anspruch auf Gleichberechtigung; er kann in der Verherrlichung ihrer Tugenden so weit gehen, daß es einer Idolisierung des Weiblichen gleichkommt, und trotzdem unerbittlich auf der männlichen Dominanz bestehen.[9] "Féminolâtres" nennt Benoîte Groult solche Männer, die die Frauen vor den Gefährdungen der industriellen und politischen Welt, vor allem aber vor sich selbst schützen wollen. Sie treten in Frankreich gehäuft auf und bilden zusammen mit einer weiteren Spezies, den Vertretern des "Feminismus männlichen Geschlechts"[10], eine französische Besonderheit. Sie erklärt, daß vor dem Ersten Weltkrieg französische Frauenkämpferinnen die Statue Condorcets schmückten und zum Ausgangspunkt einer Wahlrechtsdemonstration machten; daß Elisabeth Badinter in ihrem neuen Buch[11] das Loblied des französischen Mannes singt, ja sogar von der "exception française" hinsichtlich des Geschlechterverhältnisses spricht. Gewiß gäbe es Machismus, aber er sei "weniger drückend und weniger aggressiv" als in anderen Ländern, deshalb habe er auch weniger scharfe Reaktionen hervorgerufen.

Sie und andere Autorinnen betonen, daß der französische Feminismus immer moderater gewesen sei und selbst auf dem Höhepunkt der Neuen Frauenbewegung nicht das Ausmaß des Bruches mit der Männerwelt erreicht habe wie z. B. in den USA. Als Erklärung bietet sich die lange Tradition des engvertrauten Zusammenlebens[12] und des Dialogs zwischen den Geschlechtern an, die sich in der Gemeinschaftlichkeit der Räume ausdrückt. Der Salon mit seiner unnachahmlichen Alchimie von Erotik und Gespräch bildet dafür ein anschauliches Beispiel. Weder zu Hause noch im Café oder im Club gab es eine Trennung nach Geschlechtern, die Mahlzeiten und Konversation zusammen führten. Selbst das Bordell diente nicht nur der sexuellen Dienstleistung, sondern war ein Ort der Konvivialität, wie in Maupassants Novelle *La Maison Tellier* nachzulesen ist. Noch im Mai 1968 kam es zu heftigen Diskussionen, weil die Frauen unter sich sein und unbehelligt von männlichem Blick und Intervention reden und sich selbst erfahren wollten.

Auch hier wird wieder eine gewisse Ambivalenz deutlich. Nicht nur, daß es in Frankreich durchaus das Phänomen "Gewalt in der Ehe" gibt, auch die statistischen Fakten zur Arbeitsteilung im Haushalt widersprechen der von Badinter beschworenen Idylle des Austausches von männlichen und weiblichen Elementen im Zusammenleben der beiden Geschlechter. Die Schriftstellerin Françoise Chandernagor macht die Statistik anschaulich, wenn sie dem britischen Mentalitätshistoriker Theodore Zeldin erklärt, daß ihr Mann zwar ein "überzeugter Profeminist" sei und ihre Selbstentfaltung ermutigt habe, den Haushalt und die Kinder aber allein ihr überlasse.[13]

Der Begriff "Feminismus" - im Französischen geläufiger als "Frauenbewegung" - umfaßt sehr unterschiedliche Positionen. Wer wie Maité Albistur und Daniel Armogathe damit "jede Analyse und Aktion" bezeichnet, die das Geschlechterverhältnis als "konflikthaft" ausweist und grundlegende Veränderungen anstrebt,[14] hat andere Ansprüche an die Parität von Männern und Frauen als jemand, der im Feminismus nur "die Lehre von der Ausdehnung der Rechte und Rolle der Frauen in der Gesellschaft" (Larousse) sieht.

Es hat in Frankreich immer einen radikalen und einen gemäßigten Feminismus gegeben. Seine Anhängerinnen unterscheiden sich sowohl in der Begründungsschärfe ihrer Forderungen wie auch im Provokationsmaß ihrer Aktionsbereitschaft. Allerdings ähneln sie einander in der Bemühung um eine diskursive Publizität ihrer Anliegen - woraus sich die Vielzahl feministischer Zeitschriften und in der Gegenwart die selbstverständliche weibliche Präsenz in den Medien erklärt. Die radikale Frauenbewegung, die bewußt an revolutionäre Traditionen anknüpft, hat zusätzlich Protestformen entwickelt, die ihre Originalität belegen und etwas von der zivilen Gesellschaft, dem Gegensatz zum Staat und zum politischen System, aufscheinen lassen, die in Frankreich noch am ehesten von den Frauen repräsentiert wird.

Es ist nicht Aufgabe dieser Einleitung, vorwegzunehmen, was die folgenden Kapitel detailliert beschreiben und was das spezifisch Französische an Entwicklung und Zustand der condition féminine in den letzten beiden Jahrhunderten ausmacht. Etwa - um nur einige Auffälligkeiten zu nennen - die Diskrepanz zwischen früher und zahlenmäßig starker weiblicher Berufstätigkeit sowie hoher gesellschaftlicher Anerkennung von Ausnahmefrauen einerseits und fehlendem Mitspracherecht in der Politik bzw. mangelnder politischer Repräsentation andererseits; das Auseinanderklaffen zwischen Bildungsniveau und Anteil an Führungspositionen; die besondere Ausprägung des Kampfes um das Recht auf Verhütung und Abbruch von Schwangerschaften in einem Land, das sich seit 100 Jahren um sein Bevölkerungspotential sorgt; in der Frauenbewegung ein Wechsel von radikalen Protestschüben mit langen Phasen feministischer Indifferenz, ja sogar eines ausgeprägten weiblichen Antifeminismus; lockere Organisationsformen und geringer Institutionalisierungsgrad, aber personelle und theoretische Vielfalt von Gruppen und Vereinen.

Die Herausgeberinnen, die unterschiedlicher Staatsangehörigkeit sind, aus unterschiedlichen beruflichen Zusammenhängen kommen und die deutschen und französischen Besonderheiten daher unterschiedlich erleben, empfanden es als besonders spritzig und anregend, sich - aus ihrem jeweiligen Blickwinkel heraus - mit der französischen Frauenbewegung auseinanderzusetzen.

Unterschiedliche Erfahrungen und z.T. unterschiedliche Einschätzungen, die theoretische Herangehensweise und das praktische Erleben, die Suche nach Besonderheiten und Gemeinsamkeiten empfanden sie als herausfordernd.

In Klammern folgen nun die persönlichen Anmerkungen der seit langer Zeit in Deutschland lebenden Französin, der die Antwort auf die Frage nach dem Frau-Sein und dem Frauen-Engagement in Deutschland und in Frankreich schwerfällt. Schwerer als zu Beginn der sechziger Jahre, bei ihrem ersten Aufenthalt in Deutschland. Haben sich die beiden Gesellschaften in puncto Frauen angenähert?

(Damals nahm man mich in Deutschland mit allen klischeehaften Attributen einer "Französin" auf: leichtsinnig, charmant, oberflächlich, lebenslustig, schlampig, offen. Mir dagegen fiel die stärkere Ablösung der jungen Frauen von ihren Familien in Deutschland auf; mir schien aber auch, daß eine Welt diese jungen Frauen von denen trennte, die mit 30 Jahren in die Ecke der "Muttis", der "Kaffee-Klatsch und Sahnekuchen konsumierenden, alterslosen Frauen" abgedrängt waren.)

1968 und danach: Revolte der Frauen auf beiden Seiten des Rheins. Radikalität hüben wie drüben. In Frankreich sind jedoch die lila Latzhosen nicht denkbar. Das Spiel der Galanterie geht weiter. Die Diskriminierung ist subtiler. In Deutschland scheint der Bruch der Frauenbewegung mit der alten patriarchalischen Gesellschaft grundsätzlicher, dramatischer zu sein. Die alltäglichen Be- und Verhinderungen sind im Frauenleben auch krasser als in Frankreich.

Für die achtziger Jahre stellt der Sozialwissenschaftler Helmut Kaelble eine "gleichere" Aufgabenverteilung zwischen Mann und Frau in Frankreich fest: "In den Idealvorstellungen, aber teilweise auch im Bild vom Ehealltag waren Männer und Frauen in Frankreich ein ganzes Stück gleichberechtigter als in der Bundesrepublik."[15] Dem stimmen wir zu.

(Heute als Französin in Deutschland. Ich vermisse die in Frankreich (relativ) selbstverständlichere Berufstätigkeit der Frau. Die (relativ) bessere Möglichkeit, Feminismus und Feminität zu leben (die Erotik des Alltags). Die (relativ) größere individuelle Freiheit im Alltag. Die (relative) Normalität der Kinder im Leben. Die (relativ) stärkere Möglichkeit, bei der Identitätssuche auf geschichtliche Frauen-Persönlichkeiten zurückgreifen zu können.)

Wie Frau in Frankreich leben?

Keineswegs. Fünfzig Jahre nach der Erringung des Frauenwahlrechts sind die gesellschaftlichen Verhältnisse noch fest im Sattel, die jegliche Emanzipation verhindern. Trotz hartnäckiger Kämpfe. Aber Frankreichs Frauen machen weiter Geschichte.

Die Herausgeberinnen danken Benoîte Groult für die Überlassung ihres Textes und den französischen Wissenschaftlerinnen für ihr Mitwirken am Zustandekommen dieses Buches. Sie hoffen, daß es dazu beiträgt, die Kenntnis deutscher Leserinnen und Leser über Frankreichs Frauen zu vertiefen. Noch hat sich Michèle Sardes Befürchtung nicht bewahrheitet, daß es im Zuge der Internationalisierung keine Unterschiede mehr zwischen den Europäerinnen geben werde. Vielmehr steht zu hoffen, daß sie um so eher zur Zusammenarbeit im Rahmen einer aktiven europäischen Frauenpolitik bereit sind, je ähnlicher ihre Lebensformen und Bedürfnisse, aber auch ihre Probleme werden.

Marieluise Christadler und Florence Hervé

Révoltes et Révolutions

Von der Französischen Revolution zur Pariser Commune

Florence Hervé

"Solange sich die Frauen nicht einmischen, gibt es keine richtige Revolution", prophezeite der Autor der *Gefährlichen Liebschaften* Choderlos de Laclos (1741-1803).

"Die Avantgarde der Revolution" nannte einer der bedeutendsten Historiker der Großen Revolution, Jules Michelet (1798-1874), die Frauen.[1]

"Der soziale Fortschritt ... erfolgt aufgrund der Fortschritte in der Befreiung der Frauen", erklärte der Philosoph, Ökonom und einer der Begründer der frühsozialistischen Theorie Charles Fourier (1772-1837).[2]

"Frauen überall. Wichtiges Zeichen, wenn Frauen sich einmischen ...", kommentierte der Schriftsteller und Journalist Jules Vallès (1832-1885), Mitglied der Pariser Commune, die Demonstration von 200.000 Pariserinnen Anfang 1870.[3]

Diese Aussagen von Zeitgenossen weisen auf den Zusammenhang zwischen Revolution und Frauenengagement, auf den entscheidenden Beitrag der Französinnen während der Revolutionen hin. Die Mai-Ereignisse von 1968, an denen Frauen großen Anteil hatten und aus denen heraus sich die Frauenbefreiungsbewegung MLF entwickelte, sind der jüngste Beweis dafür.

Auch im Vergleich zu anderen europäischen Ländern sticht das revolutionäre Engagement der Französinnen in der Vergangenheit hervor. Die profilierteste Vertreterin der proletarischen Frauenbewegung Deutschlands, Clara Zetkin (1857-1933), schrieb voller Bewunderung in ihrer *Geschichte der proletarischen Frauenbewegung*: "Es muß auffallen, daß in dem revolutionären Sturm und Drang von 1848/1849 in Deutschland nur wenige ... Frauen, noch weniger fordernde Frauenmassen handelnd hervorgetreten sind, geschweige denn Frauenorganisationen, die beherzt und kräftig in das politische und soziale Geschehen eingegriffen hätten. Welcher Gegensatz zu dem Verhalten der Frauen des Dritten Standes und ganz besonders der Kleinbürgerinnen und Proletarierinnen der Pariser Vorstädte während der Französischen Revolution."[4] Auffallend ist auch die Beteiligung von Frauen aus allen Schichten - das Engagement ging quer durch die Klassen hindurch.

Fragen drängen sich auf. Wie beteiligten sich Frauen an den revolutionären Kämpfen, entwickelten sie besondere Formen des Kampfes? Und was haben sie erreicht?

1789: "Die Frau ist frei geboren ..." (Olympe de Gouges)

Eine einzelne Stimme während der Großen Revolution. Männliche Zeitgenossen reagierten eher entsetzt über den Aufbruch der Frauen, ihren Auftritt in den öffentlichen und ihren zeitweiligen Austritt aus den häuslichen Räumen. "... da werden Weiber zu Hyänen und treiben mit Entsetzen Scherz", spottete Schiller in seinem berühmten *Lied der Glocke* über das revolutionäre Engagement der Frauen. Über den Marsch nach Versailles vom 5. Oktober 1789 berichtete das *Braunschweigische Journal* 1790: "Die Weiber selbst gaben einen ... lächerlichen, ekelhaften und fürchterlichen Anblick. Breite Gesichter, deren grobe Züge von der Wuth verzerrt waren; hervortretende funkelnde Augen; eine heisre Kehle, aus welcher die Worte, mehr geröchelt als artikuliert, wie herausgedrückt und herausgerissen wurden; ein Gebärdenspiel, das zwei gewaltige, rothe und in große, breite Tatzen auslaufende Arme, ein viereckiger Körper und baumstarke Beine ... und endlich Nuditäten, welche Wuth, Wahnsinn und Sturheit mit gleicher Schamlosigkeit aufgedeckt hatten, und deren lederfarbene bald in tiefe Falten zusammenfallende, bald schlauchartig schweppernde, scheussliche Kontoure dem Auge wie dem Gefühle die Tortur gaben ..."[5]

Frauenkämpfe als Abklatsch von Männerkämpfen, als blutrünstige Taten von hysterischen Strickweibern kolportiert. Was war geschehen, das solchermaßen die Wut von Männern erregte?

Zu den Hintergründen: Im 18. Jahrhundert gibt es 28 Millionen Menschen in Frankreich, darunter die Hälfte Frauen. 70 Prozent wohnen auf dem Land. Es ist eine Epoche des Umbruchs, der Herausbildung der bürgerlichen Gesellschaft. Elend kennzeichnet die Lage der Bevölkerung, verschärft durch die großen Versorgungskrisen. Der ehemalige englische Landwirtschaftsminister und Agronom Arthur Young schreibt am 10. Juni 1787 über die Frauen aus dem Pyrenäenvorland: "In der ganzen Gegend tragen die Mädchen und Frauen weder Schuhe noch Strümpfe ... Das ist ein Elend, das den nationalen Wohlstand von Grund auf beeinträchtigt ..." Über eine 28jährige Frau aus der Gegend von Metz notiert er am 12. Juli 1789: "Selbst wenn man diese Frau von nahem sah, hätte man sie auf 60 oder 70 Jahre geschätzt, so gebeugt ging sie und so zerfurcht und von der Arbeit gegerbt war ihr Gesicht ... Auf den ersten Blick resultiert dies aus einer schwereren Arbeit als derjenigen der Männer, verbunden mit dem noch größeren Schmerz, eine neue Generation von Sklaven zur Welt zu bringen. Das läßt sie alle Ebenmäßigkeit und Weiblichkeit verlieren."[6]

Frauen sind von politischen Rechten ausgeschlossen. Sie haben keine Schulbildung. 85 Prozent der Frauen sind Analphabeten. Ein überlanger Arbeitstag, schlechte Ernährung, häufige Schwangerschaften und eine hohe Kindersterblichkeit (nur jedes zweite Kind erreicht das fünfte Lebensjahr) prägen den Alltag der Bäuerinnen, der Wäscherinnen und der "Fischweiber". Verelendung führt zur Prostitution: Bei etwa 600.000 Einwohnern in Paris gibt es rund 30.000 Prostituierte. In seinem Buch *Mein Bild von Paris* berichtet Louis-Sébastien Mercier: "Alljährlich nimmt das Pariser Findelheim sieben- bis achttausend legitime und illegitime Kinder auf, und ihre Zahl wird ständig größer ... Wie soll etwa eine Schwangere, die selbst schon hungert und die vom Kindbett aus nur kahle Wände sieht, wie soll so eine für den Unterhalt ihres Kindes aufkommen können? Bereits weiß ein Viertel der Bewohner von Paris des Abends nicht mehr, ob der nächste Tag soviel Arbeit bringen wird, daß der daraus entspringende Verdienst für das Allernötigste reicht."[7]

Lange vor der Großen Revolution finden theoretische, literarische und philosophische Auseinandersetzungen um die Natur der Frau, um Gleichheit und Gleichberechtigung, um Bürgerrechte statt.

Das 18. Jahrhundert erlebt einen Höhepunkt der Debatten. Der Philosoph Rousseau (1712-1778) postuliert die natürliche Gleichheit aller Menschen, geht allerdings von der Ungleichheit der Geschlechter aufgrund der "Naturbestimmung" der Frau aus. Der Philosoph und Rechtsgelehrte Condorcet (1743-1794) tritt dagegen für gleiche Rechte der Frauen ein: "Warum sollte eine Gruppe von Menschen, nur weil sie schwanger werden kann ..., nicht Rechte ausüben, die man denjenigen niemals vorenthalten würde, die jeden Winter unter Gicht leiden und sich leicht erkälten?" In seiner Schrift *Über die Zulassung der Frauen zum Bürgerrecht* wirft er den Gesetzgebern vor, das Gleichheitsprinzip der Rechte zu verletzen, "indem sie ganz einfach die Hälfte des Menschengeschlechts ... vom Bürgerrecht ausschlossen."[8]

Einzelne Emanzipationsversuche gibt es außerdem im adligen Bereich, in den Salons, in denen sich das politisch-kulturelle Leben abspielt (z. B. in den Salons der Mesdames d'Epinay, de Genlis, du Châtelet, de Staël und während der Revolution in den Salons von Manon Roland und von Sophie de Condorcet).[9]

In diesem Spannungsverhältnis zwischen aufklärerischem Anspruch auf Emanzipation und ökonomischer Wirklichkeit ist der Streit um die Gleichheit der Geschlechter, der sich in der Entwicklung der Revolution wiederspiegelt, verankert.

Festzuhalten ist zunächst die beachtliche Teilnahme der Frauen an der Revolution. Sie beteiligen sich nicht allein als Ehefrauen und Mütter, die für die Versorgung der Familie verantwortlich sind (ihnen obliegt die Sorge um das tägliche Brot). Brot ja, "aber nicht um den Preis der Freiheit" und der sozialen Gerechtigkeit.[10] Besonders aktiv sind die Frauen aus dem Volk, aus dem sogenannten Dritten Stand, u. a. die "Damen der Hallen", die Fischweiber, und aus dem Vierten Stand (Tagelöhnerinnen, Handwerkerinnen). Die politische Debatte wird nicht mehr nur in den Salons geführt, sondern auf der Straße, in den Klubs und Versammlungen. Unmittelbar frauenspezifische Forderungen sind noch selten; Frauen beteiligen sich jedoch an allen politischen Aktionen.

Bereits im Januar 1789 wenden sie sich mit *Frauenpetitionen des Dritten Stands* und mit *Beschwerde-Heften* an den König. Ihre Forderungen betreffen vor allem die Bereiche Ehe und Erziehung: kostenlose Ausbildung, Recht auf priviligierte Ausübung bestimmter Berufe, Verurteilung der Prostitution. Die Wäscherinnen protestieren gegen die Teuerung der Seife und wenden sich an den Konvent: "Man vertagt uns auf Dienstag. Wir aber, wir vertagen uns auf Montag. Wenn unsere Kinder von uns Milch verlangen, können wir sie nicht auf übermorgen vertrösten."[11] Die Forderungen der Damen an die Nationalversammlung betreffen die Einrichtung von Mutterschaftskursen und Häusern für Findelkinder. Politische Rechte werden nicht erwähnt.

Von Mai bis Juli 1789 verfolgen Frauen aufmerksam die Ereignisse in den Versammlungen und setzen ihre Hoffnungen auf den König. Sie nehmen an den ersten Sitzungen der Konstituierenden Versammlung teil. Bei der Erstürmung der Bastille sind sie mit dabei. Im August macht sich eine Abordnung der "Dames des Halles", denen die Aufsicht über die Marktstände obliegt, auf den Weg nach Versailles, um dem König zum Inkrafttreten der Verfassung zu gratulieren. Im September machen sie bei den Unruhen infolge der Brotknappheit und der hohen Brotpreise mit. Sie sind bei den Erntedank- und Bittmärschen dabei. Am 5. Oktober 1789 begeben sich 6000 Pariserinnen zum König nach Versailles und fordern Brot. Zehntausende Frauen protestieren gegen die Verschwendung der Königin. Danach beteiligen sie sich an den Klubs, den Volksvereinen und den Stadtteilgruppen, an Boykottaktionen und an Streiks.

In den Auseinandersetzungen um die Nationalversammlung und um die Verfassung spielen Frauen Anfang der neunziger Jahre eine politische Rolle, nicht nur wenn es um Versorgungsfragen geht. In dieser zweiten Phase der Revolution gründen sie Frauengesellschaften, darunter den *Klub der Revolutionären Republikanerinnen*, der zunächst von den männlichen Jakobinern begrüßt wird.

Die 100 bis 170 Frauen des Klubs, die in ihrem Gründungsaufruf vom 12. Mai 1793 die Bürgerinnen auffordern, "ihren heimischen Herd zu verlassen" und Geld zu sammeln, um "Frauen von Sansculotten zu bewaffnen", treten für Berufsausbildung für Mädchen und für gute moralische Sitten ein sowie für die Durchsetzung einer radikalen Strafrechtsreform, sie entwickeln Projektvorschläge für die Einrichtung von Werkstätten für Frauen und zur Rehabilitierung von Prostitutierten. Die Mitglieder des Klubs tragen rote Hosen und die den Männern vorbehaltenen roten Mützen. Sie wollen "keine dienenden Frauen, keine Haustiere sein, sondern eine Phalanx zur Vernichtung der Aristokratie".[12] Sie fordern gleiche politische Rechte und gleichen Zugang zu allen öffentlichen Ämtern.

Hervorzuheben ist außerdem die Teilnahme von Frauen an Gewalt und bewaffneten Kämpfen in sogenannten Amazonen-Legionen. Pauline Léon, eine dieser "Amazonen" erklärt dazu: "Wir wollen uns nur selbst verteidigen können ... es sei denn die Erklärung der (Menschen)-Rechte findet keine Anwendung auf die Frauen, die sich abschlachten lassen sollen wie Männer, ohne das Recht auf Selbstverteidigung."[13]

Dieses neue politische Engagement fordert den Widerstand männlicher Abgeordneter heraus, so von Amar, der das Verbot der Frauenklubs beantragt: "Sollen Frauen politische Rechte haben und sich in Angelegenheiten der Regierung einmischen?" Nein, denn diese seien unvereinbar mit der natürlichen Rolle der Frau, "den Pflichten, zu denen die Natur berufen hat". Die politisch aktiven Frauen werden als denaturiert, als Mannweiber verurteilt. Unter dem Vorwand der Störung der öffentlichen Ordnung werden alle Zusammenschlüsse von Frauen verboten. Auf der Ratssitzung der Pariser Kommune am 15. November 1793 polemisiert der Präsident Chaumette: "Das Gesetz schreibt vor, die Sitten zu respektieren und ihnen Geltung zu verschaffen ... Seit wann ist es erlaubt, seinem Geschlecht abzuschwören? Seit wann ist es schicklich, Frauen die frommen Sorgen ihres Haushalts, die Wiege ihrer Kinder aufgeben zu sehen, um auf die öffentlichen Plätze, auf die Volkstribünen, an die Schranken des Senats zu eilen? Hat die Natur den Männern die häuslichen Aufgaben anvertraut? Hat sie uns Brüste gegeben,

Frauen nahmen 1792 in Männerkleidern an den Revolutionskriegen teil

um unsere Kinder zu säugen? Nein! Sie hat zum Mann gesagt: Sei Mann. Die Jagd, die Landwirtschaft, die politischen Aufgaben, die Anstrengungen aller Art - das ist dein Reich ..."[14]

Die Gründerinnen und zeitweiligen Vorsitzenden der *Klubs der Revolutionären Republikanerinnen* Claire Lacombe (1765-1796), Schauspielerin, und Pauline Léon (geb. 1768), Eigentümerin einer Schokoladenfabrik, werden verhaftet. So endet das kurze Leben der ersten radikalen Frauengruppe in Frankreich.

Schließlich spielen Frauen aus dem Volk eine entscheidende Rolle im Widerstand gegen die Thermidor-Regierung. Am 1. Prairial (dem 20. Mai 1795) beginnt der Aufstand mit einem Marsch der Frauen, dem "Höhepunkt der weiblichen Massenbewegung". Der Prairialaufstand wird mit Repressalien belegt. Frauen werden nach einem Dekret vom 24. Mai 1795 gebeten, sich "unverzüglich in ihre Wohnungen zu begeben", sie werden aus dem öffentlichen Leben ausgeschlossen. Im Polizeibericht vom 30. Mai 1795 heißt es: "Die Männer sind an ihre Arbeit zurückgekehrt, die Frauen in ihre Familien. Sie schweigen über die politischen Ereignisse." Es ist das Ende der revolutionären Frauenbewegung.

Bemerkenswert ist in den revolutionären Kämpfen, neben der Beteiligung der Frauen des Dritten Stands, der Aufbruch einzelner Persönlichkeiten. Unter ihnen die niederländische Vorkämpferin für Frauenrechte Etta Palm d'Aelders (geb. 1743), die in Paris als politischer Flüchtling lebt. Dort tritt die Baronin in öffentlichen Reden für die Gleichstellung der Frau ein, begründet den *Föderativen Club der patriotischen Bürgerinnen* mit und wird Präsidentin der *Gesellschaft der Freundinnen der Wahrheit*. Sie fordert den gleichen Zugang zu zivilen und militärischen Ämtern für Frauen. 1793 kehrt sie nach Holland zurück, danach verlieren sich ihre Spuren.[15] Unter den Revolutionärinnen auch die "Schöne aus Lüttich", Théroigne de Méricourt (1752-1817), die aus einer Bauernfamilie stammt und musikalisches Talent zeigt. Als "Amazone der Freiheit" nimmt sie an der Erstürmung der Bastille und möglicherweise an dem Marsch nach Versailles im Oktober 1789 teil. Sie wird in den Wahnsinn getrieben und verbringt ihr Lebensende im Irrenhaus.[16] Olympe de Gouges (1748-1793) ist damals eher Außenseiterin und wie fast alle

Einzelkämpferin. Ihre *Erklärung der Rechte der Frau und Bürgerin* (1792), mit dem emanzipatorischen Artikel "Die Frau ist frei geboren und bleibt dem Manne gleich in allen Rechten" wird damals kaum gelesen, bleibt dennoch eines der faszinierenden Dokumente der Revolution. Olympe de Gouges, die aus der Provinz kommt, versteht sich als "Anwältin der Unterdrückten", ist in der Frauensache radikal, in der Politik jedoch gemäßigt, Gegnerin Robespierres und konstitutionelle Monarchistin. Sie stirbt unter der Guillotine, sie, die im Artikel X ihrer Erklärung geschrieben hatte: "Die Frau hat das Recht, das Schafott zu besteigen, gleichermaßen muß ihr das Recht zugestanden werden, eine Rednertribüne zu besteigen."[17]

Was trieb nun die Frauen in die revolutionäre Bewegung?

Allgemeine Ziele nach Freiheit und Gerechtigkeit standen zunächst vor geschlechtsspezifischen Forderungen. Die Geschlechterbeziehungen wurden jedoch in Frage gestellt. Und indem sich Frauen einmischten, nahmen sie erstmalig am politischen Leben teil.

Wenige Rechte konnten erkämpft werden, so die Neuregelung der Volljährigkeit (ab 21 Jahren), des gleichen Erbrechts auch für außereheliche Kinder (Aufhebung des Erstgeborenenrechts), die Einführung des obligatorischen Schulbesuchs für Mädchen bis zum zwölften Lebensjahr. Mit dem Gesetz von 1792 über Ehe und Ehescheidung konnte nun die Ehe als Zivilvertrag geschlossen werden, wurde Scheidung möglich, wurde die Zeugnisfähigkeit der Frauen bei allen zivilen und gerichtlichen Akten festgelegt. Allerdings wurden mit dem Code Napoléon 1804 diese Errungenschaften zurückgenommen.

Andererseits vertraten viele männliche Revolutionäre antifeministische Auffassungen, die sich in der letzten Phase der Revolution durchsetzten.

Die Frühsozialistin Flora Tristan (1803-1844) bemerkte zu Recht, daß die Revolution auf halbem Wege stehengeblieben sei und keine Menschen-, sondern Männerrechte proklamiert habe.[18]

Die Revolution hatte für Frauen eine andere politische Qualität als für Männer. So Annette Kuhn: "Die Spuren des weiblichen Bewußtseins, gleich dem Manne Bürgerin zu sein, finden sich nicht in den neuen bürgerlichen Konzeptionen, sondern in den Widerstandsleistungen von Frauen gegenüber diesen Trennungen. In der Nicht-Akzeptanz der Grenzziehungen der bürgerlichen Gesellschaft liegen die Wurzeln der Gleichheitsforderungen der Frau als Bürgerin."[19]

Die Revolution hatte die Frauen nicht befreit, aber sie hatte Gleichheit und Humanismus begründet, erste Emanzipationsansätze entworfen und Frauenkämpfe eingeleitet. Diese erfuhren einen besonderen Aufschwung im 19. Jahrhundert.

1830-1848 - "Freiheit und Autonomie verbinden" (Suzanne Voilquin)

Die Forderungen der Frauen nach Freiheit werden erneut aufgestellt, und die Argumentation von Männern dagegen wiederholt sich. "Frauen sind grausamer als Männer. Sie legen Brand, statt zu leuchten, sie töten alles auf ihrem Weg"[20]; so beschreibt der Journalist und Schriftsteller Alphonse Karr (1898-1890), ein bekannter Antifeminist, die engagierten Frauen. Der französische Lyriker Charles Baudelaire scheint ebenfalls die "höchst ungehörigen" Aktivitäten der "freien Frauen" der dreißiger und vierziger Jahre nicht gerade zu schätzen. So schreibt er: "Unsere schönheitsliebenden Augen haben sich niemals an all diese abgeschmackten Häßlichkeiten, diese gottlosen Niederträchtigkeiten und frevelhaften Nachahmungen männlichen Geistes gewöhnen können ..."[21]

1789, 1830, 1848: Immer das gleiche Szenario: Frauen nehmen aktiv an den revolutionären Bewegungen teil, werden jedoch ihrer Rechte beraubt, von Männern beschimpft und verleumdet. Sie wagen es erneut, die private Sphäre zu verlassen, in der Öffentlichkeit aufzutreten und für soziale und politische Rechte zu kämpfen.

Die erste Hälfte des 19. Jahrhunderts ist verbunden mit der Entwicklung des Manufakturwesens, der Mechanisierung und der Proletarisierung von Bauern und Kleinproduzenten. Ein Exodus von dem Land in die Städte findet statt. Es ist die Zeit der langsamen Durchsetzung der kapitalistischen Produktionsweise und der Entstehung der Arbeiterklasse. 18 Prozent der Bevölkerung leben von Fabrikarbeit, Bauwirtschaft oder Handwerk.[22]

Die Frauen- und Kinderarbeit nimmt in Frankreich rapide zu. In Betrieben mit über zehn Beschäftigten arbeiten 1847 bereits 254.371 Frauen und 131.098 Kinder (zum Vergleich: 672.446 Männer). Der Kinderanteil erreicht in der Textilindustrie bis zu einem Drittel.[23] 40 bis 50 Prozent der Frauen in den Städten sind alleinstehend.

Die Arbeitsbedingungen sind sehr hart. Jules Simon schreibt über die Fabrikregelungen im Industriezentrum Lyon: "Die Arbeit fängt um fünf Uhr einhalb früh an und endet um acht Uhr fünfzehn abends, mit Ausnahme von zwei Stunden für das Einnehmen von Mahlzeiten und für Ruhe."[24] Die Wohnbedingungen sind katastrophal. Die Verdienste reichen zum Leben nicht aus: Frauen verdienen weniger als die Hälfte dessen, was ihre Männer bekommen, Kinder ab sieben Jahren nicht einmal ein Viertel. Die Zahl der Findelkinder nimmt zu: Mitte der dreißiger Jahre gibt es bereits 140.000 Findelkinder - von 889.000 Einwohnern in Paris. Die Folgen von Fabrikarbeit werden mit moralischer Empörung von Jules Simon beschrieben: so das Zusammenleben ohne Trauschein unter Arbeitern und Arbeiterinnen (die elsässischen Arbeiter nennen dies "paristeren", auf Pariser Art leben), der Verlust der Funktion der Familie und die Promiskuität: "Die Frau als Arbeiterin ist keine Frau mehr ... Statt eines verborgenen, geborgenen, sittsamen Lebens mit ihren zärtlichen Lieben - das so notwenig für ihr Glück und unseres ist - ... lebt sie nun unter der Herrschaft eines Meisters, umgeben von Kolleginnen mit zweifelhafter Moral, in ständigem Kontakt mit Männern, getrennt von Mann und Kindern ... Es gibt keine Familie mehr."[25]

Das Elend, die Enttäuschung über die mageren Ergebnisse der Großen Revolution (soziale Rechte und demokratische Errungenschaften gehören der Vergangenheit an), die politische Restauration (1815-1830) mit der Reinstallierung der Bourbon-Könige Ludwig XVIII. und Charles IX. sowie die Anfänge der Arbeiterbewegung führen zu spontanen Rebellionen und zu der Juli-Revolution von 1830 gegen die Monarchie. Die "Drei Glorreichen Tage" im Juli 1830, der Sturm auf den Königssitz in den Tuilerien, auf Präfekturen und Rathäusern, führen zum Sturz von Charles IX. Unter den Demonstranten der Juli-Tage, Flora Tristan und Claire Démar (1800-1833). Der "Bürgerkönig" Louis Philippe wird gekrönt.

1831 und 1834 gibt es weitere Rebellionen, so in Lyon den Seidenweberaufstand, die Streiks für bessere Löhne und Lebensbedingungen. Über die Notwendigkeit einer Reform der Industrie schreibt Marie-Reine Guindorf (1806-1836) im Hinblick auf die Arbeiterinnen: "Was ist denn ihr Leben? Ein dauerndes Leid in immerwährender Misere."[26]

Ende Februar 1848 gehen die Pariser wieder auf die Straße. Der "Bürger"-König wird abgesetzt, eine Radikalisierung der Streiks findet statt, der Arbeiteraufstand wird jedoch Ende Februar 1848 niedergeschlagen. Unter den 406 Verhafteten im Gefängnis Saint-Lazare befinden sich 184 Frauen.[27]

Es ist die Zeit der Revolutionen - aber auch der Entwicklung der frühsozialistischen Theorie. Saint-Simon (1760-1825), der sich für die Verbesserung der gesellschaftlichen Verhältnisse einsetzt, wendet sich gegen die Ausbeutung des Menschen durch den Menschen. Wenngleich er wenig über die Frauenfrage schreibt, fordert er die Gleichheit von Mann und Frau: "Der Mann und die Frau, das ist das soziale Individuum."

1830 und 1831 entstehen die ersten St-Simonistischen Vereinshäuser - große Wohngemeinschaften mit jeweils 15 Familien. An den St-Simonistischen Versammlungen nehmen etwa 200 Frauen teil; ab Herbst 1831 finden separate Frauenversammlungen statt.

Ein anderer Frühsozialist, der Ökonome Prosper Enfantin (1796-1864) betrachtet das Paar als gesellschaftliche Grundzelle; er träumt von der Erlösung der Welt durch einen weiblichen Messias.

Fourier entwickelt die Utopie einer Gesellschaftordnung mit genossenschaftlich organisierter Produktions- und Lebensweise, in der die Arbeit nach den menschlichen Neigungen organisiert ist.[28] Im Grad der weiblichen Emanzipation sieht er das natürliche Maß der allgemeinen Emanzipation. Er weist auf die Fragwürdigkeit von Ehe und Kleinfamilie hin und fordert das Recht auf Arbeit für Frauen.

Die Vorstellungen der Frühsozialisten über Frauenemanzipation sind noch recht bescheiden; sie finden jedoch große Zustimmung bei Frauen, die selbst ihre Befreiungstheorien entwickeln. Die Utopien der Sozialisten sind für sie verlockend, stellen sie doch der Industrialisierung, der kapitalistischen Ausbeutung und der Frauenunterdrückung ein Ideal der Gleichheit und der Solidarität als Alternative gegenüber.[29]

In einem Appell an die Frauen, veröffentlicht in *Tribune des Femmes*, heißt es: "Während sich alle Völker im Namen der Freiheit in Bewegung setzen und der Proletarier seine Befreiung fordert, sollen wir Frauen da etwa passiv bleiben bei dieser großen Bewegung für die soziale Emanzipation, die sich unter unseren Augen vollzieht? Ist denn unser Los so glücklich, daß wir nicht auch etwas zu fordern hätten?"[30]

Frauen erleben einen richtigen Aufbruch, der nicht nur in der regen Teilnahme an den Aufständen zum Ausdruck kommt, sondern vor allem in der Gründung von Frauenzeitungen und -klubs. Die ersten feministischen Blätter erscheinen: von Claire Démar, Jeanne Deroin und Pauline Roland; *Le Conseiller des Femmes* von Eugénie Niboyet (1804-1844), die sich für politische Rechte einsetzt; *La Femme libre* von Marie-Reine Guindorf, mit dem schönen Motto: "Freiheit für die Frauen, Freiheit für das Volk - durch eine Neuorganisation des Haushaltes und der Industrie."[31]

In dieser Zeit sind es wieder einzelne Frauen, die sich leidenschaftlich einmischen: Die Schriftstellerin George Sand (1810-1876) tritt z. B. gegen die bürgerliche Ehe und für die individuelle Freiheit ein.[32] Flora Tristan (1804-1844), die sich von einer Paria zu einer politischen Propagandistin entwickelte, begründet die theoretische Vereinigung von Feminismus (der Begriff entsteht 1837) und revolutionärem Sozialismus. Die Grundlage für die Emanzipation der Arbeiter ist für sie die Gleichheit. Im Unterschied zu George Sand befürwortet sie eine Perspektive der individuellen Emanzipation nicht - vielmehr verbindet sie diese mit dem Wirken für die Umgestaltung der gesellschaftlichen Verhältnisse. Für Frauen fordert sie das Recht auf gleiche Erziehung, auf freie Wahl des Mannes und auf Scheidung. Ihr Programm stößt auf allgemeine Ablehnung:

"Alle sind gegen mich", schreibt sie. "Die Männer, weil ich die Emanzipation der Frauen fordere, die Eigentümer, weil ich die Emanzipation der Lohnabhängigen fordere."[33]

Die Vésuviennes, unter ihnen Jeanne Deroin, fordern den obligatorischen Wehrdienst für Mädchen zwischen 15 und 20 Jahren in der "Garde féminine". Sie - Frauen aus der Arbeiterklasse - nennen sich so, weil ihre "lang aufgestaute Lava nicht zerstörerisch, sondern regenierend wirkt ... Vésuvienne heißt, daß jede von uns im Herzen einen Vulkan von revolutionärem Glut und Feuer besitzt."[34] Einem Journalisten, der danach fragte, ob die Vésuviennes fünf Minuten lang ein Gewehr halten könnten, antworten sie. "Warum sagt man immer, daß wir schwach sind? Ich gehe zum Markt, in den Keller, zum Wald; ich koche, wasche, schrubbe, putze, während mein *starker* Mann den ganzen Tag Zahlen in seinem Büro nebeneinanderstellt."[35] Die Vésuviennes, die sich an den Straßenkämpfen beteiligen, fordern gleiche Löhne und das Recht, kurzes Haar zu tragen ...

Zunächst sieht es so aus, als ob die Forderungen der Frauen Anerkennung finden. Ein nationales Frauen-Institut und ein Frauenkorps werden gegründet, sie sollen Geld für die Schaffung von nationalen Werkstätten sammeln. Frauen werden von der Provisorischen Regierung in die Kommission für die Reorganisation der Frauenarbeit einberufen.

In dieser Zeit blühen Frauenklubs und -zeitungen auf. Pauline Roland (1805-1852) leitet die *Vereinigung der sozialistischen Lehrerinnen und Lehrer* und bereitet ein Unterrichtsprojekt für Frauen vor. Eugénie Niboyet und Jeanne Deroin geben *La Voix des femmes* heraus und leiten die *Société de la Voix des Femmes*. Von der Provisorischen Regierung fordern sie 1848 das "allgemeine Wahlrecht und die Gleichheit vor dem Gesetz". In diesem Klub werden die Sitzungen, die sich mit der Rolle der Frau beschäftigen, immer heftiger. Ende Juli 1848 wird ein Gesetzentwurf verabschiedet, der die Aktivitäten des Clubs verbietet: "Frauen und Minderjährige können weder Mitglieder des Clubs werden noch Sitzungen beiwohnen" (Art.3).[36] Dennoch kandidiert Jeanne Deroin für die Wahlen in Paris (*La Voix des Femmes* hatte George Sand als Kandidatin für die Nationalversammlung vorgeschlagen, diese hatte aber abgelehnt). Sie fordert die Ausweitung des allgemeinen Wahlrechts auf Frauen. In einer Petition an die Provisorische Regierung Ende April 1848 heißt es: "In Anbetracht dessen, daß die siegreiche Revolution von 1848 eine Ära der universalen Brüderlichkeit für alle Menschen unabhängig vom Geschlecht eröffnet, fordern wir die vollständige Emanzipation, da die Frauen mit einer geeigneten Erziehung in der Lage wären, alle sozialen Aufgaben auszuüben."

Die Forderungen der Feministinnen sind umfassend. Im Mittelpunkt stehen Freiheit und Gleichheit. In den Grundsätzen und Zielen der Neuen Frauen wird formuliert: "Das Ziel, das wir alle erreichen wollen, ist unsere Befreiung in dreierlei Hinsicht: in der Moral, im geistigen und im materiellen Leben." In einem Artikel von Suzanne Voilquin (1801-1876) heißt es: "Unsere Versuche müssen darauf zielen, ... die zwei Prinzipien Freiheit und Autonomie zu verbinden." Ein Mittel, diese Freiheit zu verwirklichen, wird in der materiellen Unabhängigkeit gesehen. Die Gleichheit in der Ehe wird gefordert: "Wir wollen nicht mehr diese Regel: 'Frau, sei deinem Manne untertan!' ... Lieber ledig als Sklavin!" Die Feministinnen fordern darüber hinaus die Aufhebung der Trennung von Körper und Geist - einige das Recht auf freie Liebe, eine Revolution der Geschlechterbeziehungen. Suzanne Voilquin: "Zu Zeiten einer Revolution in der Moral gilt das gleiche wie zu Zeiten einer politischen Revolution: Es gilt, zu wagen!"[37]

Einzelne Frauen, die versuchen, ihre Theorien ins praktische Leben umzusetzen, scheitern an den patriarchalischen Verhältnissen, so Pauline Roland. Dazu Benoîte Groult: "Man mag sie für verrückt halten, diese Frau, die bis ins Absurde hinein ihren Prinzipien getreu leben und vor der Gesellschaft auch alle Verantwortung dafür tragen wollte. Doch mußte man nicht verrückt sein, um sich im Jahr 1830 als freie Frau verstehen zu wollen? Mußte man nicht verrückt sein, um eine Theorie von individueller und sexueller Freiheit in die Tat umzusetzen, deren alleinige Erwähnung schon ehrbare Leute beiderlei Geschlechts in Harnisch brachte?"[38]

Für die 48er Revolution stellt Laure Adler drei Tendenzen in der feministischen Bewegung fest: die Frauen aus den utopischen Bewegungen wie Jeanne Deroin, Pauline Roland und Désirée Gay, die bürgerlichen Frauen wie Eugénie Niboyet, und individuelle Emanzipationsversuche wie bei George Sand.[39]

Was haben nun die revolutionären Feministinnen von 1830 und 1848 erreicht? Das - formale - Recht auf Arbeit und kurzfristig die Wahl von weiblichen Delegierten zu den nationalen Werkstätten. Ein mageres Ergebnis. Dafür wurden sie verspottet, verleumdet, vor Gericht gebracht. Jeanne Deroin und Désirée Gay wurden Ende Mai 1850 verhaftet, Pauline Roland wegen "Subversion" und der Organisation von gesetzwidrigen Vereinen deportiert. Männer fürchteten um ihre Machtstellung. Ein gewisser Démocrite äußerte sich unumwunden: "Wenn unsere Gefährtinnen sich in die Politik einmischen, wer wird dann unsere Kleider flicken, die Suppe kochen und das Geschirr spülen?"[40] Gute Frage!

Erneut erfuhren die Frauen, daß ihre Forderungen nach allgemeinen Menschenrechten auf Männerrechte reduziert wurden, daß die Emanzipation der Arbeiter nicht unbedingt und automatisch verbunden ist mit der Emanzipation der Arbeiterinnen. Jenny d'Héricourt (1789-1848), eine der engagierten Kontrahentinnen des Antifeministen Proudhon, hatte bereits gewarnt: "Ich sag' es euch: all eure Kämpfe sind vergeblich, wenn Frauen nicht mit euch marschieren ... 1848 brauchte die Frauen wie die Große Revolution; war ihre Aufgabe erfüllt, so schloß man sie aus den Versammlungen aus."[41]

1871: Die Pétroleuses - "Glaubt man, die Revolution ohne die Frauen zu machen?" (André Léo)

Diese weibliche Meinung wird von den meisten männlichen Zeitgenossen nicht geteilt. Die männlichen Kommentare über die weibliche Beteiligung an der Pariser Commune ähneln denen ihrer Vorfahren 1789, 1830 und 1848. "Wenn das Franzosenvolk nur aus Frauen bestünde, welch schreckliche Nation wäre das!"[42], schreibt der Times-Korrespondent über die Pariser Commune. So wie er die

Pétroleuses verunglimpft - Frauen werden beschuldigt, Paris in Brand gesetzt zu haben - machen es viele seiner Zeitgenossen. Etwa der Autor Alexandre Dumas jun., der über die Communarden urteilt: "Wir werden nichts über deren Weiber sagen. Aus Respekt für die Frauen, denen sie ähneln, wenn sie tot sind."[43] Immer das gleiche machistische Drehbuch.

Auch hat sich seit 1848 an der Situation der Frauen wenig geändert. Wenn Mädchenbildung und Frauenerwerbstätigkeit auf dem Vormarsch sind - 33 Prozent aller Erwerbstätigen sind Frauen, 39 Prozent der Beschäftigten in der Großindustrie sind Frauen -, so sind die Arbeits- und Lebensbedingungen elendig. Armut, niedrige Löhne, schlechte Ernährung, katastrophale Wohnbedingungen, Krankheiten kennzeichnen die Lage.[44] Die ökonomischen Krisen von 1865, 1867 und 1868 verschlechtern diese Situation weiter. Viele Arbeiterinnen werden dadurch zur Prostitution gezwungen. Julie Daubié, die erste Abiturientin Frankreichs, schreibt 1866: "Der unzureichende Lohn zwingt manchmal die Arbeiterin zum Verkauf ihres Körpers, um das Geld zusammenzukriegen, auch in Zeiten industriellen Wachstums; das nennt sich das fünfte Viertel des Tages."[45]

In den sechziger und siebziger Jahren erfährt der Streit um die Rechte der Frau - la querelle des femmes - einen neuen Höhepunkt mit den antifeministischen Schriften eines prominenten Vertreters der organisierten Arbeiterschaft, Pierre Joseph Proudhon, der seine Thesen z. B. in seinem Buch *Die Pornokratie* niederlegt. Nach Proudhon gibt es lediglich zwei Alternativen für die Frau: Hausfrau oder Kurtisane. Dementsprechend wendet sich die französische Sektion der 1864 in London gegründeten *Internationalen Arbeiterassoziation* gegen die Frauenarbeit. Jenny d'Héricourt antwortet in ihrem Buch *Die befreite Frau* (1860) auf Proudhons Ausfälle: "Hören Sie gut zu, Monsieur Proudhon. Die Frau ist wie das Volk: Sie hat genug von Ihren Revolutionen, die uns zugunsten einiger ehrgeiziger Schwätzer kaputtmachen ... Wir erklären Ihnen, daß wir ab jetzt jeden, der sich gegen unsere legitimen Forderungen stellt, als Feind des Fortschritts und der Revolution betrachten werden; daß wir diejenigen als Freunde des Fortschritts und der Revolution dagegen stellen werden, die sich für unsere zivile Emanzipation aussprechen, und seien es Ihre Gegner."[46]

Zu dieser Zeit ist es wieder still um die Frauenforderungen. Einzelne Frauen stellen die Versorgungsfrage in den Mittelpunkt ihrer Aktivitäten. So die bretonische Buchbinderin Nathalie Lemel (geb. 1826), die den Verein *La Marmite* (Der Kochtopf) gründet, eine Art selbstverwaltetes Restaurant, das billiges Essen für die Arbeiter bereitstellt. Die Romanschriftstellerin und Schuldirektorin Marguerite Tinayre (unter der Commune als erste Frau zur Stadtschulinspektorin ernannt) gründet 1867 einen weiteren Konsumverein, *Les équitables de Paris* (Die Gerechten von Paris).[47]

Den unmittelbaren Anlaß für die Pariser Commune bilden der Krieg und der "schändliche" Waffenstillstand. Nach mehreren Provokationen wollen die Regierungstruppen am 18. März 1871 die in Montmartre deponierten Waffen zurückholen. Daraufhin schlagen Frauen Alarm, unter ihnen Louise Michel. Sie stellen sich zwischen die Kanonen und die Soldaten: "Nein, ihr werdet sie nicht nehmen! Wollt ihr denn auf eure Brüder, unsere Männer und unsere Kinder schießen?"[48] Die Soldaten legen die Waffen nieder.

Die Pariser Commune - die erste Arbeiterregierung - sollte 100 Tage dauern. Auf den Barrikaden Zehntausende von Frauen aus allen sozialen Schichten, mehrheitlich Arbeiterfrauen. Die Führerinnen, wie Louise Michel, Paule Minck, André Léo, gehören der Mittelschicht an, sie sind als Lehrerinnen oder Journalistinnen tätig.[49] Baron Marc de Villiers bemerkt: "Nie haben Frauen in Frankreich so viel Einfluß gehabt wie während der Commune-Regierung."[50] Clara Zetkin ergänzt pathetisch: "Dem gewaltigen Ereignis fehlte nicht der Wesenszug jeder elementaren Revolution - die Beteiligung breiter Frauenmassen - vom 18. März 1871 an ... bis zu den letzten Kampfepisoden der 'blutigen Maiwoche', da die ... Truppen der Bourgeoisie an der Mauer des Père Lachaise die Aufständischen wie Gras dahinmähten. Die Pariser Proletarierinnen und Kleinbürgerinnen erwiesen sich auf der Höhe revolutionärer Pflichterfüllung."[51]

Die Aktivitäten der Frauen beschränken sich nicht auf die Barrikadenkämpfe. Neben den Bataillons von Amazonen funktioniert

Beginn der Pariser Commune am 18. März 1871 (Zeichnung von Steinlen)

z. B. der *revolutionäre Kochtopf* von Nathalie Lemel weiter. Nach dem Vorbild der Großen Revolution entstehen *Wachsamkeitskomitees.* Eine Reihe Gesellschaften - wie die zur Hilfe der Kriegsopfer -, Komitees und Klubs werden gegründet. Die Beteiligung der Frauen wird nicht immer akzeptiert, wie es folgende Bemerkung eines Kommunarden zeigt: "In die Küche, die Frauen! Kümmert euch um den Kochtopf."[52] Der *Bund der Frauen zur Verteidigung von Paris und zur Verwundetenpflege*, am 8. April 1871 gegründet, schließt alle politischen Frauenorganisationen und -klubs zusammen.[53] Im Zentralkomitee des Bunds wirken u. a. Louise Michel, Elisabeth Dimitriev und Nathalie Lemel. Es entstehen genossenschaftlich organisierte Werkstätten.

Wer sind diese Frauen, die sich an den revolutionären Kämpfen leidenschaftlich beteiligen und am Aufbau einer neuen Gesellschaft mitarbeiten wollen?

Da ist die Lehrerin Louise Michel, Leiterin der Frauenbataillons, die moderne Unterrichtsmethoden für Kinder entwickelt und die Sache der Commune vor den Kriegsgerichten verteidigt. Sie wird in die Verbannung geschickt. Aus der Deportation 1880 zurückgekehrt, muß sie ins Exil nach England gehen. Bis zu ihrem Tod bleibt sie dennoch aktiv, organisiert Versammlungen, setzt sich für die Unterdrückten ein.

Da ist die Buchbinderin Nathalie Lemel, die eine Organisation zur besseren Verteilung der Lebensmittel gründet und eine der Initiatorinnen der ersten gewerkschaftlichen Frauenorganisationen ist. Sie wird ebenfalls für neun Jahre deportiert.

Da ist Elisabeth Dimitriev, russischer Herkunft, Vertraute von Marx' Töchtern, die Informationen über die Commune sammelt, sich im *Bund zur Verteidigung von Paris* engagiert und der Deportation entflieht. Ihr Name, der Mehrheit der FranzösInnen unbekannt, sollte übrigens im Zuge der Frauenbefreiungsbewegung der siebziger Jahre dieses Jahrhunderts aufgegriffen werden: Das im Mai 1971 innerhalb der *MLF* entstandene *Cercle Elisabeth Dimitriev* versteht seinen Kampf um die Frauenbefreiung im Rahmen der Befreiung der Gesellschaft von kapitalistischer Ausbeutung.

Da ist die gewandte Rednerin Paule Minck, die eine kostenlose Berufsschule in der Kirche von Montmartre eröffnet.

Und da ist André Léo, Sekretärin der *Gesellschaft zur Hilfe der Kriegsopfer*, eine brillante Journalistin; sie organisiert die Arbeitseinteilung für mittellose Frauen, bevor sie in die Schweiz emigriert.

Wie Zehntausende treten sie für eine der ersten Regierungen ein, die wesentliche soziale Verbesserungen durchsetzt. Dies machen nicht alle aus ideologischen Gründen; manche unterstützen einfach ihre Männer. Aber, so Edith Thomas, sie "vollzogen erstmalig einen politischen Akt, beteiligten sich zum ersten Mal am politischen Leben, von dem sie immer ausgeschlossen gewesen waren."[54] Wie 1789, wie 1848.

In den hundert Tagen der Pariser Commune reicht die Zeit nicht aus, um Lohngleichheit, Arbeitszeitverkürzung und Kinderkrippen durchzusetzen. Einige Errungenschaften bleiben jedoch bestehen: das Recht auf Schulausbildung für Mädchen, die erste Lehrwerkstatt für Mädchen ab 12 Jahren wird eröffnet, die Zulassung der Frauen zum Studium, die Einberufung von Lehrerinnen in die Schulen. Die Gleichsetzung von Ehe und Lebensgemeinschaft, von außerehelichen mit ehelichen Kindern kommt im Dekret von April 1871 zum Ausdruck, das eine Pension von 60 FF für jede gesetzliche und jede "illegitime" Frau eines gefallenen Kommunarden vorsieht sowie 300 Francs für jedes eheliche und außereheliche Kind.

Auch gibt es die ersten weiblichen Stadtratsmitglieder; aber der Rat der Commune bleibt ein Rat der Männer (unter den 90 Mitgliedern ist keine einzige Frau), und die Frauen bekommen kein Mitspracherecht in den Stadtviertelkomitees.

Die Repression macht indessen vor den Frauen nicht halt, ob bei der Niederschlagung des Aufstands vom 18. März oder während der Blutwoche vom Mai. Nach der parlamentarischen Enquête über den Aufstand vom 18. März werden 1051 Frauen vor Kriegsgerichte gestellt, werden verurteilt - 36 zu Deportation, 29 zu Zwangsarbeit und 18 zu Kerkerhaft.[55]

Wieviele werden auf den Barrikaden getötet? Die Zahl ist bis heute unbekannt. Insgesamt sterben aber an die 20.000 Menschen auf den Barrikaden und in den Massakern vom Mai.

Wieder wird die Teilnahme der Frauen von den Revolutionären begrüßt, ihre Unterstützung von den Männern gerne angenommen und anerkannt. Wieder werden sie von einzelnen Dichtern wie Hugo, Verlaine und Rimbaud bewundert und besungen. Wieder bringt aber die Revolution den Frauen keine politischen Rechte. Wenn die Journalistin André Léo die Rolle der Frauen hervorhebt, so macht sie sich keine Illusionen über Fortschritte in der Gleichberechtigung: "Die erste Revolution", so schreibt sie in *La Sociale* vom 8. Mai 1871, "gewährte ihnen den Titel Bürgerinnen, aber keine Rechte ... Und sie schloß sie von Freiheit und Gleichheit aus ... Denn es geht wieder einmal um die Befreiung des Mannes, nicht um ihre eigene Befreiung."[56] Wieder erkennen Frauen, daß die Emanzipation der Frau eine eigene Dimension besitzt.

Von all den Revolutionen scheint die Pariser Commune die nachhaltigste Auswirkung auf das Bewußtsein innerhalb der Frauenbewegung gehabt zu haben. Der häufige Bezug auf die Pariser Commune in den siebziger Jahren dieses Jahrhunderts bestätigt dies: so in Zeitungen (*Les Pétroleuses*), in Flugblättern ("Vorwärts, Frauen von Paris"), in Veranstaltungen (Feier anläßlich des 100. Jahrestags der Commune), bei der Namensgebung von Gruppen (*Cercle Elisabeth Dimitriev*). Während die Große Revolution von allen politischen Strömungen vereinnahmt wird, bleibt die - auch wenn gescheiterte - Commune Symbol des Widerstands gegen brutale Herrschaft, zugleich aber auch des Feierns.[57]

Frauen haben sich an revolutionären Bewegungen beteiligt und ihre Rechte eingefordert. Sie wurden verspottet, verhaftet, deportiert, hingerichtet. Albistur und Armogathe kommentieren die Erfahrungen der Frauen: "Dreimal haben die Frauen in den härtesten Kämpfen mitgemacht, von glühender Revolutionsbegeisterung angetrieben. Die Männer haben sich ihrer Mithilfe bedient und deren entscheidende Bedeutung anerkannt. Aber diese Anerkennung rechtfertigte in ihren Augen nicht die Gleichheit der Geschlechter ... Sie waren nicht bereit, ihre Errungenschaften zu teilen."[58]

Was läßt sich aus solchen Erfahrungen schließen?

- Die Verschränkung von Klassen- und Geschlechterkonflikten macht es besonders schwierig, Geschlechterkonflikte zu organisieren. Zum anderen stellt das Courtoisiespiel (le jeu de la séduction) eine besondere Behinderung in Frankreich dar. So räumte man den Frauen während der Revolutionen Privilegien, aber keine Rechte ein.[59]
- Die Misogynie - der Frauenhaß - geht quer durch die politischen Strömungen, sobald das Geschlechterverhältnis in Frage gestellt wird. Nur wenige Männer wie Condorcet und Fourier unterstützten die Forderungen der Frauen nach Gleichheit und Freiheit.
- Erkämpfte Rechte werden oft zurückgenommen. Sie sind nicht gesichert.
- Während der Revolutionen wurden die Rollen gesprengt. Durch ihr Eintreten ins öffentliche Leben und durch die - auch gewalttätige - Aktion überschritten Frauen oft die Geschlechterrollen, gewannen vorübergehend Macht.[60]

Zum anderen bieten die revolutionären Frauen Identifikationsmöglichkeiten außerhalb der tradierten Rollen, geben geschichtliche Erfahrungen Rückhalt.

Die Bilanz kann also nicht nur negativ beurteilt werden. Denn, so Benoîte Groult: "Die Kämpferinnen, Theoretikerinnen und die Revolutionärinnen spielen eine viel wichtigere Rolle, als wir denken, und sei es nur, indem sie beweisen, daß Frauen genauso verrückt, gewalttätig, kompromißlos und eigennützig sein können wie alle Rebellen der Welt, sie, die so lange am Herd gehockt haben, lächelnd unter der Last ihrer Ketten - als seien sie leicht zu tragen. Diese Rebellinnen sind es, die es allen anderen Frauen ermöglichen, nicht den Weg der Gewalt zu wählen, ohne für passiv, feige und masochistisch gehalten zu werden."[61]

Zwischen Macht und Ohnmacht

Die Musen der Republik

Marieluise Christadler

Im Ancien Régime durch das salische Gesetz[1] von der Thronfolge und in der Republik von den politischen Rechten ausgeschlossen, haben ehrgeizige Französinnen immer versucht, ihre politischen Vorstellungen auf dem Umweg über ihnen gewogene, männliche Akteure zu verwirklichen. Zur Bezeichnung der "rosa Eminenzen" tauchte unter Louis Philippe der Begriff "égérie" auf. Abgeleitet wurde er von dem Namen der Nymphe, die der Überlieferung nach dem römischen König Numa Pompilius zu nächtlicher Stunde als Geliebte und Ratgeberin diente. Schon Plutarch hatte den "sanften Liebreiz" und das kluge Urteil Egerias gepriesen. Auch die galanten Republikaner genossen die Mischung aus "weiblichem" Charme und "männlicher" Kompetenz, die ihre "égéries" um so anziehender machte, je mehr sie sich im Hintergrund hielten und als Konkurrenz nicht zu fürchten waren. Allerdings waren sie, nicht anders als die königlichen Mätressen des Ancien Régime, Anfeindungen und Verleumdungen ausgesetzt, denn in die neidvolle Bewunderung ihres politischen Einflusses mischte sich der Unwille über dessen fehlende Legitimation.

Hätte die Französische Revolution mit dem von ihr postulierten Gleichheitsgrundsatz Ernst gemacht, wären die Frauen Bürgerinnen aus eigenem Recht geworden. Mit der Durchsetzung des allgemeinen Wahlrechts 1848 wären sie an Gesetzgebung und Regierung beteiligt und politisch verantwortlich gewesen. Da aber den französischen Frauen bis 1944 die demokratische Mitwirkung an der Politik und damit die institutionalisierte Öffentlichkeit vorenthalten wurde, waren sie für die Durchsetzung ihrer Vorstellungen auf indirektes Wirken "hinter den Kulissen", das heißt auf den öffentlicher Kontrolle entzogenen Raum zwischen bürgerlicher Geselligkeit und mondäner Libertinage, angewiesen.[2]

Elisabeth Badinter verneint deshalb die Frage, ob die Französinnen nicht seit langem, wenngleich mittelbar, an der politischen Macht partizipierten. "Die Frauen im Schatten", erklärt sie, "haben auf dem Umweg über eine physische oder emotionale Bindung bestenfalls Einfluß auf einen Mann ausgeübt, nicht aber auf die Geschicke Frankreichs."[3] Marie-Thérèse Guichard hingegen, die den *Musen der Republik* eine Studie gewidmet hat, sieht in ihnen "die Ahnfrauen" moderner Politikerinnen, die zwar "kein Essen mehr servieren, dafür aber Notizen, Dossiers und Strategien".[4] Von den "égéries" der Vergangenheit unterscheiden sie sich vor allem durch ihre bessere Ausbildung und den Ort ihrer Tätigkeit. Madame de Maintenon, meint ihre Biographin Françoise Chandernagor, wäre heute "eine perfekte Enarchin und das Zentrum ihrer Aktionen ein mit Computern ausgestattetes Büro".[5]

Dreyfus im Salon

Die Musen der Republik haben Politik gemacht, obwohl ihnen mit den politischen Rechten auch die Attribute der Macht verwehrt waren und sie nicht darauf hoffen durften, Eingang in die Geschichtsbücher zu finden. Sie hatten nicht nur bei der Rekrutierung des politischen Personals die Hand im Spiel, indem sie Beförderungen verhinderten, Ernennungen durchsetzten oder jungen Begabungen zum Durchbruch verhalfen. Sie warfen notfalls auch ihr Ansehen und Vermögen in die Waagschale, um einer bestimmten Idee zum Durchbruch zu verhelfen. Im Fall der Herzogin d'Uzès, die den General Boulanger finanzierte, trug die Idee eine elegante Uniform und bekämpfte die Republik. Die aus spanischem Hochadel stammende, sehr katholische Marquise de Villehermose stellte sich und die Ressourcen ihrer peruanischen Minen in den Dienst des Vatikans. Aber die Mehrzahl der Salonnières aus der liberalen Großbourgeoisie identifizierten sich mit den Zielen der Republik.

Dabei stützten sie sich auf die Zustimmung der politischen Klasse, die durchaus bereit war, den Frauen als Individuen die Rechte zuzugestehen, die sie dem weiblichen Geschlecht als Ganzes verweigerte.[6] Beide Seiten profitierten von den halb privaten, halb öffentlichen Räumen gesellschaftlicher Kommunikation, den Salons.

In einer Honoratiorendemokratie, wo die Parteien noch keine verfestigten Apparate bildeten und die Grenzen fließend waren zwischen dem politischen Kosmos und der Pariser Gesellschaft, fungierten sie als Relaisstationen. Unbekannten, aufstiegswilligen Abgeordneten, besonders, wenn sie aus der Provinz und einfachen Verhältnissen stammten, dienten sie als "Schule der Lebensart" und Trainingsort ihrer rhetorischen wie urbanen Fähigkeiten. Hier lernten sie nicht nur die Kunst der Argumentation, sondern bereicherten ihre Kenntnis von Personen und politischen Hintergründen.

Selbst die Sozialisten genossen die Abendeinladungen ihrer großbürgerlichen und aristokratischen Gastgeberinnen, den geistreich-galanten Schlagabtausch mit den Frauen des Klassenfeinds. Über Jaurès, der sich gleich in mehreren Salons feiern ließ, schreibt der spöttische Marquis de Lauris: "Er vergißt seinen Sozialismus nicht ... Aber es wäre doch ungalant, eine so entzückende Gastgeberin zu enteignen. Und so lächelte denn alle Welt bei dem tröstlichen Gedanken, daß es auch in der Revolution einige Privilegierte geben werde." Einem Genossen, der ihn wegen seiner mondänen Beziehungen angriff, entgegnete Charles Rappoport: "Ja, Kamerad, ich besuche die Kapitalisten, um ihre Häuser zu kennen, wenn wir sie eines Tages in Besitz nehmen."[7]

Die Salons waren auch neutrales Terrain, wo ideologische Gegner miteinander ins Gespräch kamen - bei Elisabeth Gramont traf der Kommunist Rappoport den extremnationalistischen Schriftsteller und Abgeordneten Maurice Barrès - und Kompromisse vorbereitet wurden, zu denen es in der politischen Arena nie gekommen wäre. Die Salonnières ihrerseits genossen die männliche Verehrung und "la politique par procuration", d.h. die Genugtuung, am politischen Geschäft wenigstens als Bevollmächtigte beteiligt zu sein und über einen Auserwählten, sei er Schützling oder Beschützer, Einfluß auszuüben, eigene politische Vorstellungen zu verwirklichen.

Das Beispiel der Dreyfus-Affäre zeigt, wie weit einige Frauen in der Verfolgung ihrer Überzeugung zu gehen bereit waren.[8] Während die große Mehrheit der bürgerlichen Juden zur Verurteilung ihres Glaubensgenossen ängstlich schwieg, legte Geneviève Straus, Witwe des Komponisten Georges Bizet, in zweiter Ehe verheiratet mit einem wohlhabenden jüdischen Rechtsanwalt und berühmt für ihren Salon, in dem sich die glänzendsten Vertreter aus Theater und Politik trafen, demonstrativ Trauerkleidung an. Sie riskierte damit, einen großen Teil ihrer Freunde zu verprellen und ihre Reputation als unparteiische Gastgeberin einzubüßen.

Als bekannt wurde, daß Anatole France, dessen Skeptizismus notorisch war, den Kampf der Dreyfusards unterstützte, machten deren Gegner dafür Léontine de Caillavet verantwortlich, und zwar aufgrund ihrer jüdischen Herkunft. Tatsächlich hatte sie lange gezögert, öffentlich Stellung zu beziehen, teils weil sie die Entvölkerung ihres Salons befürchtete, teils weil sie als Muse Anatole France' um dessen literarische Produktivität bangte. Nachdem das Paar sich gegenseitig davon überzeugt hatte, eine gerechte Sache zu vertreten, nahm Léontine den Bruch mit früheren Freunden in Kauf und bekannte sich uneingeschränkt zu den Verteidigern des jüdischen Kapitäns - zur Begeisterung Léon Blums, der mit Clemenceau, Jaurès und Briand zu den Gästen Madame de Caillavets gehörte.

Deren andere Gönnerin, die Marquise Arconati-Visconti, hatte sich von Anfang an auf die Seite der Dreyfusards geschlagen. Die Tochter eines republikanischen Journalisten, die durch die Heirat mit einem italienischen Aristokraten zu einem immensen Vermögen gelangt war, unterschied sich von der Mehrzahl der Salonnières durch ihre wissenschaftlichen Interessen und ihre unmondäne Aufmachung. Sie schockierte ihre Umgebung mit ihren sozialistischen Ideen und einem spektakulären Engagement für Dreyfus. So ließ sie zum Entsetzen der wohlsituierten Nachbarn dreyfusistische Plakate an ihrem Haus anbringen.

Auch die Gegenseite fand eminente weibliche Unterstützung, etwa in der 63jährigen Gräfin Jeanne de Loynes, die den 16 Jahre jüngeren Schriftsteller Jules Lemaître davon überzeugte, daß er sich gegen den moralischen Verfall Frankreichs in der Antidreyfusard-Presse zu Wort melden und die Führung der 1898 gegründeten Patriotenliga übernehmen müsse. Die monarchistische Gräfin erwarb sich die Verehrung der Nationalisten, ungeachtet der Tatsache, daß sie "weder de Loynes noch Gräfin", sondern die uneheliche Tochter einer Textilarbeiterin war, die ihren Reichtum einem im deutsch-französischen Krieg gefallenen Verlobten verdankte und ihren Adelstitel der Scheinehe mit einem Aristokraten. Enttäuscht war nur Lemaître, der sich unter Jeannes Einfluß vom Republikaner zum Royalisten bekehrt und angesichts der Revision des Dreyfus-Prozesses das Gefühl hatte, sechs Jahre seines Lebens "vergeudet" zu haben.

Der Fall Jeanne und Jules ist deshalb interessant, weil er ein typisches Muster spiegelt: Am Anfang steht die mehr oder weniger ausgeprägte Gefühlsbindung der Egeria zu ihrem Protégé, dessen ungewöhnliche Fähigkeiten sie erkennt und fördert; es folgt der Versuch, ihn zum Instrument ihres politischen Ehrgeizes zu machen. Die Ernüchterung über das Scheitern dieses Versuchs - entweder weil der Auserwählte den in ihn gesetzten Erwartungen nicht gewachsen ist oder weil er eigene Wege geht - führt dazu, daß seine Muse nun auf anderen Wegen, aber mit einem durch die Liaison gewachsenen Selbstvertrauen die eigenen politischen Überzeugungen verfolgt. Von Juliette Adam bis zu Marie-France Garaud[9] reicht die Reihe der republikanischen Herrscherinnen, die Macht ausübten, ohne an der Macht zu sein, und die, enttäuscht über die Unzulänglichkeit seiner männlichen Repräsentanten, Frankreich selbst zum Gegenstand ihrer Hingabe machten.

Juliette Adam - Modell der republikanischen Muse

Für die erste Generation der republikanischen Musen ist das Paradebeispiel Juliette Lambert.[10] Die 1836 geborene Tochter eines picardischen Arztes war in zweiter Ehe verheiratet mit dem 20 Jahre älteren Bankier Edmond Adam, dessen Ansehen und Vermögen es ihr erlaubten, in den letzten Jahren des Second Empire einen der glänzendsten Pariser Salons zu unterhalten, wo sich die Elite "des Wortes, der Feder, der Börse und der Politik" versammelte. Als Juliette Léon Gambetta 1868 kennenlernte, war er ein junger Abgeordneter aus der Provinz, mittellos, schlecht gekleidet, "nicht einladbar", wie es hieß. Als brillanter Redner der republikanischen Opposition war er indessen schon damals bekannt genug, um von der kaiserlichen Polizei bespitzelt und im Salon der Adams mit offenen Armen empfangen zu werden. Zwei Jahre später vereinigte er in der "Regierung der nationalen Verteidigung" die wichtigsten Ministerposten auf sich, das Innen- und das Kriegsministerium. Mit Madame Adam war er sich einig in der Verfechtung des "guerre à outrance". Nachdem die Dritte Republik etabliert war, verhalf ihm sein Ruhm als Organisator des Widerstandes gegen die Deutschen erst zum Amt des Parlamentspräsidenten und dann zu dem des Premierministers.

Juliette Adam, die Gambettas Aufstieg gefördert und unablässig verfolgt hatte, glaubte, ein Recht darauf zu haben, seine politischen Entscheidungen mitzubestimmen. Um so mehr als sie einander 1869 "unverbrüchliche Freundschaft geschworen hatten" und seit 1874 eine ebenso ausgedehnte wie regelmäßige Korrespondenz unterhielten. Aber gegen Ende der siebziger Jahre lockerte sich die Verbindung. Zeitgenössischen bösen Zungen zufolge, weil es Juliette, inzwischen verwitwet, nicht gelang, den Junggesellen Gambetta dauerhaft an sich zu binden. In Wahrheit, weil ihre politischen Meinungen auseinandergingen. Während sie unerbittlich auf ihrer Germanophobie beharrte, hielt er eine Annäherung an das Bismarck-Reich für geboten. Auch auf gesellschaftspolitischem Gebiet divergierten die Interessen. "Gambetta", schreibt sein Biograph, "mußte teuer dafür bezahlen, daß er neuen, bedürftigen und demokratischen Schichten den Zugang zur Macht eröffnet hatte. Madame Adam wählte den anderen Weg, indem sie sich denen anschloß, die nur eines anstrebten: die Bewahrung einmal gewonnener Positionen."

Gambetta paßte weder die politische Intransigenz seiner Freundin noch deren Anspruch, seine alleinige Ratgeberin zu sein. 1879 erschien ein von ihm inspirierter Artikel, in dem es unter ausdrücklicher Nennung von Madame Adam hieß: "In unserer Republik haben die unseligen Egerien keinen Platz mehr. Wir hoffen für das Wohl der Völker und den Frieden zwischen den Staaten, daß sie auch anderswo ihre Rolle ausgespielt haben." Das war eine Kriegserklärung an Juliette, die zwei Monate zuvor ihre eigene Zeitschrift gegründet hatte, in der sie jedem Gedanken an eine Versöhnung mit Deutschland und dem Verzicht auf Elsaß-Lothringen den Kampf ansagte. *La Nouvelle Revue*, die so renommierte Schriftsteller wie Flaubert und Maupassant als Mitarbeiter gewann, fand wegen der außenpolitischen Informationen, die sie dem Netzwerk Juliette Adams verdankte, großen Widerhall bei den europäischen Regierungen. Die Muse Gambettas hatte sich emanzipiert, allerdings auf Kosten ihrer ursprünglich progressiven Überzeugungen. Nach und nach ersetzte sie den abtrünnigen Geliebten durch die Nation, der sie von nun an ebenso unnachgiebig und autoritär diente.

Ihre Rivalin Léonie Léon, die Gambetta ebenfalls zu beeinflussen suchte, allerdings in Richtung auf eine deutsch-französische Verständigung, war geschickt oder verliebt genug, sich im Hintergrund zu halten, mehr Spiegel der männlichen Wünsche als Akteurin aus eigenem Antrieb. Sie hing mit selbstverneinender Demut an ihrem Idol, und Gambetta belohnte seine "angebetete Allerliebste" mit einer Flut leidenschaftlicher Briefe. Juliette wie Léonie gelten als "Gambettas Musen" - aber zwischen ihnen liegen Welten. Juliette war die Tochter eines Provinzmediziners, der, Republikaner und Atheist, saint-simonistischen Ideen anhing und Juliette eine solide Bildung zukommen ließ. Schon mit neun Jahren war sie entschlossen, der provinziellen Enge ihrer Heimatstadt zu entfliehen und in Paris "jemand Besonderes" zu werden. Die erste Gelegenheit, auf sich aufmerksam zu machen, ergriff sie mit 22 Jahren: Auf ein ultramisogynes Pamphlet Proudhons antwortete sie mit einer Broschüre *Antiproudhonistische Ideen über die Liebe, die Frau und die Ehe*, worin sie die von Proudhon den Frauen verordnete Alternative, Ehefrau oder Kurtisane zu werden, scharf zurückwies.[11] Die kleine Schrift wurde ein Skandalerfolg und verschaffte Juliette den ersehnten Zugang zur großen Welt: Mit der Schriftstellerin George Sand begann ein langjähriger Briefwechsel; die Gräfin Marie d'Agoult, in literarischen Kreisen bekannt unter ihrem Pseudonym Daniel Stern, empfing sie in ihrem Pariser Domizil. Hier erhielt Juliette ihre "Ausbildung als Salonnière", so wie im 18. Jahrhundert Julie de Lespinasse von ihrer Tante Marie du Deffand in die Spielregeln der Salonherrschaft eingeführt worden war. Bei Marie d'Agoult, die ihre Reputation als glühende Republikanerin ihren Reportageberichten über die revolutionären Ereignisse aus dem Februar 1848 verdankte, verkehrten die bekanntesten Figuren der antinapoleonischen Opposition. Hier knüpfte Juliette die Kontakte und erwarb die Kenntnis von Akten und Akteuren, die sie zur einflußreichsten republikanischen "égérie" der ersten Generation machten. Noch 1934 wurde sie von Journalisten interviewt, mit denen die fast Hundertjährige über ihre Erinnerungen und die zeitgenössische Literatur plauderte.

Die Macht des Décolletés

Welche Eigenschaften kennzeichnen die erfolgreiche Egeria? Zunächst eine gehörige Portion weiblichen Selbstvertrauens, das offenbar am ehesten von einem liebevollen, in Sachen Mädchenerziehung fortschrittlichen Vater vermittelt wurde. Dann der ehrgeizige Wunsch, sich vom Gros der Frauen zu unterscheiden, "berühmt zu werden", und zwar nicht nur in einem Frauen zugestandenen Bereich wie Literatur. Nun war Ruhmsucht bei Frauen in jedem Fall verwerflich, denn sie widersprach dem gesellschaftlich verordneten, weiblichen Tugendkodex, der die Frau zur Bescheidenheit verpflichtete. Politische Ruhmsucht aber war unverzeihlich - jedenfalls wenn sie von einer Frau öffentlich beansprucht wurde. Zum politischen Ehrgeiz mußte sich deshalb eine diplomatische Geschmeidigkeit gesellen, die das politische Machtstreben hinter geschickt inszenierter Weiblichkeit verbarg. Die professionelle "égérie" war zuallererst eine blendende Gastgeberin, die, in genauer Kenntnis der Prominenzhierarchie und mit sicherem Flair für potentielle Stars, ihre Einladungen vorbereitete und die Geladenen so zueinander plazierte, daß jeder das Gefühl einer besonderen Auszeichnung hatte und alle den Eindruck einer gelungenen Veranstaltung. Die Fähigkeit anregenden Zuhörens gehörte ebenso zu ihren Qualitäten wie das Geschick des Vermittelns. "In den Salons", schrieb Zola zu Beginn der Dritten Republik, "hat man die Politik der Zugeständnisse entdeckt, der es zu verdanken ist, daß bisher jeder wirkliche Konflikt schon im Vorfeld bereinigt wurde." Die erfolgreiche Salonnière war Vertraute, Geheimnisträgerin und Ratgeberin ihrer Gäste; mit den Abwesenden führte sie eine ausgedehnte Korrespondenz, um sich selbst und die Adressaten über den Gang der Politik auf dem laufenden zu halten. In der Regel war sie Ehefrau oder doch Witwe, gelegentlich Geliebte. Der Ruf, eine emanzipierte Frau zu sein, förderte ihre Attraktivität wie ein gewagtes Décolleté. Je eleganter sie auftrat, desto größer war der Kreis ihrer Verehrer, desto geringer die Gefahr, daß sie als Feministin belächelt wurde - falls sie für die Gleichberechtigung der Frauen eintrat.

Gerade die Frauenkämpferinnen, hob die Herausgeberin der *Fronde* hervor, müßten größten Wert auf ihr Aussehen legen, "sei es auch nur, um das Argument oberflächlicher Männer zu entkräften, der Feminismus sei ein Feind des guten Geschmacks und der weiblichen Ästhetik". Marguerite Durand,[12] die neben ihrer publizistischen Tätigkeit ein bewegtes Privatleben und ein glanzvolles Haus führte, wußte, wovon sie sprach, verdankte sie doch einen Teil der Ressourcen, mit denen sie ihr ehrgeiziges feministisches Zeitungsprojekt finanzierte, wohlhabenden Gönnern. Im übrigen zeichneten sich die "égéries" nicht durch übermäßige Frauensolidarität aus. Das gilt bereits für Madame Roland, "die Muse der Girondisten", und Madame de Staël, die ihre Freunde "einen weiblichen Napoleon" nannten, aber auch für George Sand und ihre gelehrige Schülerin Juliette Lambert. Obwohl diese sich in jungen Jahren als Pamphletistin gegen Proudhon hervorgetan hatte, blieb sie der Frauenrechtsbewegung, die sich seit den achtziger Jahren entwickelte, fern; nur die sehr gemäßigten, pragmatisch-feministischen Forderungen der Gruppe *L'Avant-Courrière* um Jeanne Schmahl fanden ihre Zustimmung, weil sie weder an der Vorrangstellung der aristokratisch-bourgeoisen weiblichen Elite noch an den Grundfesten der sozialen Ordnung rüttelten.[13] Deren Vertreterinnen "liegt nichts an der allgemeinen Befreiung der Frauen", stellte die Feministin Caroline Kauffmann mit einiger Bitterkeit fest, "sie würden keinen Nutzen davon haben."

Im Dienst einer Idee

Das änderte sich, wenngleich in Grenzen, mit der zweiten Generation der "égéries" in den Jahren zwischen dem Ersten und dem Zweiten Weltkrieg. Fortan weniger fixiert auf einen "grand homme", sondern engagiert für eine Idee oder eine Partei, begriffen einige "égéries" die Notwendigkeit eines verallgemeinerten weiblichen Mitspracherechts in der Cité und verbanden ihre politischen Ambitionen mit feministischen Forderungen. Louise Weiss, Suzanne Schreiber-Crémieux und andere "politiciennes" nutzten ihre herausragende gesellschaftliche und politische Stellung, um sich für das Frauenwahlrecht einzusetzen, das den Französinnen, ungeachtet ihres "vorbildlichen patriotischen Einsatzes 1914-18" und ihrer wachsenden Teilnahme am Erwerbsleben, weiterhin vorenthalten blieb.

Das Phänomen der Salonpolitik bestand in den zwanziger und dreißiger Jahren fort, erfuhr sogar eine geographische Ausweitung, da die Pariser Salonnières, die Wert darauf legten, die weltpolitischen Entscheidungen aus nächster Nähe zu verfolgen, sich eine Zweitwohnung in Genf zulegten. Dort verfolgten sie von der Tribüne die Generalversammlungen des Völkerbunds, wie sie zuvor die Parlamentsdebatten im Palais Bourbon verfolgt hatten. Zu ihren Diners luden sie nun die Repräsentanten der internationalen Diplomatie ein. Belustigt erinnert sich Louise Weiss in ihren *Memoiren einer Europäerin*: "Wir provozierten die Karikaturisten zu Höchstleistungen. Das Journalistenvolk nannte uns Musen, Sirenen, Preziöse, Schlangen. Ich selbst figuriere auf Aquarellen, die noch heute das Gasthaus Bavaria in Genf schmücken, als widerwärtige Menschenfresserin."

Tatsächlich ging es Frauen wie Edmée de La Rochefoucauld, die, obwohl kastenbewußt und eifrige Katholikin, "die rote Herzogin" genannt wurde, oder Anne de Noailles, die als Dichterin beim Publikum kaum weniger Ansehen genoß als "ihre großen Männer", nicht in erster Linie darum, sich im Glanz ihrer politisch-mondänen Erfolge zu sonnen. Sie alle waren überzeugte Pazifistinnen und stellten ihre Fähigkeiten in den Dienst der internationalen Aussöhnung und sozialpolitischer Aktivitäten.

Germaine Malatier-Sellier beispielsweise,[14] die im Ersten Weltkrieg als Krankenschwester eine Verwundung erlitten hatte und dem Quai d'Orsay von feministischen Organisationen für eine der Sozialkommissionen des Völkerbunds vorgeschlagen worden war, fungierte in Genf gleichzeitig als offizielle Vertreterin Frankreichs für Familien- und Frauenfragen und als inoffizielle Delegierte des Vatikans. Als christliche Antifaschistin unterstützte sie während der deutschen Okkupation die Widerstandsgruppe *Combat* und war nach 1945 zu Recht darüber enttäuscht, daß de Gaulle ihr diese Verdienste nicht mit einem Posten bei der UNO vergalt.

Grund zur Enttäuschung über nicht-honorierte Dienste hätte auch Louise Weiss gehabt, die nach dem Ende des Ersten Weltkriegs 16 Jahre zwischen Paris, Genf, Den Haag, Köln, Madrid gependelt war, Empfänge gebend, Artikel schreibend, Botschaften vermittelnd - um der Sache des Friedens zu dienen. "Es galt", schreibt sie in ihren Erinnerungen, "Vertragsmöglichkeiten herauszufinden, ohne sich von den falschen Pazifisten düpieren zu lassen, die, unter dem Deckmantel eines ebenso vagen wie prätentiösen Moralismus, ganz bestimmten Imperialismen dienten. Außerdem wollte ich unbedingt eine professionelle Journalistin bleiben, was in dem zunehmend galanten Klima Genfs nicht einfach war. Keiner sollte das Recht haben, mich mit den flatterhaften Pariserinnen zu verwechseln, deren einzige Sorge darin bestand, ihre Rivalinnen beim Ministerangeln zu übertreffen."[15] Als diplomierte Literaturwissenschaftlerin gehörte Louise Weiss zu der Generation großbürgerlicher Französinnen, die, von den Erfolgen der Frauenrechtsbewegung profitierend, in den Genuß einer gediegenen akademischen Ausbildung gekommen war. Ihrem Vater, einem hohen Regierungsbeamten und Freund des sozialistischen Ministers Marcel Sembat, verdankte sie die Einführung ins politische Milieu und in den Journalismus; der unglücklichen Liebe zu einem Tschechen die Motivation ihres europäischen Engagements. Eigentlich hätte sie lieber "einem Chef ihrer Wahl gedient und wäre zweite geblieben". Der Tod des Erwählten und die Abneigung, in den Schoß ihrer Familie zurückzukehren, förderten jedoch ihren Entschluß zur Selbständigkeit. So lebte sie, nach eigenen Worten, "zwischen den Blumensträußen ihrer Verehrer und der Post der Minister, ... interviewt, gehetzt, umschmeichelt, hintergangen". Hauptamtlich war sie Chefredakteurin der von ihr 1917 gegründeten Wochenzeitschrift *L'Europe Nouvelle*; um die Finanzierung des Blattes sicherzustellen, schrieb sie auch für andere Organe. 1925, als die Aufnahme Deutschlands in den Völkerbund anstand, richtete sie sich ein Büro in Genf ein, voller Hoffnung, daß die von Briand und Stresemann eingeleitete Politik sich ungeachtet aller Widerstände durchsetzen werde. Als Goebbels 1934 als Vertreter des Dritten Reichs in Genf auftrat, wußte sie, daß Briands und ihre "Sendung gescheitert war"; sie gab *L'Europe Nouvelle* auf.

Aber zu jung und aktiv, um sich zur Ruhe zu setzen und wohl auch in der Annahme, daß eine Politik des Friedens bei den Frauen größere Chancen habe, widmete sie sich in den folgenden Jahren dem Kampf um die Durchsetzung des Frauenwahlrechts in Frankreich. Nach erfolglosen Bemühungen um eine Zusammenarbeit mit den bestehenden Frauenvereinen gründete sie am 6. Oktober 1934 die Gruppe *La Femme nouvelle*, die von Anfang an die Aufmerksamkeit der Medien durch spektakuläre, phantasievolle Aktionen auf sich zog. Mal organisierte ihre Inspiratorin eine Großveranstaltung in der Provinz mit drei berühmten Pilotinnen, mal ließ sie sich mit 48 Gefährtinnen an der Bastille anketten, um "das Sklaventum der Frau zu symbolisieren", 1935 sammelte sie bei den Pariser Kommunalwahlen im Bezirk Montmartre 18.000 Stimmen für die Einführung des Frauenwahlrechts. Als der Chef der Volksfrontregierung Léon Blum - weniger aus feministischer Überzeugung als um die lästige Suffragette ruhigzustellen - ihr einen Ministerposten anbot, lehnte Louise Weiss ab, weil sie "lieber eine gewählte Stadtverordnete sein wollte als eine ernannte Ministerin, der man verbietet, für die Frauensache zu kämpfen".

Andere Französinnen hatten weniger Skrupel, die Rolle der Alibi-Frau zu spielen und auch mit misogynen Männern Politik zu machen. Zum Beispiel Suzanne Schreiber-Crémieux,[16] "die Muse der Radikalen Partei". Zwei Jahre jünger als die 1893 geborene Louise Weiss, wurde sie wie diese vom Vater in die Politik eingeführt. Obwohl von Geburt an taub, hatte Ferdinand Crémieux ein Jurastudium absolviert und es mit 25 Jahren zum jüngsten Abgeordneten der Nationalversammlung gebracht. Suzanne, die auf ein Studium zugunsten praktisch-politischer Erfahrungen verzichtete, begleitete den von ihr verehrten Vater auf seinen Wahlreisen im Gard und zu den Parteikongressen. Auch nach ihrer Heirat und der Geburt von drei Kindern blieb sie politisch aktiv: in der Radikalen Partei, der liberalen Partei Frankreichs, in der privaten Sozialfürsorge und in der *Französischen Union für das Frauenwahlrecht*. Weder der Vorwurf der Inkonsequenz - die Radikale Partei war eine der antifeministischen Bastionen - noch der des Protektionismus hinderten die Senatorstochter daran, eine Parteikarriere anzustreben. Bereits ein Jahr nach ihrem Eintritt bewarb sie sich 1925 um einen der vier Parteisekretärsposten, die Nicht-Parlamentariern offenstanden - und wurde gewählt. Es war das erste Mal, daß eine Frau in das Leitungsgremium der Radikalen Partei berufen wurde. Damit nicht genug, wählte der Kongreß sie vier Jahre später zur Vizepräsidentin, zum Ärger einiger unbelehrbarer Machisten, die argwöhnten, nächstens "werde in der Partei zwischen zwei Reden Tee serviert". Ihre Qualitäten als Gastgeberin reservierte "die schöne Suzanne" für die Empfänge in ihrem mit avantgardistischen Mobiliar ausgestatteten Salon in der avenue Montaigne. Dort verkehrte die liberale Schickeria, Industrielle, Politiker, Literaten; diskutierte die Weltläufe und die anstehenden Regierungsbildungen, lauschte dem Liedvortrag einer Chansonnière oder den Aphorismen des spanischen Philosophen Miquel de Unamuno. Suzanne war in ihrem Element, wenn sie parteiinterne Konflikte beiräumen, Kompromisse mit den Konservativen verhindern konnte. "Solange die reaktionäre Gefahr besteht", erklärte sie vor den Wahlen 1932, "wird die Partei ihre Kandidaten nur zugunsten von Sozialisten zurückziehen." Intransigent in ihren linksrepublikanischen Überzeugungen und Anhängerin einer Koalition mit den Sozialisten war sie um so enttäuschter, daß Léon Blum sie nicht in sein Kabinett berief. Denn anders als Louise Weiss, ermunterte Suzanne Crémieux die Frauen, in die Parteien einzutreten, ohne auf die Gewährung des Wahlrechts zu warten. Schon 1930 hatte sie einem Journalisten gegenüber ihre Bereitschaft erklärt, bei Wahlen zu kandidieren. 1948 schließlich war es soweit: Zusammen mit ihrem sozialistischen Listenpartner bereiste sie das Department Gard, das ihr bis in die letzten Dörfer hinein vertraut war, und errang einen Sitz im Senat. Damit begann der zweite Teil ihrer Karriere, jetzt als demokratisch gewählte Politikerin und gleichzeitig "graue Eminenz" der Radikalen Partei, die allerdings, diskreditiert durch ihr Verhalten bei der Selbstauflösung der Dritten Republik, viel von ihrem früheren Ansehen eingebüßt hatte. Gleichgeblieben aber war Suzannes Ansehen bei den Radikalen, die sie 1975 wiederum in ihr Direktorium wählten. Zu diesem Zeitpunkt war "die Muse der Liberalen" 80 Jahre alt, und die Partei, die sie solchermaßen ehrte, hatte mit dem Parti radical der Zwischenkriegszeit nicht mehr viel gemein.

Ein auslaufendes Modell

Radikal verändert hatte sich Mitte der siebziger Jahre auch die Stellung der Frauen in der Gesellschaft. Zwar spielten sie in der Politik immer noch keine angemessene Rolle, aber sie drangen langsam in die Zentralen der Macht vor und begannen, in der Cité ihr Wort mitzureden. Eine typische Erscheinung dieser Übergangszeit ist Marie-France Garaud.[17] Nachdem sie als Egérie alten Stils erst dem Staatspräsidenten Pompidou gedient, dann den jungen Premierminister Jacques Chirac - allerdings erfolglos - protegiert hatte, entschloß sie sich, Politik auf eigene Kosten zu machen. "Das Bedürfnis, mich öffentlich zu äußern, ist mir erst langsam gekommen", gesteht sie in einem Interview. "Ich hatte mich ja bis dahin mit Innen- und Parlamentspolitik beschäftigt und selbstverständlich verschwiegen sein müssen." Ohne von einer Partei designiert zu sein, meldete sie bei den Präsidentschaftswahlen 1981 ihre Kandidatur an, nur um Gelegenheit zu haben, ihrer Sorge um die Zukunft Frankreichs Ausdruck zu geben und gegen "Kollektivismus und marxistische Infiltration" offenen Widerstand zu leisten. Den "Sprung" aus den Kulissen ins Rampenlicht beschreibt sie mit dem ihr eigenen missionarischen Selbstbewußtsein als "Saharadurchquerung in Turnschuhen". Was immer von den nationalnostalgischen politischen Vorstellungen zu halten sein mag, deren Verkündigung Marie-France Garaud sich auch in der (Anti-)Maastrichtdebatte zur Aufgabe setzte - ihre Metamorphose von der Muse zur "militante" signalisiert ein neues politisches Selbstbewußtsein der Frauen. Sie scheuen immer weniger den öffentlichen Auftritt, auch wenn es weiterhin hochkompetente, politisch versierte Frauen gibt, die lieber im Hintergrund wirken, als Wahlkampf führen, wie z. B. Elisabeth Guigou, von einem Vertrauten Mitterrands respektvoll "une femme d'influence" genannt.

In Simone (und Antoine) Veils Salon in der rue Vauban treffen sich an jedem ersten Donnerstag eines Monats politische Freunde unterschiedlicher Parteien, um miteinander über anstehende Probleme zu diskutieren.[18] Gewiß werden bei dieser Gelegenheit auch Koalitionspläne geschmiedet und politische Szenarien durchgespielt, genau wie in den Salons "der guten alten Zeit". Aber keiner käme auf den Gedanken, die Gastgeberin deshalb irgend jemandes Muse zu nennen. Vielmehr hat sich die 66jährige Politikerin durch das Gesetz, das ihren Namen trägt,[19] und durch ihre Autorität als Präsidentin des Europäischen Parlaments ein Ansehen verschafft, das sie sogar für die Mitterrand-Nachfolge ins Gespräch bringt. Zwar verdankte sie ihre Ernennung zur Gesundheitsministerin 1974 "der Gunst des Prinzen"; aber daß sie dieses Amt so erfolgreich und lange führte, verdankt sie sich selbst, ihrem klaren Verstand, ihrer juristischen Kompetenz, ihrer Authentizität. Daß sie unabhängig von Parteiströmungen und gelegentlich in offener Auseinandersetzung mit ihnen unbeirrt ihren Überzeugungen gefolgt ist, macht sie zu einer der wenigen glaubwürdigen und überzeugenden Gestalten des politischen Lebens.[20] Gleichzeitig hat sie den Beweis erbracht, daß Frauen durchaus fähig sind, die Staatsgeschäfte zu führen - ohne dabei ihre Feminität oder auch (was ungewöhnlicher ist) ihr feministisches Engagement zu leugnen. Sollte es Simone Veil gelingen, wenigstens einen Teil der Probleme zu bewältigen, die sich vor ihr auftürmen - von der defizitären Sozialversicherung bis zu der explosiven Lage in den Ausländerghettos -, ist es nicht ausgeschlossen, daß man sich auf ihre Kandidatur für das Präsidentenamt einigen wird. Sei es auch nur, um den Machtpoker zwischen den männlichen Prätendenten zu unterlaufen. Eine Frau an der Spitze des französischen Staates - das wäre ein revolutionärer Akt oder mehr noch, das Alltäglichwerden einer revolutionären Entwicklung.

Mondäner und rebellischer Feminismus

Die Frauenbewegung in der Dritten Republik

Marieluise Christadler

Die Frauenfrage ist in Frankreich immer in Krisenzeiten aufgebrochen, wenn die Diskrepanz zwischen dem allgemeinen Verlangen nach Freiheit, Gleichheit, sozialer Gerechtigkeit und dem tatsächlichen Minderstatus aller Benachteiligten zu groß wurde. Nicht zufällig beginnt die feministische Mobilisierung, das heißt die individuelle oder kollektive Wahrnehmung der Unterdrückung des weiblichen Geschlechts, in Momenten gesteigerter politischer und sozialer Unruhen. Eine solche Situation war gegen Ende des Zweiten Kaiserreichs gegeben, als Napoleon III. sich unter dem Druck einer zunehmend regimekritischen öffentlichen Meinung genötigt sah, die bisherigen Einschränkungen der Presse- und Versammlungsfreiheit zu lockern. In den beiden davorliegenden Jahrzehnten hatte die Frauenfrage nur in der Kontroverse zwischen Joseph Proudhon und seinen Kritikerinnen eine gewisse Aufmerksamkeit gefunden. Die Frauenrechtsbewegung der Achtundvierzigerinnen war der Repression zum Opfer gefallen, und die bedrückenden Arbeitsbedingungen hatten bei den Proletarierinnen den Gedanken an kollektiven Widerstand gar nicht erst aufkommen lassen.[1]

Das Jahr 1869 bezeichnet eine Wende in doppelter Hinsicht: Zum ersten Mal wird ein Streik ausschließlich von Frauen ausgerufen und durchgeführt; Maria Desraimes, "die Theoretikerin des Feminismus",[2] und ein ihr befreundeter Journalist, Léon Richer (von Simone de Beauvoir "der eigentliche Begründer des Feminismus" genannt[3]), gründen die Zeitschrift *Le droit des femmes* und kurz darauf die *Vereinigung für das Recht der Frauen*, die in der Dritten Republik eine bedeutende Rolle spielen wird.

Damit sind die Weichen gestellt für die beiden Tendenzen, die die Frauenbewegung in den ersten Jahrzehnten der Dritten Republik bestimmen werden: diejenige, die in der Unterdrückung der Frauen - bürgerlicher wie proletarischer - ein spezifisches Problem sieht, das eine rein feministische Analyse erfordert; die andere, die sie nur als Nebenprodukt des Klassenkampfes betrachtet und mit den Kategorien der sozialistischen Theorie analysiert. Die Spannungen und Brückenschläge zwischen Feminismus und Sozialismus tragen zur Vielfalt der Frauenbewegung der Dritten Republik bei.[4] Anders als ihren Vorgängerinnen gelingt ihr eine gewisse Institutionalisierung, auch wenn sie, in über fünfzig Gruppen, Vereinen, Ligen aufgesplittert, selten als einheitliche politische Kraft auftritt.

Trägerinnen der Bewegung sind Frauen aus der kleinen und mittleren Bourgeoisie, die sich auch für eine Verbesserung der Lage der Arbeiterinnen verantwortlich fühlen. Letztere profitieren von der feministischen Agitation für bessere Arbeitsverhältnisse, bleiben dem organisierten Feminismus aber in aller Regel fern,[5] teils weil sie, einem herkömmlichen Familienideal anhängend, ihre Erwerbstätigkeit als vorübergehend ansehen, teils weil sie unter dem Druck der Gegenpropaganda einer antifeministischen Arbeiterbewegung stehen.

Zur gesellschaftlichen wie auch staatlichen Anerkennung der frauenrechtlichen Forderungen tragen vor allem zwei minoritäre, aber einflußreiche Gruppen bei, denen es insgesamt um die Verbreitung und Festigung der aufklärerisch-laizistischen Werte der Republik geht: Protestanten und Freimaurer. Sie repräsentieren in ihren fortschrittlichen Vertretern das, was Benoîte Groult den "féminisme au masculin" nennt, der in der französischen Frauenbewegung immer eine wichtige Rolle spielte.[6]

Begünstigt wird die Emanzipationsbewegung der Frauen durch das Zusammentreffen einer Reihe von sozioökonomischen Faktoren und kulturellen Umbrüchen. Die industrielle Entwicklung stellt einerseits traditionelle Familienstrukturen in Frage, andererseits erschließt sie den Frauen die Möglichkeit der Beteiligung am wirtschaftlichen Leben, wodurch sich ihre finanzielle Unabhängigkeit erhöht.[7] Die Öffnung der Schulen für Mädchen gibt ihnen mit einer besseren Ausbildung die Chance besserer Arbeitsplätze besonders im expandierenden Dienstleistungssektor.[8] Die Urbanisierung bringt neue soziale Schichten hervor, die den Frauen erlauben, ihre individuellen Entwicklungsmöglichkeiten wahrzunehmen.

Die 1880er Jahre erleben einen Aufschwung medienwirksamer Agitation für die zivilrechtliche, berufliche und politische Gleichstellung der Frauen. Im folgenden Jahrzehnt verbreitert und festigt sich die Bewegung und beweist ihre Bedeutung mit drei großen internationalen Kongressen, die sich offizieller Unterstützung erfreuen. "Das goldene Zeitalter des Feminismus" nennt Michelle Perrot die Jahre von 1900 bis 1914. Zu den Parlamentswahlen 1910 bewerben sich an die 20 Frauen um ein Abgeordnetenmandat, und Tausende von Menschen versammeln sich, um dem Frauenwahlrecht zum Durchbruch zu verhelfen. Als Folge einer Pressekampagne erklären im April 1914 eine halbe Million Französinnen schriftlich ihren ausdrücklichen Wunsch, das Stimmrecht auszuüben. Jean Jaurès verteidigt im Parlament ihr Verlangen mit der Begründung, daß nicht das Wahlrecht der Frauen den Fortschritt gefährde, sondern ihre "Passivität und Knechtschaft".[9] In der Euphorie des Erfolges verbinden sich sämtliche Frauenvereine - in ungewohnter Einmütigkeit - am 5. Juli zu einer Massendemonstration zu Ehren Condorcets, dem "Initiator des französischen Feminismus".

Einen Monat später bricht der Erste Weltkrieg aus. Die Frauenbewegung gliedert sich in die *Heilige vaterländische Union* ein und ordnet ihre Ziele den nationalen Prioritäten unter.[10] Als das Frauenwahlrecht 1919 wieder auf die Tagesordnung kommt,[11] findet es zwar Befürwortung bei den Abgeordneten der Nationalversammlung, die den patriotischen Eifer der Frauen "belohnen" wollen und mit überwältigender Mehrheit für ein neues Wahlgesetz stimmen, aber Ablehnung bei den Senatoren, die bei dieser Gelegenheit abgenutzte Argumente mit galanten Floskeln aufmöbeln.

Auch wenn die Frauenbewegung der Dritten Republik das Ziel der politischen Gleichstellung von Männern und Frauen nicht erreichte, so bewirkte sie doch auf anderen Gebieten Fortschritte für die Frauen, z. B. durch eine verbesserte Sozialgesetzgebung, eine, allerdings sehr langsame, Liberalisierung des Code civil; die Öffnung des Bildungssystems für Mädchen und die Zulassung von Frauen zu allen akademischen Berufen.[12] Sie formulierte bereits alle die Fragen zur condition féminine, die in der Achtundsechziger Bewegung wieder zur Sprache kommen sollten und noch heute diskutiert werden wie: Was bedeutet Gleichheit zwischen Männern und Frauen? Wird "man" als Frau geboren oder dazu gemacht? Was heißt weibliche Identität? Müssen Frauen, um zur Teilhabe an der Macht zu gelangen, ihre Weiblichkeit aufgeben? Sie entwickelte Aktions- und Agitationsformen, die ihr ein unverwechselbares Profil gaben und eine Tradition begründeten, an die die Neue Frauenbewegung anknüpfen konnte.

Kontinuität besteht noch in anderer Hinsicht. Erstens in dem Nebeneinander eines minoritär radikalen und eines majoritär gemäßigten Feminismus, der sich in der Dritten Republik in Figuren wie Hubertine Auclert, Madeleine Pelletier und Nelly Roussel einerseits, Maria Desraimes, Sarah Monod[13] und Edmée de la Rochefoucauld andererseits verkörpert und in der Neuen Frauenbewegung seinen Widerhall findet etwa in dem Antagonismus zwischen selbstverwaltetem und "Staatsfeminismus". Die meisten französischen Frauenrechtlerinnen hüteten sich vor Aktionen, die dem traditionellen Frauenbild und der nationalen Mystik widersprachen; sie legten Wert auf elegante Erscheinung und patriotisches Auftreten. Ungeachtet seiner Verzögerungstaktik in Sachen Frauenwahlrecht schrieb Edmée de la Rochefoucauld 1925 an den Senat: "Wir wollen bei keiner Gelegenheit auf äußerste Höflichkeit verzichten und bei unseren Aktionen die vollkommene Mäßigung bewahren, die unserem Geschlecht geziemt."[14] Die amtierende Staatssekretärin für Frauenrechte bewies 1989 das Fortbestehen solcher weiblichen Courtoisie, als sie vor einem Forum kritischer Feministinnen erklärte, sie könnten "stolz sein auf die Unterstützung des Präsidenten der Republik".[15]

Zweitens in der Existenz eines weiblichen Antifeminismus, der u.a. darauf beruht, daß es in Frankreich immer bedeutende und einflußreiche Frauen gab, die ihre Ausnahmesituation zum Anlaß nahmen, um sich von jeder Geschlechtssolidarität oder gar Teilnahme an der Frauenrechtsbewegung zu dispensieren. "Sie sind Phönix, der seltene Vogel, ... und wollen es bleiben. Es liegt ihnen nichts daran, daß alle Frauen sich emanzipieren. Verständlich, denn sie würden dabei nichts gewinnen", urteilt die Feministin Caroline Kauffmann.[16]

Drittens in der Vorrangstellung von Paris für die Formulierung und Repräsentation der feministischen Ideen. Zwar gab es schon während der Revolution und der Belle Epoque in der Provinz Frauengruppen, besonders in Lyon, aber sie waren für Informationen und agitatorische Logistik auf die Metropole angewiesen. Obwohl sich mit Verstädterung und Regionalisierung Frankreichs auch hier einiges verändert hat und die großen urbanen Zentren gegenwärtig eine lebendige Frauenkultur aufweisen, wird der feministische Diskurs weiterhin von Pariser Intellektuellen bestimmt.

Laurence Klejman und Florence Rochefort, zwei aus der Neuen Frauenbewegung hervorgegangene Historikerinnen, die als erste dem Feminismus der Dritten Republik eine eigene Studie widmeten, beschreiben die drei Phasen seiner Entwicklung (1870-1900, 1900-1914, 1914-1939) mit einem großen Reichtum an Details sowohl was die Trägerinnen der Bewegung und ihre Aktionen als auch die zeitgenössischen Debatten angeht. Von den etwa hundert namentlich erwähnten aktiven Feministinnen können hier nur drei exemplarisch behandelt werden.

Provokative Phantasie im Dienste des Frauenwahlrechts

Hubertine Auclert (1848-1914), die ihren rebellischen Geist und das Streben nach Unabhängigkeit auf die Eheerfahrungen ihrer Mutter zurückführte, fand zum Feminismus über einen Offenen Brief Victor Hugos an Léon Richer, in dem es hieß: "Es ist schmerzhaft zu sagen, aber in der herrschenden Kultur gibt es einen Sklavenstand ... Ich meine die Frau, die nach dem Gesetz als unmündig gilt, in Wahrheit aber Sklavin ist ... Nach unserer Rechtsprechung kann die Frau keinen Besitz und kein Wahlrecht haben. Sie ist nicht rechtsfähig, ja sie existiert überhaupt nicht. Es gibt Bürger, aber keine

Bürgerinnen. Das ist ein Gewaltzustand, der beendet werden muß."[17] Hubertine schloß sich der von Maria Desraimes und Léon Richer gegründeten *Vereinigung für das Recht der Frauen* an und arbeitete an deren gleichnamiger (inzwischen zu *L'avenir des femmes* umbenannter) Zeitschrift mit.

Maria Desraimes (1828-1894)[18] war eine glänzende Rednerin, die sich in der klassischen feministischen Literatur auskannte und leidenschaftlich für die Beteiligung der Frauen am künstlerischen, wirtschaftlichen und politischen Leben eintrat. Überzeugend demonstrierte sie, daß die Frauen nicht "von Natur" aus minderwertig seien, sondern die ihnen unterstellte Inferiorität das Ergebnis ideologischer Konditionierung durch eine Männerherrschaft, die sich im Laufe der Jahrhunderte durch ein ganzes Arsenal juristischer und religiöser Maßnahmen konsolidiert habe. Indem sie die Ungleichheit der Geschlechter als soziale Fiktion entlarvte, übertrug sie der Republik die Aufgabe, mit Hilfe einer bewußten Frauenförderung die Demokratie zu verwirklichen. Ihr - und Richers - Ziel war ein republikanisch reformistischer Feminismus; eine Strategie "der kleinen Schritte", die mit der Überzeugungsarbeit bei den fortschrittsbewußten Eliten beginnen und die republikanischen Instanzen zu tätiger Mitwirkung ermutigen sollte.

Dieser Weg erschien Hubertine zu langwierig und ungeeignet, um ihr wichtigstes Anliegen durchzusetzen: die politische Gleichstellung der Frauen über die Durchsetzung des Wahlrechts. An die Tradition der revolutionären Frauen von 1789 und 1848 anknüpfend hielt sie 1879 auf dem Sozialistenkongreß in Marseille eine Rede über die Notwendigkeit der Frauenbefreiung, die die Teilnehmer zu Beifallsstürmen hinriß. "Als Sklavin von neun Millionen Sklavinnen delegiert", nicht als Arbeiterin, sondern "als Frau, das heißt als Ausgebeutete", sei sie auf den Kongreß gekommen, erklärte Hubertine und beschrieb die Knechtschaft der Frauen als Erwerbstätige, Ehefrauen und Familienmütter. Sie widerlegte alle Argumente, die in der Arbeiterbewegung gegen die Gleichberechtigung der Frauen vorgebracht wurden, und beschwor die Genossen, nicht "unter dem Deckmantel der Schicklichkeit oder des Antiklerikalismus" den Frauen die Freiheit vorzuenthalten. Schließlich seien es die Männer gewesen, die dank ihres Priestermonopols die Eva-Legende aufgebracht und die Frauen für minderwertig erklärt hätten; wenn man den jungen Mädchen nicht Ehemänner aufzwänge, die sie nicht kennen, und Liebesheiraten begünstige, so "werde der Freiheit die Sittlichkeit folgen". Es gelang der Rednerin, eine Schlußresolution durchzusetzen, in der die grundsätzliche Gleichheit der Geschlechter proklamiert wurde.[19]

Im Sog des Erfolges gründete Hubertine eine sozialistische Frauengruppe, die bei den nächsten Kommunalwahlen eine Kandidatin präsentierte. Die Idylle zwischen Feminismus und Sozialismus dauerte allerdings nicht lange, und Hubertine mußte neue Bundesgenossen suchen. Da auch die Freimaurer und die antiklerikalen Freidenker sie enttäuschten ("den Freidenkern ziehe ich das freie Denken vor"), stützte sie sich fortan auf die von ihr gegründete Frauengruppe *Le suffrage des femmes* (Das Frauenwahlrecht) und von 1881 an auf ihre Zeitschrift *La Citoyenne*. Darin schrieb sie regelmäßig, aktuelle Ereignisse und Entwicklungen zum Anlaß nehmend, über alle Frauen betreffenden Probleme. Nichts entging ihrem Interesse: weder die Rolle der Lehrerinnen in der Mädchenerziehung oder die Abschaffung der Mitgift und die eheliche Gütertrennung noch die volkswirtschaftliche Anerkennung der Hausfrauenarbeit. Ihre Vorschläge zur partnerschaftlichen Wahrnehmung der elterlichen Gewalt, zur Aufteilung der Hausarbeit zwischen den Ehepartnern oder zur paritätischen Besetzung der Nationalversammlung gehören zu den originellen Ideen der Zeitschrift[20] - deren Finanzierung Hubertine übrigens dem katholisch-republikanischen Abgeordneten Joseph de Gasté verdankte, der sich damit einen Namen als feministischer Mäzen erwarb.

Ihre Reputation als "erste Suffragette" - im doppelten Sinne Vorläuferin der Engländerinnen, die erst 1906 mit ihren spektakulären Aktionen begannen - verdankt Hubertine Auclert dem Einfallsreichtum und dem provokativen Charakter ihrer Agitation für das Frauenwahlrecht. Sie machte nicht nur bei jeder passenden Gelegenheit vom Petitionsrecht Gebrauch und bombardierte die maßgebenden staatlichen Instanzen mit Eingaben und Vorschlägen, sondern veranstaltete so etwas wie demokratiepädagogische "happenings", um die Öffentlichkeit auf die verfassungswidrige Ausschließung der Frauen aus dem politischen Leben aufmerksam zu machen. Bei den Eheschließungszeremonien auf dem Standesamt interpretierte sie den Neuvermählten die Erklärung der Menschen- und Bürgerrechte; einem Präfekten schlug sie vor, den mangelnd informierten Rekruten Nachhilfekurse in Staatsbürgerkunde zu geben. 1880 initiierte sie mit neun weiteren Frauen einen Steuerstreik: "Das Privileg, Steuern zu zahlen, überlassen wir den Männern, die über ihre Höhe im Parlament abstimmen können und sich das Vorrecht anmaßen, über das Staatsbudget zu entscheiden." Erst nachdem der Fiskus ihre Wohnungseinrichtung gepfändet hatte, gab Hubertine nach. Sie hatte ihr Ziel erreicht: Ihr Steuerboykott wurde in der Presse debattiert. Von dem Erfolg angestachelt organisierte sie am 14. Juli des folgenden Jahres eine Kundgebung auf der Place de la Bastille. "Die feierliche Erinnerung an den 14. Juli, der fälschlicherweise Nationalfeiertag genannt wird", erklärte sie, "ist für den größten Teil der Nation, die Frauen, nichts als die Erinnerung an die Verschärfung ihrer jahrhundertealten Fesseln." Wie diese erregte auch die nächste Aktion öffentliches Aufsehen. *La Citoyenne* rief ihre Leserinnen zum Boykott der Volkszählung auf: "Wenn wir nichts zählen, warum zählt man uns?" Es ist unbekannt, ob die eine oder andere Französin dem Aufruf folgte, aber er hatte zur Folge, daß Alexandre Dumas jun., bis dahin als notorischer Frauenfeind bekannt, sich zum Feminismus bekehrte. Das Amt des Ehrenpräsidenten der von Hubertine neugegründeten Vereinigung für das Frauenwahlrecht lehnte er jedoch mit der Begründung ab, daß ihm dann "in der Akademie niemand mehr zuhören werde". Dieser neue Verein setzte sich zur Aufgabe, den Frauen einen Raum zur Verfügung zu stellen, wo sie "unter sich" sein konnten, lesen, diskutieren, Pläne entwickeln für ein gemeinsames Vorgehen - eine Idee, die mangels Finanzen nach kurzer Zeit scheiterte, aber nach 1900 vielfache Nachahmung fand und zum Aufschwung der Frauenbewegung beitrug.

Hubertine selbst gab ihre Pariser Aktivitäten 1888 auf, um ihrem Lebensgefährten nach Algerien zu folgen. Sie hatte lange gezögert, den Status einer unabhängigen Frau gegen den einer zivilrechtlich minderjährigen einzutauschen. Aber Antonin Levrier kränkelte und stand, wie sie einer Freundin schrieb, in Gefahr, "an Heimweh und Blutarmut zu sterben". So heiratete sie ihn und blieb bis zu seinem Tode in Algerien, von wo sie ihrer Zeitschrift - solange sie fortbestand - glänzend recherchierte Reportagen über die Lage der arabischen Frauen sandte.

Als Hubertine 1892 nach Paris zurückkehrte, hatte sich die feministische Szene verändert: Neue Figuren standen im Rampenlicht, neue Ideen kursierten. Die Vertreterinnen der jüngeren Generation verzichteten auf die egalitäre Doktrin, die seit Maria Desraimes allen frauenrechtlichen Aktionen zugrunde gelegen hatte, zugunsten eines pragmatisch-individualistischen Feminismus, der einerseits das Verhältnis der Geschlechter und die spezifische Rolle der Frau neu durchdachte, andererseits punktuelle Reformen durchzusetzen suchte. Zunächst war Hubertine Auclert isoliert. Aber 1908 anläßlich der Parlamentswahlen flammte der Kampf um das Frauenwahlrecht, angeregt durch die britischen Suffragetten, wieder auf. Je nach den von ihnen favorisierten Methoden unterschied die Presse "suffragettes" und "suffragistes". Zu den ersteren, die gelegentliche Gewaltanwendung gegen Sachen nicht scheuten, gehörten Madeleine Pelletier, eine überzeugte Feministin, die sich auch in der Sozialistischen Partei engagierte,[21] und Hubertine Auclert. Nachdem sie die Fensterscheiben eines Wahllokals eingeworfen und Wahlurnen umgestoßen hatten, wurden sie zu - allerdings milden - Geldstrafen verurteilt. Anders als die britischen Behörden hüteten sich die französischen davor, aus den Frauenrechtlerinnen Märtyrerinnen zu machen, so daß diese zwei Jahre später einen Schritt weitergingen und ihre Kandidatur für die Nationalversammlung anmeldeten. Schon frohlockte die ihnen freundlich gesinnte Presse, Frankreich werde als erstes Land das Frauenwahlrecht einführen. Sie täuschte sich. Als Hubertine Auclert 1914 starb, wurde sie als Pionierin geehrt, aber ihr mehr als dreißigjähriger Kampf, in den sie ihr bescheidenes Vermögen und einen geradezu mystischen Glauben[22] investiert hatte, blieb weitere 30 Jahre folgenlos. Daß Marguerite Durand, "die große Dame" des Feminismus, die dem Frauenstimmrecht lange Zeit skeptisch gegenübergestanden hatte, sich ihr anschloß, mag sie in der Zuversicht bestärkt haben, daß ihre Bemühungen nicht umsonst gewesen waren.

Die Fronde im Establishment

An propagandistischem Geschick, journalistischem Talent und Hartnäckigkeit in der Verfolgung eines Zieles standen Hubertine und Marguerite Durand (1864-1939) einander nicht nach. Emanzipatorische Ideen hatten beide von ihren Müttern übernommen, zum Feminismus fanden sie durch äußere Anstöße: Hubertine als junge Frau, die aus der Provinz nach Paris kam und für die die Aufnahme in die *Vereinigung für das Recht der Frauen* gleichzeitig die Einführung in das gesellschaftliche Leben der Metropole bedeutete; Marguerite Durand als Zweiunddreißigjährige, die in den gehobenen Kreisen von Finanz, Politik und Kultur seit langem keine Unbekannte war, über den *Ersten Internationalen Feministenkongreß* 1896, der von der Freimaurerin Marie Pognon geleitet wurde. Obwohl beide, soziologisch betrachtet, aus dem Bürgertum kamen, lagen Welten zwischen ihnen.

Die 16 Jahre ältere Hubertine, die aus einer kinderreichen Gutsbesitzerfamilie stammte, lebte in den Pariser "Armeleute"-Vierteln von der Rente eines bescheidenen Vermögens. Marguerite, außereheliche Tochter einer kosmopolitischen Intellektuellen, begann ihre Karriere mit 17 Jahren als Schauspielerin an der Comédie Française und führte nach ihrer Heirat mit einem brillanten, jungen Abgeordneten einen vielbesuchten Salon in der rue Saint-Honoré. Nach der Trennung wurde sie Mitarbeiterin des *Figaro*, mit dessen Direktor sie ein Verhältnis und einen Sohn hatte. Daß ihr mondäner Lebensstil und ihr bewegtes Liebesleben vielfachen Anlaß zu gesellschaftlichem Klatsch gaben, ließ Marguerite Durand ungerührt. Im Gegenteil war es die urbane Souveränität, mit der Marie Pognon, die Präsidentin des *Internationalen Feministenkongresses*, ihr vielbeachtetes Décolleté in den Dienst der Verhandlungsführung stellte, die Marguerite von der Kongenialität feministischer Forderungen und femininer Eleganz überzeugte. Anstatt, wie sie vorgehabt

LE NUMÉRO : CINQ centimes
La Fronde
DIRECTRICE : MARGUERITE DURAND
Les Mères bourgeois
15
S.I.P.
Je serai à Amplepuis jeudi
ou vendredi le plus tard. Je trouverai
mes cartes en arrivant
un bon baiser Jeanne

hatte, einen amüsierten Artikel über die altjungfernhafte Blaustrumpfversammlung zu verfassen, befürwortete sie deren "gerechte Forderungen" mit Sympathie. Marie Pognon gehörte der jüngeren Generation der Frauenrechtlerinnen an, die zwar darauf bestand, den Männern gleichgestellt zu sein, aber ihre weibliche Identität bewahren wollte - bis hin zu dem Recht auf die freie Verfügung über ihren Körper.[23]

Marguerite Durand sagte das neue Weiblichkeitsideal zu, das sie auch in ihrer Zeitung *La Fronde* propagierte: die moderne Frau, aktiv, selbstbewußt, finanziell unabhängig, kultiviert, sportlich. Weiblicher Charme nicht als Behinderung bei der Anpassung an ein überholtes Vorbild männlicher Militanz, sondern als Trumpf bei der Durchsetzung feministischer Ideen. Es waren die Werte und Lebensformen einer aufgeklärten, liberalen, großstädtischen Bourgeoisie, die Durands Feminismus gesellschaftlich erfolgreich machten, ihr aber auch die Gegnerschaft revolutionär-sozialistischer Gruppen und orthodoxer Frauenrechtlerinnen eintrugen. Als *La Fronde* 1903 ihr Erscheinen mangels Abonnenten einstellen mußte, schrieb ihre Herausgeberin: "Den Sozialisten war sie zu bürgerlich, dem Bürgertum zu revolutionär, den Parisern zu seriös und den Provinzlern zu pariserisch."[24] Noch bitterer äußerte sie sich über den eigentlichen Adressatenkreis des Blattes: "Der Feminismus hat *La Fronde* nicht abonniert, nicht gelesen, nicht weiterempfohlen, nicht verbreitet, nicht gekauft."[25]

Gerade die Vielfalt der behandelten Themen und die Zulassung aller feministischen Strömungen, der Mut zu politischer Stellungnahme, die Ästhetik der Präsentation waren es, die der Zeitung ihre Sonderstellung und ihre Reputation verschafften. Bereits die erste Nummer, die kurz vor Weihnachten 1897 nach einer glänzend vorbereiteten Werbeaktion erschien und in 200.000 Exemplaren verkauft wurde, erregte allgemeine Aufmerksamkeit. War schon der Titel ein Programm, um so mehr noch die Zusammensetzung des Mitarbeiterinnenstabs: Die gesamte Zeitung wurde von Frauen "geleitet, verwaltet, redigiert, gedruckt".[26] Angesichts des Mangels an ausgebildeten Journalistinnen und des Widerstands der Druckergewerkschaft gegen weibliche Konkurrenz eine Herausforderung.

Aber Marguerite Durand wollte nicht nur eine gut gemachte, ebenso informative wie intellektuell anregende Zeitung herausbringen, sondern den Frauen die Möglichkeit zur beruflichen Weiterbildung und professionellen Selbständigkeit geben. So überwand sie alle Schwierigkeiten. Es gelang ihr, eine Finanzexpertin aufzutreiben und ihr Zutritt zur Börse zu verschaffen. Mit Hilfe ihrer Beziehungen eröffnete sie den Frauen ebenfalls Zugang zum Parlament, über dessen Sitzungen die Zeitung regelmäßig berichtete. Das doppelte Problem: Verbot der Nachtarbeit und Widerstand der Gewerkschaft gegen männergleiche Entlohnung der Setzerinnen, löste sie durch die Ermutigung ihrer Angestellten zur Bildung einer eigenen Gewerkschaft.

Frauenarbeit gehörte zu den privilegierten Themen der *Fronde*, die sich an Akademikerinnen und bürgerliche Hausfrauen wandte, aber auch an Arbeiterinnen und vor allem an Lehrerinnen in der Provinz, denen der Bezug der Zeitung durch einen reduzierten Abonnementtarif erleichtert wurde. Die Rubrik "Arbeit" vertraute Marguerite Durand Expertinnen an, die dank ihrer beruflichen und gewerkschaftlichen Erfahrungen fundierte Analysen lieferten und konkrete Reformvorschläge machten. *La Fronde* unterstützte einzelne Frauen in ihrem Bemühen um professionelle Anerkennung und weitergehende Qualifikation,[27] gab Impulse für die Bildung fraueneigener Gewerkschaften, organisierte eine Stellenvermittlung und schuf so ein Frauennetzwerk gegenseitiger Hilfe und Kommunikation.

Feministische Praxis hieß für Marguerite Durand nicht nur Aufklärung und punktuelle Unterstützung der Frauen, sondern Schaffung der Grundlagen für eine weibliche Kultur. Besonders deutlich wurde das in der Ausstattung des Verlages, der in einer luxuriösen Villa untergebracht war und dessen Büros mehr privaten Räumlichkeiten als Redaktionssälen glichen. Für Entspannung, Komfort und Geselligkeit war Sorge getragen. Eine Mitarbeiterin berichtet: "Man traf sich im Teeraum, diskutierte über Politik, Kunst und Literatur; hatte die Chance, bedeutende Frauen, die zu Gast waren, zu treffen oder Vorträge zu hören."[28] Der Geburtstag der *Fronde* wurde jährlich mit großem Glanz gefeiert und gab der eingeladenen Presse

Gelegenheit, "die geglückte Metarmorphose des Feminismus" zu bewundern.

Marguerite Durand begnügte sich nicht mit einem mondänen Nimbus. Was sie anstrebte, war ein couragierter politischer Journalismus, der sich nicht scheute, Stellung zu beziehen, wenn die republikanischen Werte auf dem Spiel standen - wie in der Dreyfus-Affäre, die um die Jahrhundertwende die französische Gesellschaft in zwei bürgerkriegsähnliche Lager spaltete. Als Marguerite Durand sich von der Unschuld des jüdischen Hauptmanns überzeugt hatte, kämpften sie und ihre Gefährtinnen für seine Rehabilitierung. Marie Pognon begründete diese Parteinahme: "Als überzeugte Feministin, die auf die Reform des Rechts zu ihren Gunsten hofft, behaupte ich, daß wir kein Recht haben, Gerechtigkeit für uns zu beanspruchen, wenn wir nicht Gerechtigkeit für einen Verurteilten fordern, von dessen Unschuld wir überzeugt sind."[29] Vom 8. August bis zum 9. September 1899 berichtete *La Fronde* täglich über den Fortgang des Prozesses, ohne sich von der antisemitischen Hetzpropaganda der (mehrheitlich) dreyfusfeindlichen Presse beirren zu lassen. Die Folge war, daß die Zeitung als vaterlandsfeindlich diskriminiert und dem Vorwurf ausgesetzt wurde, von jüdischem Kapital finanziert zu sein.[30]

Am 1. September 1903 stellte *La Fronde* ihr tägliches Erscheinen ein. Obwohl ihre Bedeutung von niemandem bestritten, vielmehr in der gesamten europäischen Presse in ehrenden Nachrufen hervorgehoben wurde, hatte das Blatt mit den gleichen finanziellen Schwierigkeiten zu kämpfen wie die zahlreichen anderen feministischen Zeitschriften, die in diesen Jahren - mit weit geringerer Professionalität - um "Marktanteile" rangen. Es bleibt das Verdienst Marguerite Durands, zum ersten Mal und sechs Jahre lang, eine Tageszeitung herausgebracht zu haben, die ausschließlich von Frauen gemacht war und - von der außenpolitischen Analyse bis zur Theaterkritik, von der Parlamentsberichtserstattung bis zur "Sportschau" - die Standards der seriösen Tagespresse erfüllte. Sie hat damit die Grundlagen eines anspruchsvollen weiblichen Journalismus gelegt, durch den die Pariser Medien sich bis heute auszeichnen.

Auch nach der Auflösung der *Fronde* gab Marguerite Durand ihr feministisches Engagement nicht auf. Begünstigt durch ihre Verbindungen mit namhaften Parlamentariern und dem damaligen Arbeitsminister René Viviani, der dem Feminismus schon als Vizepräsident des *Internationalen Frauenkongresses* von 1900 offiziellen Glanz verliehen hatte, ergriff sie die Initiative zur Schaffung eines Amtes für Frauenarbeit auf nationaler Ebene. Ein vorbereitender Kongreß im März 1907 vereinigte an die 60 weibliche bzw. gemischte Gewerkschaften, deren Mitgliederzahl zwischen 25 und 2000 schwankte und die von der CGT[31] unabhängig waren. Die delegierten Frauen genossen die Gelegenheit, auf höchster Staatsebene ihre Sorgen und Forderungen vorbringen zu können. Marguerite Durand hatte Anlaß, mit dem Ergebnis des Kongresses zufrieden zu sein: Das erste Treffen zwischen Feministinnen und Arbeiterinnen war gelungen. Sie hoffte, ihm weitere mit weiblichen Angestellten, Beamtinnen und Vertreterinnen der akademischen Berufe folgen zu lassen und zur Sprecherin der arbeitenden Frauen zu werden. Aber das Unternehmen scheiterte an der Indifferenz der Behörden, die kein Geld für das *Office du travail féminin* zur Verfügung stellten; an der Feindseligkeit der männlich beherrschten Gewerkschaften, die der Initiatorin vorwarfen, sie betreibe bloß "Schaumschlägerei, um einen Posten im Arbeitsministerium zu ergattern";[32] und an der Zurückhaltung der übrigen Frauenrechtlerinnen, die erst in der Affäre Couriau zu gemeinsamen Protestaktionen fanden.[33] In den folgenden Jahren schaltete Marguerite Durand sich an der Seite von Hubertine Auclert und Madeleine Pelletier in die Wahlrechtsbewegung ein und bewarb sich 1910 um ein Abgeordnetenmandat. Mit dem ihr eigenen Sinn für Publizität führte sie ihren debilen Gärtner in den Wahlveranstaltungen als Kandidaten vor, um die Absurdität der Wahlrechtsbeschränkung auf die Männer unter Beweis zu stellen.

Ihren eminenten Platz in der Frauenbewegung der Dritten Republik sicherte die Herausgeberin der *Fronde* sich vollends, indem sie 1931 ihre Bibliothek und Archive der Stadt Paris vermachte, die noch heute Trägerin der inzwischen in einem modernen Gebäude in der rue Nationale untergebrachten Bibliothek "Marguerite Durand" ist.[34] Um die Jahrhundertwende war der Feminismus zum

Gegenstand der Forschung geworden: Man begann, seine Aktualität archivalisch zu dokumentieren und seine Vergangenheit quellenkritisch zu erforschen. Wieder bewährte sich der "féminisme au masculin": Léopold Lacour veröffentlichte 1900 seine Studie über *Die Ursprünge des zeitgenössischen Feminismus*, gefolgt von Léon Abensour, dessen imposante Werke zur Geschichte der Frauen und der Frauenbewegung noch heute zitierfähig sind.[35] Daß diese Geschichte der Legitimation des zeitgenössischen Feminismus und der Identitätsfindung der Frauen diente, zeigt der Erfolg des "feministischen Kalenders", der von der *Union fraternelle des femmes* als Teil ihres Almanachs herausgegeben wurde mit dem Ziel, "die Erinnerung an die großen Gestalten der Frauenbefreiung lebendig zu halten".[36]

"Was wir brauchen, ist die vollkommene Unabhängigkeit"

Eine der aktivsten Mitarbeiterinnen der 1901 gegründeten *Brüderlichen Union der Frauen* war Nelly Roussel (1878-1922), die beauftragt wurde, den Leserinnen des Almanachs eine klare Definition des Feminismus an die Hand zu geben. Sie nannte ihn "eine Doktrin des individuellen Glücks und des Allgemeinwohls, ... die die natürliche Gleichwertigkeit der beiden Teile des Menschengeschlechts verkündet und ihre gesellschaftliche Gleichstellung fordert".[37] Mit dieser Definition resümierte sie die Debatten innerhalb der Frauenbewegung zum Verhältnis von Gleichheit und Differenz, wobei sie unterstellte, daß der Geschlechtsunterschied weder eine biologische Hierarchie noch soziale Ungleichheit rechtfertigt. Die Frauen strebten keine Umwälzung der bestehenden Werte an, erklärte sie, sondern lediglich das Recht auf Selbstverwirklichung. Jedes Individuum solle die Chance haben, nach Maßgabe seiner Fähigkeiten die ihm entsprechende Lebensform zu wählen. Das implizierte freilich auch das Recht auf Selbstbestimmung über den eigenen Körper und die eigene Sexualität.

Nelly Roussel, die sich schon in jungen Jahren von ihrem traditionell bürgerlich-katholischen Herkunftsmilieu gelöst und den

Freidenkern angeschlossen hatte, war überzeugte Anhängerin des Neomalthusianismus[38], der für eine freiwillige Geburtenkontrolle eintrat, ohne damit allerdings, wie der britische Geistliche Malthus, die Forderung nach sexueller Enthaltsamkeit zu verbinden. In Nelly Roussels Augen gehörte zur "vollkommenen Unabhängigkeit" der Frauen auch die Befreiung von den "Fesseln der Natur". Anders als ihre Mitkämpferin Madeleine Pelletier, die kinderlos war, sah sie in der Mutterschaft keine Entfremdung, sondern "eine höhere Mission, ... eine Art Sakrament" - vorausgesetzt sie war "bewußt und freiwillig".[39] Den "Gebärstreik", der von extremen Neomalthusianern gefordert wurde, akzeptierte sie nur als äußerstes Druckmittel für den Fall, daß die natalistische Staatsideologie über die Mutterschaftsprogagierung hinaus den Frauen eine Art Geburtszwang auferlegen würde. Für den Fall rief sie ihre Geschlechtsgenossinnen zum Streik auf: "Ja, meine Damen, stellen wir Bedingungen. Und wenn sie nicht erfüllt werden, folgen wir dem Beispiel der selbstbewußten Arbeiter. Streiken wir!"[40] Eine ungewöhnlich mutige Stellungnahme angesichts der herrschenden Moral, die in einem Gerichtsurteil gegen Nelly Roussel exemplarischen Ausdruck fand. Dort hieß es von der "freiwilligen Sterilität", sie sei "unmoralisch und unsozial", verhindere "den Fortschritt der Menschheit" und für die Nation, in der sie sich durchsetze, sei sie "eine Ursache der Schwächung und der Dekadenz" und damit in höchstem Maße "unpatriotisch".[41] Die meisten Französinnen teilten diese Meinung, unter ihnen die Mehrzahl der gemäßigten Feministinnen. Aber Nelly Roussel war "nie eine Gemäßigte", wie sie selbst 1921 in einem Artikel bekannte.

Wann immer sie sich für eine Sache einsetzte, tat sie es mit Leidenschaft, und ihren Polemiken mangelte es nicht an Schärfe. Sie war überzeugte Sozialistin, aber als sie feststellen mußte, daß weder die Gewerkschaften noch die sozialistische Partei sich gegen "das Schandgesetz von 1920" empörten, das die Werbung für Verhütungsmittel verbot und Artikel 317 des Code Napoleon (die strafrechtliche Verfolgung der Abtreibung) bekräftigte, machte sie keinen Hehl aus ihrer Enttäuschung. Sie warf den Genossen vor, "nicht begriffen zu haben, daß die soziale Frage sich den Frauen auf andere Weise stelle", da für sie zu dem "gemeinsamen Gegner, die bürgerlich-kapitalistische Ordnung", Ungerechtigkeiten und Vorurteile hinzukämen, denen sie allein ausgesetzt seien, weil sie sich aus "der Mentalität der Männer aller Klassen und aller Parteien" speisten.[42] Die Frauen, die nach ihrer Meinung einen Zweifrontenkrieg führen, erinnerte sie daran, daß "revolutionäre Propaganda notwendig (sei), noch notwendiger aber feministische Propaganda in den revolutionären Kreisen". Das Beispiel der Sowjetunion, wo sich für die Frauen nichts geändert hatte - wie Madeleine Pelletier und Hélène Brion nach einer Reise in das gelobte Land berichteten - bestärkte sie in der Überzeugung, daß es selbst bei den fortschrittlichen Männern "einen unbewußten Maskulinismus" gebe, der sich sehr schwertue mit der vollen Anerkennung der Frauen. Es klingt wie eine Vorwegnahme der Vorwürfe, die die Achtundsechziger Frauen an die Adresse ihrer Gefährten richten werden, wenn sie den Revolutionären klarmachen, daß ihre Mitkämpferinnen an Entwurf und Gestaltung der zukünftigen Gesellschaft beteiligt sein wollen und sich nicht länger mit Zubringerdiensten und Aushilfstätigkeiten begnügen.[43]

Mit Nelly Roussel, die 1922 an Tuberkulose starb, verlor die Frauenbewegung eine ihrer begabtesten und entschiedensten Sprecherinnen zu einem Zeitpunkt, als sie ihrer in besonderem Maße bedurft hätte. Denn nachdem die Frauen während des Krieges "nichts als weibliche Domestiken" (Séverine) gewesen waren, sollten sie nun vollends domestiziert werden. Um das zu verhindern, hatte Nelly Roussel 1920 um die drei Jahre zuvor gegründete, linksrevolutionäre Zeitschrift *Die Stimme der Frauen* eine Schule ins Leben gerufen, die "eine Phalanx von aktiven, gut informierten und wortgewandten Kämpferinnen" ausbilden sollte, "die jederzeit bereit (wären), für ihr Ideal einzutreten", nämlich die Synthese von Feminismus, Sozialismus und Pazifismus.[44] Sie selbst war unermüdlich für dieses Programm tätig: Sie hatte ihre Freundin Hélène Brion, eine der wenigen Französinnen, die während des Krieges an ihrer pazifistischen Überzeugung festhielten, in dem gegen sie angestrengten Prozeß verteidigt; war zwischen Frühjahr 1920 und Sommer 1921 bei zahlreichen Veranstaltungen in Rathäusern, Volkshochschulen und bei den Freimaurern als Rednerin aufgetreten, u. a. anläßlich des 100. Todestages Bonapartes gegen den Code Napoleon, vor dem, wie sie sagte, "alle Frauen gleich sind; minderjährig in ihren Rechten, aber volljährig vor Gericht"; sie hatte für die Zeitschrift *La voix des femmes* eine Reihe von aufsehenerregenden Artikeln geschrieben und zur Bildung einer "Einheitsfront der Frauen" aufgerufen.

Weder ihre Erfahrungen mit der repressiven Gesetzgebung noch mit den frauenfortschrittsresistenten Genossen haben Nelly Roussel mutlos gemacht, sondern im Gegenteil ihre Haltung radikalisiert. Auf die Gewinnung des Wahlrechts setzte sie keine großen Hoffnungen mehr, wohl aber auf eine Revolutionierung der Mentalitäten mit Hilfe unablässiger propagandistischer Arbeit. Aber dazu fehlte es der Frauenbewegung in der Nachkriegszeit an Elan und Zusammenhalt. Trotz zahlreicher Einzelinitiativen und des Fortbestehens einiger großer feministischer Organisationen, überwog der Eindruck "der großen Depression" (M. Sarde). Léon Abensour faßte 1921 die desolate und gleichzeitig groteske Situation des französischen Feminismus zusammen, als er sinngemäß schrieb: Während man in England, Amerika, Australien bereits zur Praxis übergeht, ist man in Frankreich auf Hoffnungen angewiesen. Das Land, in dem die Emanzipationsbewegung entstand, sieht sie andernorts Früchte tragen. Diese Tatsache ist um so bemerkenswerter, als seit jeher keine Frau gebildeter und emanzipierter war als die Französin.

Feminismus und Pazifismus 1914-1940
Von einem Krieg zum anderen

Christine Bard

Der Eintritt der Feministinnen in das 20. Jahrhundert ist von der erzwungenen Auseinandersetzung mit den Nationalismen und dem Ersten Weltkrieg geprägt. Da sie das Recht auf Einmischung in die öffentliche und vor allem in die politische Szene fordern, müssen sie als Bürgerinnen, Patriotinnen oder Internationalistinnen reagieren. Die durch den Weltkonflikt geschaffene neue Situation bezieht sie ein, ob sie es wollen oder nicht. Der Krieg verändert die Lebensbedingungen der Frauen und verschiebt die traditionellen Geschlechtergrenzen.[1] Er eröffnet den Frauen neue Räume in einem belastenden ideologischen Klima. Die Feministinnen benutzen den Kriegszustand, um ihren "Verantwortungssinn" unter Beweis zu stellen. Sie wollen zeigen, daß sie ihre Rechte verdient haben, da sie ihre Pflichten auszuüben wissen. Die Nachkriegszeit trägt dann den bitteren Beigeschmack der enttäuschten Hoffnungen. Aber die Frauenkämpferinnen stellen ihre Integrationsstrategie im politischen und sozialen Leben nicht in Frage. Mit Leidenschaft beteiligen sie sich an den verschiedensten Initiativen, um den Frieden aufzubauen.

1914-1918: Der Bruch

Bereits im August 1914 schließen sich die Feministinnen der *Union sacrée* an, obwohl alle "dem Krieg den Krieg" erklären wollten. Vom 5. August an verstärken der Belagerungszustand und die Zensur den Repressionsapparat und die Kontrolle der Bevölkerung.

Marguerite Durand muß bereits im September die Herausgabe ihrer feministischen Tageszeitung, *La Fronde*, einstellen, die sie kurzfristig wieder hatte erscheinen lassen. Sie kann nicht mehr die Ironie des Schicksals verleugnen, daß eine Frau das erste Opfer der auf Paris abgeworfenen Bomben ist. Das Mißgeschick der Marguerite Durand bleibt jedoch ein Einzelfall. Die Mehrheit ihrer Mitkämpferinnen ist der Ansicht, daß die Frauen sich im Krieg zu engagieren haben. Der Anteil der Frauenarbeit ist entscheidend für die Kriegswirtschaft, insbesondere in den Rüstungsbetrieben, und der weibliche Patriotismus ist unerläßlich für die Moral der Truppen. "Jede Frau, die in dieser Stunde den Sinn für die Pflicht gegenüber der Heimat beim Mann erschüttern würde, wäre eine Kriminelle", erklärt die *Französische Union für das Frauenstimmrecht* 1915 in der Person ihrer Präsidentin Marguerite de Witt-Schlumberger, einer elsässischen feministischen Philantropin, deren fünf Söhne eingezogen sind. An der Front ist die Mitarbeit der Frauen, vor allem als Krankenschwestern, gefragt. Die feministische Wochenzeitschrift *La Française* - das Pendant zu *Die Frau* - koordiniert die weiblichen Kriegsbemühungen.

Keine Französin begibt sich 1915 zum feministischen Kongreß nach Den Haag, der zu einer Friedenskonferenz wird. Von Jane Addams und Aletta Jacobs organisiert, versammelt dieser Kongreß mehr als tausend Frauen aus zwölf Ländern, darunter 28 Deutsche und 16 Österreicherinnen. Für die *Ligue Française du Droit des femmes* "kommen Friedenshandlungen erst in Frage, wenn die Deutschen Frankreich und Belgien evakuiert haben". Die englischen und holländischen Delegierten haben erfolglos versucht, die Französinnen in diese Initiative miteinzubeziehen: Die Ablehnung ist einmütig. Die Presse gratuliert den Französinnen, daß sie es abgelehnt haben, mit den "österreichisch-deutschen *boches* (Hausdrachen)" zu reden.

Es sind wenige, die, wie die radikale und neomalthusianische Feministin Nelly Roussel diese "gräßliche Mentalität" bedauern, diesen "Willen, ganz Deutschland außerhalb der Menschheit zu stellen". Während die große Mehrheit der Frauenkämpferinnen ihren "patriotischen Eifer"[2] zur Schau trägt, versucht eine kleine

Minderheit, unorganisiert und mit großen Schwierigkeiten, für den Frieden zu wirken.[3] Streng bewachen die Polizeidienste eine Feministin bürgerlicher Herkunft, die von der Philantropie zur gewerkschaftlichen Aktion übergegangen ist, Gabrielle Duchêne. 1915 gründet sie das *Comité des femmes de la rue Fondary*, die künftige französische Sektion des in Den Haag entstandenen *internationalen Komitees der Frauen für einen dauernden Frieden*. Dieses Komitee, das zugleich dem "Feminismus dienen" und "zukünftige Kriege verhindern" will, wird durch die Broschüre *Eine dringende Aufgabe für die Frauen* bekannt, die bei den Feministinnen und in der Presse einen wahren Skandal provoziert und dazu beiträgt, daß der *Nationalrat der Französischen Frauen* - das Pendant zum *Bund Deutscher Frauenvereine* - Gabrielle Duchêne ausschließt.

Im Unterschied zu ihren deutschen Geschlechtsgenossinnen wagen sich die französischen Sozialistinnen nicht an das pazifistische Abenteuer, mit Ausnahme von Louise Saumoneau.[4] Bereits im Januar 1915 verbreitet sie Clara Zetkins Appell an die sozialistischen Frauen und gründet das *Komitee sozialistischer Frauenaktion für den Frieden gegen den Chauvinismus*. Am 26. März 1915 begibt sie sich allein nach Bern zu der von Clara Zetkin organisierten *Internationalen Konferenz der sozialistischen Frauen*.[5] Nach Paris zurückgekehrt verbreitet sie den Appell "Frauen aus dem Proletariat. Wo sind Eure Männer? Wo sind Eure Söhne?"- was ihr einen Monat Gefängnis einbringt. Die Minderheitssozialisten, die gegen die *Heilige Union* sind, bewundern Louise Simoneaus Mut, die den Männern, so sagen sie, "eine Lektion erteilt".

Noch eine andere weibliche Stimme meldet sich zu Beginn des Krieges zu Wort: Die junge Journalistin Marcelle Capy veröffentlicht 1916 - durch ein Vorwort von Romain Rolland unterstützt - *Eine Frauenstimme im Getümmel*. Das Buch wird reichlich zensiert. Kurz danach startet Capy zusammen mit ihrem Gefährten Pierre Brizon eine pazifistisch-feministische Zeitschrift, *La Vague*.[6] Die Gegnerschaft zum Krieg ist für Marcelle Capy ausschließlich geistiger Art. Es geht ihr vor allem darum, dem Haß zu widerstehen, "der Bestialität, die im Fleisch so vieler Europäer, die sich zivilisiert glaubten, brüllend erwacht ist". Sie wirft den Zivilisten ihre "Propagandagläubigkeit" vor und kommentiert mit Ironie den Fall der "Frauen, die den Gerüchten glauben, daß die Deutschen kleine Franzosenkinder töten, um sie zu verspeisen".

Vor allem im revolutionären Gewerkschaftsmilieu und insbesondere in der Lehrergewerkschaft erheben sich Frauenstimmen gegen den Krieg und bleiben damit der antimilitaristisch-revolutionären Lehre treu. So die feministische Lehrerin Marie Guillot, die sich bereits im Oktober 1914 der Germanophobie widersetzt, die das Proletariat von seiner Hauptaufgabe ablenke: der Abschaffung des kriegsschürenden Kapitalismus. Auch Nelly Roussel ist über den Verrat der Revolutionäre, die den Krieg befürworten, empört. Als Befürworterin bewußter Mutterschaft und eines Gebärstreiks, schlußfolgert sie, daß die Frauen nicht mit den Männern rechnen können, um dem Krieg den Krieg zu erklären: "Die Abschaffung der Todeswerke muß von uns kommen, den Schöpferinnen, die den Preis des Lebens kennen."[7] Wieviele feministische Lehrerinnen es gibt, wird anläßlich der Verhaftung von Hélène Brion (1882-1962) offenkundig, die seit 1914 den Lehrerflügel der Gewerkschaft CGT leitet. Hélène Brion ist ebenfalls Sozialistin. Aber sie ist vor allem Feministin. Ursprünglich Anhängerin des "gerechten Kriegs", schließt sie sich 1915 dem Pazifismus an. Da sie in Korrespondenz mit den Frontsoldaten steht, kennt sie deren Leiden. Der Krieg, der von kurzer Dauer hatte sein sollen, artet zum Stellungskrieg aus. Ihre Freundin Henriette Sautet beschreibt, wie "die Lehrerin Hélène von ihrem Klassenraum aus den Krieg sieht. Hélène lebt in Pantin. Pantin. Volkshölle. Schwarzer Vorort in den schwarzen Kriegswintern. Die Brotkarten. Die Frauen, die von Geldunterstützung leben. Die Kinder ohne Väter."[8] Sie unterstützt die Frauen, die auf Grund ihres erklärten Pazifismus von der Polizei behelligt und verhaftet werden. Der Briefverkehr der Pazifistinnen wird kontrolliert, ihr Ein- und Ausgehen streng bewacht. Dann kommt der schreckliche Winter 1917, es gibt offensichtlich keinen Ausweg mehr aus diesem endlosen Konflikt. Flugblätter werden verteilt, die schroffer sind: "Genug getötete Männer! Frieden jetzt!", "Die Frauen wollen ihr Recht und den Frieden".[9] Clémenceau, der im Herbst 1917 an die Macht kommt, unterdrückt die Aktivitäten der "Miesmacher" mit großer Strenge. Hélène Brion wird verhaftet und ins Gefängnis Saint-Lazare gesteckt. Am 28. März 1918 erscheint sie vor dem Pariser Kriegsgericht.[10] Ihre Verteidigung beruht auf der Erklärung ihrer feministischen Haltung gegenüber dem Krieg: "Ich bin gegen den Krieg, weil ich Feministin bin: Der Krieg ist der Sieg der brutalen Gewalt, und der Feminismus kann nur durch die moralische Kraft und durch geistige Werte siegen. Es gibt einen absoluten Gegensatz zwischen beiden."[11] Sie unterstreicht die Widersprüchlichkeit ihres Prozesses: "Ich erscheine hier als Angeklagte eines politischen Delikts; aber ich bin jeglicher politischer Rechte beraubt." Nach vier Monaten im Gefängnis von Saint-Lazare wird sie zu drei Jahren Gefängnisstrafe mit Bewährung verurteilt: ein überraschend mildes Urteil. Hélène Brion, die in diesem Prozeß die Sache der Frauen würdigt, wird von den patriotischen Feministinnen vorgeworfen, "das Spiel Deutschlands zu betreiben".

Lediglich eine "Handvoll Frauen" hat "während des Ersten Weltkriegs unsere Ehre gerettet", schreibt ein Pazifist 1929.[12] Der aufsehenerregende Prozeß gegen Hélène Brion, der mutige Widerstand des Netzwerks der feministischen Lehrerinnen, die kleine pazifistische Zelle der rue Fondary, die isolierte Aktion Louise Saumoneaus: das ist alles, was der Feminismus an pazifistischen Aktionen gegen den Krieg zustande brachte.

Die pazifistische Schwärmerei der zwanziger Jahre

Der pazifistische Kampf, der sich zwischen den zwei Kriegen in allen fortschrittlichen Milieus durchsetzt, wird zu einer der Hauptaktivitäten der feministischen Bewegung jeglicher Richtung. Zwischen 1919 und 1939 gibt es keinen feministischen Kongreß und keinen Appell zum Stimmrecht, der eine Erklärung zugunsten des Friedens vergißt. Man zählt nicht weniger als 24 pazifistische Frauenverbände zwischen den Kriegen.

Die Kontinuität zum feministischen Pazifismus von 1914-1918 konkretisiert sich mit der Gründung der *Liga der Frauen gegen den Krieg* durch radikale Feministinnen. Sie fordern die allgemeine Abrüstung und die Schließung der Kasernen. Aus dem Ersten Weltkrieg Lehren ziehend, wenden sie sich gegen jegliche soziale Arbeit im Kriegsfall, da die geringste Arbeit indirekt zum Erhalt und zur Verlängerung des Konflikts beiträgt. Die Liga wird von Madeleine Vernet (1878-1949)[13] geleitet, der Herausgeberin der Monatszeitschrift *La Mère éducatrice* (Die erziehende Mutter). Sie klagt den Militarismus und den Nationalismus im Namen der Mutterschaft scharf an, jene humanitäre Erfahrung, die die Frauen natürlicherweise zum Pazifismus führt: "Es reicht aus, Frau zu sein, um mit gleichem Herzen in dieser Frage (der Kriegsfrage) zu fühlen".[14] Nach dem Scheitern der Liga 1927 gründet sie *La Volonté de Paix* (Der Wille zum Frieden)[15], eine Gruppe, die die Ächtung des Krieges ins Gesetz aufnehmen will und für die Kriegsdienstverweigerung in einer Zeit kämpft, in der im Parlament von einem Gesetz die Rede ist, welches die allgemeine Mobilmachung der Nation - Frauen inbegriffen - fordert. Madeleine Vernet weist von sich, utopisch zu sein: Der Krieg ist kein Verhängnis. Er ist nicht natürlich, er ist "reines Produkt der Zivilisation". Die weltweite Abrüstung muß also ihren Platz finden als einer der größten Fortschritte der Menschheit.

Die gemäßigten Feministinnen stellen sich gegen diesen unversöhnlichen Pazifismus und kämpfen vorsichtig für die Wiederaufnahme der internationalen Beziehungen. *Die Französische Union für das Frauenstimmrecht* organisiert im Februar 1919 parallel zur Friedenskonferenz eine internationale Konferenz der allierten Frauenrechtlerinnen in Paris. Dank ihrer intensiven diplomatischen Aktivität erreicht sie für die Frauen das Bürgerrecht innerhalb des Völkerbunds. Die Zusammenarbeit mit den deutschen Feministinnen, die von dieser Konferenz 1919 ausgeschlossen sind, wird erst 1920 wieder aufgenommen. Die Französinnen lehnen es ab, für den Abzug der militärischen Besatzung zu stimmen, der 1919 durch den *Berliner Kongreß der internationalen Vereinigung für das Frauenstimmrecht* verabschiedet wird.[16] Die großen feministischen Verbände, die einen vorsichtigen Pazifismus vertreten und die Position der französischen Regierung im allgemeinen respektieren, möchten nicht mit ihrer gemäßigten Tradition brechen. Sie betrachten die

Verteidigung der nationalen Interessen im militärischen und im kolonialen Bereich als legitim. Die Unterschiede auf den internationalen Kongressen werden durch Minimalresolutionen geglättet, die der Zustimmung aller sicher sein können.

Die reformistischen Feministinnen kämpfen trotzdem auf ihre Art für den Frieden: Sie gründen 1920 die *Frauenunion des Völkerbunds*, die von Marie-Louise Puech geleitet wird. Die Union befürwortet eine moralische Abrüstung als erste Voraussetzung für die materielle Abrüstung und unterstützt den Völkerbund (SDN), weil sie der Ansicht ist, daß "die Macht nur im Dienste des Rechtes" stehen darf. Sie arbeitet mit der *Internationalen Liga der Mütter und der Erziehenden für den Frieden* zusammen, die 1928 von Odette Laguerre gegründet wurde und ebenfalls zugunsten der Abrüstung und der internationalen Schlichtung arbeitet: "Die Frauen bilden die Hälfte der Menschheit. Wenn unsere Liga mächtig und weltweit wird, dann wird es keinen Krieg mehr geben." Sie schiebt es von sich, feministisch zu sein, und will eine strikte politische Neutralität einhalten.

Die 1915 in der Schweiz durch Clara d'Acis und Camille Divart gegründete *Weltunion der Frau für die Welteinigkeit* ist noch gemäßigter als diese beiden Organisationen.[17] Die Union meidet extreme Positionen und hält sich von der Teilnahme am Kongreß in Den Haag 1915 fern, der als "verfrüht" beurteilt wird. Begeistert klatscht sie dem "großen Ereignis des Nachkriegs" Beifall, der Gründung des Völkerbunds, "glänzendes Zeugnis für den Willen der Völker, den Krieg abzuschaffen", und erlebt zehn Jahre später ohnmächtig den Bankrott der Abrüstungskonferenz von 1932; "ein wahres Unglück, nach 1933 wurde die Mehrheit unserer Gruppen still".

Die *Internationale Frauenliga für Frieden und Freiheit* (IFFF), die aus dem feministischen Kongreß von Den Haag entstand, zeigt sich politisch aktiver. Diese 1919 gegründete Organisation wird von der philantropischen Amerikanerin Jane Addams geleitet, die 1931 den Friedensnobelpreis erhält. Vize-Präsidentin und verantwortlich für die französische Sektion ist Gabrielle Duchêne. Die deutschen und französischen Sektionen sind unter den "politischsten" dieser Organisation, die in Frankreich der Kommunistischen Partei nahesteht. Mißtrauisch gegenüber dem Völkerbund, zählen IFFF-Mitglieder zu den ersten, die auf die deutsch-französische Versöhnung hinarbeiten. Es gibt ein völliges Einvernehmen zwischen den Französinnen, die die Ruhr-Besetzung verurteilen und den deutschen Leiterinnen (Anita Augspurg und Lida Gustava Heymann).[18] Anzumerken ist jedoch, daß die IFFF sowohl in Frankreich wie in Deutschland aus politischen Gründen von den internationalen feministischen Organisationen ferngehalten wird.

Das Dilemma der dreißiger Jahre gegenüber Faschismus und Kriegsbedrohung

Der Regierungsantritt Hitlers zerbricht gewaltsam den Optimismus der zwanziger Jahre. Die Nazi-Ideologie erfährt eine einmütige Mißbilligung unter den Feministinnen. Der *Internationale Frauenrat* macht mobil für die "Verteidigung der Zivilisation" und erinnert daran, daß jeder Mensch "unabhängig vom Geschlecht, von Rasse, Nationalität oder Herkunft ein Recht auf Sicherheit im Leben hat, in der Arbeit, der Entlohnung, der Gesundheit und in der Erziehung, im Schutz gegen den Krieg und das Verbrechen und auf die freie Meinungsäußerung".[19] Die französischen Feministinnen sind ebenfalls entschieden gegen das deutsche Regime. Sie klagen vor allem den von ihm propagierten Gebärzwang an, seinen Rassismus und seinen Antisemitismus.

In dieser Verurteilung einig, spalten sie sich in der Pazifismus-Frage, die von nun an ein schmerzhaftes Dilemma hevorbringt, nämlich die Frage, ob man notfalls den Krieg akzeptieren muß. Oder "den Frieden um jeden Preis" verteidigen? In ihrer Mehrheit schließen sie sich etappenweise der ersten Meinung an. In dieser antifaschistischen Mobilisierung spielt das 1934 mit dem Segen der Kommunistischen Partei gegründete *Weltkomitee der Frauen gegen Krieg und Faschismus* eine entscheidende Rolle. An der Spitze dieser Organisation findet man Gabrielle Duchêne wieder. Das Komitee vereint bereits 1935 100.000 Mitglieder und wird von repräsentativen Persönlichkeiten der sich konstituierenden Volksfront unterstützt.[20] Die reformistischen Feministinnen, wie die Vorsitzende der *Französischen Union für das Frauenstimmrecht* und spätere Unterstaatssekretärin der Léon Blum-Regierung, Cécile Brunschvicg, unterstützen dieses Komitee, das bis 1939 eine entscheidende Rolle spielt. Es zieht viele Frauen in den antifaschistischen Kampf. Dieser Erfolg ist vor allem der IFFF zu verdanken.

Das Komitee von Gabrielle Duchêne wird trotzdem im Inneren durch eine Reihe von Krisen erschüttert, die die "doktrinären Pazifistinnen" gegen die "realistischen Pazifistinnen" stellen, oder, anders ausgedrückt, die Trotzkistinnen gegen die Krypto-Kommunistinnen. 1936 werden diejenigen ausgeschlossen, die der Führung pro-sowjetische Tendenzen vorwerfen. Mit Gabrielle Duchêne stellt sich die Mehrheit der IFFF in die Reihe der realistischen Pazifisten und wirft den integralen Pazifistinnen, die den Frieden auf jeden Fall erhalten wollen, ihre Nachsicht gegenüber Hitler vor. Die Volksfront wird als letzter Schutzwall gegen den Faschismus betrachtet. Die Liga verurteilt die Remilitarisierung des Rheinlands und fordert ein schnelles und nachdrückliches Eingreifen des Völkerbunds zugunsten einer Räumung dieser Zone. Sie fördert ökonomische, moralische und politische Sanktionen, ohne eine militärische Reaktion in Betracht zu ziehen. Gabrielle Duchêne stellt sich gegen die idealistisch-pazifistische, fast religiöse Vorgehensweise der englischen und amerikanischen Sektionen der Liga und kämpft unaufhörlich für die Einheit der antifaschistischen Kräfte, für die Hilfe an die spanische Republik und die Unterstützung der Flüchtlinge, für den Boykott der Waren aus faschistischen Ländern, für die Nicht-Anerkennung aller Annexionen; sie übt auf die französische Regierung Druck aus, damit diese eine "feste und würdige" Politik gegenüber den faschistischen Mächten einnimmt. Mit den trotzkistischen Dissidentinnen, die den Völkerbund als "Instrument der kapitalistischen Bourgeoisie" betrachten und sich damit begnügen, Hitler als "Kind von Versailles und des französischen Imperialismus" zu sehen, ist kein Einvernehmen mehr möglich.

Die reformistischen Feministinnen werden durch die weltweite *Versammlung für den Frieden (Rassemblement universel pour la paix,*

RUP) stärker angezogen, die 1936 durch den englischen Konservativen Robert Cecil und den französischen Radikalen Pierre Cot gegründet wurde.[21] Die RUP ist eine breite und vielfältige Sammlung von mehr als 400 Millionen Mitgliedern. Ihre Orientierung ist gekennzeichnet durch den Idealismus des juristischen Pazifismus, da sie die Unverletzlichkeit der Abkommen, die Reduzierung der Waffen und die Stärkung der Autorität des Völkerbunds fordert.

Es bleibt die Frage nach den Mitteln, die antifaschistische Männer und Frauen sich erlauben. Sie können sich schlecht damit abfinden, ihre Friedens-, Abrüstungs- und internationalen Schlichtungslosungen aufzugeben, da sie gerade mit großer Klarheit die Gefahr des Krieges festgestellt haben. Die antifaschistischen Feministinnen fordern keine Verstärkung des Militärpotentials des Landes, obwohl diese Frage 1936 zur Debatte steht, als die radikale Partei die Einrichtung eines Frauenwehrdiensts vorschlägt, um der zahlenmäßigen Unterlegenheit der französischen Armee vorzubeugen. Dieses Projekt wird von den Feministinnen verworfen, die mit der klassischen Formel antworten: "Ohne Rechte keine Pflichten."

Was in dieser Zeit besonders auffällt, ist der Erfolg des integralen Pazifismus. In dieser Richtung sind übrigens nicht selten die Frauen vertreten, die pro-nazistischer Sympathien nicht verdächtigt werden können und die nicht nur eine feministische Vergangenheit haben, sondern eine wirkliche Ausstrahlung: Madeleine Vernet, Camille Drevet und Marcelle Capy sind hervorragende Persönlichkeiten dieser Zeit. Alle drei sind Mitglieder des Vorstands der *Internationalen Liga der Friedenskämpfer*, wo sie die neomalthusianische Anarchistin Jeanne Humbert und die Lehrerin Hélène Brion wiedertreffen.

Der integrale Pazifismus findet Ende der dreißiger Jahre Gehör, das bei weitem den Rahmen seiner relativ schwachen Truppen übersteigt. Seine Thesen dringen in die *Französische Liga für Frauenrecht* durch Charlotte Bonnin ein, eine gewerkschaftlich organisierte, feministische Postangestellte, die die männlichen Befürworter des integralen Pazifismus wie Félicien Challaye, Lucien Le Foyer oder Jean Mathé zu Konferenzen einlädt.

Die antifaschistische Mobilisierung ist also nicht sehr stark: Sie geschieht in erster Linie innerhalb des *Weltkomitees der Frauen* und unter dem Einfluß der Kommunistischen Partei. Daher zeichnet die im Mai 1938 in Marseille organisierte *Internationale Frauenkonferenz für die Verteidigung des Friedens, der Freiheit und der Demokatie* eine wichtige Etappe in der antifaschistischen Mobilisierung des reformistischen Feminismus. Der Kongreß wendet sich in einem Aufruf an die Frauen, um die bedrohte Freiheit und die Demokratie zu verteidigen. Aber wie die Nazi-Barbarei zunichte machen? Durch die Einheit der Frauen aus aller Welt, die ihre gewaltlose Macht als Bürgerinnen, Mütter, Erziehende, Produzentinnen und Konsumentinnen nutzen sollten, um "neues Blutvergießen zu verhindern". Die Organisatorinnen stellen ihre Prinzipien auf: Unabhängigkeit der Nationen, Achtung der Verträge, Verteidigung und Verstärkung der für die Aufrechterhaltung des Friedens verantwortlichen Institutionen, Gleichheit der Rassen und Gleichheit der Geschlechter. Als Hüterinnen "der Moral in den internationalen Beziehungen", so der Titel ihrer Versammlung, lehnen sie es ab, gewaltsame Mittel zur Verhinderung des nazistischen Imperialismus in Betracht zu ziehen. Die Idee eines Offensivkriegs ist zu dieser Zeit völlig undenkbar für die Antifaschisten.

Erst die tschechoslowakische Krise treibt die Militantinnen in die Enge. *Die Französische Liga für Frauenrecht* erklärt am 23. September 1938, daß sie "ihre letzte Hoffnung auf eine *Internationale der Mütter für die Sicherung des Friedens* durch den Frieden setzt." Der Hitler-Erpressung bewußt, betrachtet sie die Zugeständnisse, so schmerzhaft sie auch seien, als notwendig und legitim. Kurz danach bekommt der pazifistische Aufruf Eleanor Roosevelts an die Frauen Europas ein phantastisches Echo.

Die Münchner Verträge beruhigen die Befürchtungen vieler Feministinnen. Man kann mehrere Erklärungen für diese vorläufige Entspannung finden. Einerseits zeigt es sich als sehr schwierig, ein seit über zwanzig Jahren gut etabliertes pazifistisches Programm zu revidieren. Zum anderen sind viele Militantinnen, wie die öffentliche Meinung, unwissend in Sachen nationaler Verteidigung. Wie kann man schließlich München verstehen, ohne die Angst zu erwähnen, welche sogar die bestinformierten Feministinnen empfinden? In ihren Memoiren erkennt Marcelle Kraemer-Bach, eine der Führerinnen der *Französischen Union für das Frauenstimmrecht*, ihren "Irrtum": "Wie viele andere betrogen, war ich noch erfreut bei dem Gedanken, daß der Krieg nicht stattfinden würde. Wir waren wirklich unwissend und dachten wenig nach, während die gut informierten deutschen Flüchtlinge uns hätten aufklären können. So wie die einfache Lektüre von *Mein Kampf*. Wir hofften auf ein Wunder: den Tod Hitlers z. B. Es bedurfte weniger Zeit, bis wir unseren Riesenirrtum begriffen."

Die *Französische Union für das Frauenstimmrecht* findet sehr schnell ihren früheren Patriotismus wieder. Die *Französische Liga für Frauenrecht* hält dagegen bis September 1939 an ihrer utopischen *Internationale der Mütter* fest. Trotz schüchterner Proteste der "Patriotinnen", die an die Zustimmung der *Liga zum Krieg des Rechts* 1914-1918 erinnern, hat sich der integrale Pazifismus durchgesetzt. In der Schlußfolgerung lehnt die Liga jede Militarisierung der Französinnen ab.

Mit welchen Argumenten? Zunächst mit der Weigerung, wieder in die Falle der traditionellen Pflicht zur Aufopferung zu geraten: Die Art, wie der Senat den weiblichen Heroismus nach dem großen Krieg belohnt hat, soll als Lektion dienen. Dann kommt die Verurteilung einer ausschließlich männlichen Politik, die zu dem Zusammenbruch geführt hat. Es sei auch daran erinnert, daß die Beteiligung an der *Heiligen Union* nicht ohne eine Portion Opportunismus ausging. Die Hoffnung auf eine Kompensation beseelte sie vielleicht genauso wie das patriotische Gefühl. Die seit zwanzig Jahren angesammelte Verbitterung erreicht 1938-1939 ihren Gipfel. Man muß die Tiefe der Enttäuschung messen, um zu verstehen, wie eine solche, an sich vom integralen Pazifismus weit entfernte Vereinigung sich stolz dem Feld der Münchner anschließt. Sie führt eine neue Version des feministisch-pazifistischen Ausdrucks ein, die auf den weiblichen Enttäuschungen gegenüber der männlichen Welt beruht.

München verursacht eine neue Spaltung innerhalb der IFFF: Die Ultrapazifistinnen um Jeanne Alexandre gründen die *Liga der Frauen für den Frieden. Die Liga der Mütter und der Erziehenden für den Frieden* nimmt ebenfalls eine ultrapazifistische Position ein, zu allen

Opfern bereit, um den Frieden zu retten. Am 18. September 1939 stellt sie fest, daß "Verbrechen und Wahnsinn alle Bemühungen der Vernunft und der Menschlichkeit übertroffen haben". Unter den "Münchner Antifaschisten" finden sich christlich-demokratische Feministinnen, um einen Ausdruck von Cécile de Corlieu zu verwenden, die, auch wenn sie die Politik Hitlers verurteilt, der Ansicht ist, daß es die "schlimmste Dummheit" wäre, wieder einen Krieg zu beginnen.

Die Mehrheit der feministischen Gruppen stellt sich schließlich im Frühling 1939 mit schwerem Herzen auf den unvermeidlichen Krieg ein. Mehrheitlich, trotz einzelner, die abfallen, denn der patriotische Reflex wirkt in die großen Vereinigungen hinein: in den *Nationalen Rat der französischen Frauen*, in die *Französische Union für das Frauenstimmrecht*, in die *Nationale Union für das Frauenwahlrecht*. Dies setzt eine vollständige Umorientierung der kämpferischen Aktivitäten voraus.

Ende 1939 bereitet sich der *Nationale Rat der französischen Frauen*, die Bastion des reformistischen Feminismus, darauf vor, bei der Verteidigung des Landes mitzuhelfen. Er gründet Anfang 1939 das *Propagrandazentrum für die Größe des Landes*, das sich um einen zivilen Frauendienst bemüht. Aber die Regierung stellt sich stumm. Erst als der Krieg erklärt ist, wird ein Rekrutierungsbüro eröffnet, das 28.000 Anmeldungen von Frauen erhält, mit denen es bis April 1940 nichts anfangen kann. Die immer noch sehr aktive IFFF beteiligt sich an dem *Hilfskomitee für die Opfer des Hitler-Faschismus*, verteidigt die in den südwestlichen Lagern Frankreichs mißhandelten spanischen Flüchtlinge, verdammt den Antisemitismus und erläutert die Dringlichkeit eines internationalen Schutzwalls der Demokratien gegen die Mächte der Achse.

Die Ultrapazifistinnen (Jeanne Alexandre, Marcelle Capy, Charlotte Bonnin, Hélène Laguerre) melden sich ein letztes Mal im September 1939, indem sie das Flugblatt des Anarchisten Louis Lecoin "Sofortiger Frieden!" unterzeichnen, das in den ersten Kriegstagen verteilt wird. Katholische Feministinnen um Cécile de Corlieu senden dem Vatikan eine Botschaft, die sich jeder Rechtfertigung des

Krieges im Namen der Verteidigung geistiger Werte widersetzt, denn "ein Krieg ist nicht nötig, um das aufrechtzuerhalten, was zum Leben wert ist". Die integralen Pazifistinnen korrespondieren untereinander, um sich ihre Niedergeschlagenheit anzuvertrauen. Einige weinen über den "Zusammenbruch" ihrer "größten Illusionen". Andere sind wütend, einem erneuten "Kollektivverbrechen" ohnmächtig beizuwohnen. Es handelt sich nur um ein leichtes Aufbäumen, verglichen mit dem patriotischen Schwung, der den reformistischen Feminismus erneut beseelt. In den Augen der großen Vereine "muß die Verteidigung der Rechte der Frauen jetzt der Verteidigung der Heimat Platz machen".

La Française ruft bis Juni 1940 die Frauen dazu auf, sich in der passiven Verteidigung zu engagieren. Erst spät, am 21. Mai 1940 entschließt sich die Regierung, einen Status der "weiblichen Hilfskräfte der militärischen Formierungen" zu veröffentlichen. Während des "seltsamen Kriegs"[22], gründen Feministinnen Hilfswerke, die mit der Armee verbunden sind, und schaffen Aufnahmezentren für Flüchtlinge.

"Merkwürdige Niederlage" für die Feministinnen: 1940 schließt einen Zyklus ihrer Geschichte. Ihre Vereinigungen, ihre Zeitungen verschwinden. Sie haben den Kampf um das Stimmrecht verloren. Ihr Traum eines weltweiten Friedens bricht zusammen und läßt sie, gespaltener denn je, isoliert und bald vergessen zurück.

"Ich bin eine andere Frau geworden"

Frauen in der Résistance

Florence Hervé

Berthie Albrecht (1893-1943), gebürtige Schweizerin, wurde von der Gestapo in Vichy zu Tode gefoltert. Die Journalistin aus dem protestantischen Großbürgertum, Gründerin der Zeitschrift *Le problème sexuel*, war führend in der Widerstandsbewegung *Combat* in Südfrankreich.[1]

Olga Bancik (1912-1944), jüdisch-rumänischer Herkunft, war in der Gruppe der M.O.I. (*Main d'oeuvre immigrée* - immigrierte Arbeitskräfte) und der FTP (*Francs-tireurs et Partisans* - Freischärler und Partisanen) aktiv und verantwortlich für den Transport von Waffen. Sie nahm an Hunderten von Angriffen gegen die deutsche Wehrmacht teil und wurde mit der Gruppe *Manouchian*, einer Kampfgruppe der M.O.I., die nach ihrem armenischen Leiter Missak Manouchian genannt wurde, verhaftet und in Stuttgart enthauptet.[2]

Lucie Aubrac (geb. 1912), Lehrerin, war bei der Widerstandsbewegung *Libération* in Südfrankreich tätig und Mitarbeiterin der Zeitschrift gleichen Namens. Die Verbindungsagentin organisierte die Flucht von Gefangenen in abenteuerlichen Aktionen und beteiligte sich an Sabotageakten. Auf der beratenden Versammlung der Provisorischen Regierung der französischen Republik in Algier im Sommer 1944 (nach der Befreiung von Paris wurde sie im Herbst nach Paris verlegt) vertrat sie die Befreiungsbewegung als einzige Frau.[3]

Danielle Casanova (1909-1943), Zahnärztin von Beruf, war Gründerin und Präsidentin der *Union junger Französinnen*. Die engagierte Kommunistin leitete die illegale Zeitung *Die Stimme der Frauen*; bereits 1940 organisierte sie die großen Hausfrauendemonstrationen gegen Pétain. Sie starb in Auschwitz an Typhus.[4]

Marie-Madeleine Fourcade (1909-1989), stand an der Spitze der gaullistischen Spionageorganisation *Alliance*, die den Auftrag hatte, Informationen über die Produktion von Raketen zu beschaffen. Sie war die einzige Frau, die eine gaullistische Gruppe leitete, und eine der sechs Frauen, die zum Ritter der Ehrenlegion erklärt wurden.[5]

Fünf Namen der weiblichen Résistance, stellvertretend für die Vielen, die sich engagierten, Symbole der politischen und sozialen Vielfalt des Widerstands.

Wie stand es aber mit der Mehrheit der Frauen und mit der Frauenbewegung in dieser düsteren Zeit?

Es ist schwierig, genaue Auskunft zu geben, denn bei der Darstellung der Résistance ist die Kategorie Geschlecht kaum untersucht worden. Die wenigen vorhandenen Zahlen weisen auf eine rege Beteiligung der Frauen am Widerstand hin. Es wird geschätzt, daß 500.000 bis eine Million Menschen sich aktiv am Widerstand beteiligt haben. Und die Frauen? War es 1940 um die Mehrheit der Feministinnen still geworden, so sollen zu dieser Zeit 600.000 Frauen dem *Komitee der Frauen gegen den Faschismus* angehört haben.[6] Unter den 3000 Agenten der gaullistischen *Alliance* waren 700 Frauen. Unter den 19 Angeklagten im Prozeß des *Musée de l'homme* gegen eine Gruppe junger Intellektueller, die sich den Namen *Résistance* gab, waren sechs Frauen, unter den zehn zum Tode Verurteilten drei Frauen. Im Konzentrationslager Ravensbrück gehörten drei Viertel der 7000 gefangenen Französinnen der *Résistance* an. Daß nach 1945 nur sechs Frauen, jedoch 1024 Männer, zum Ritter der Befreiung ernannt wurden, mutet wie ein schlechter Witz an (Berthie Albrecht, die Jüdin Simone Michel-Lévy, die Archäologin Maria Hackin, Marcelle Henry, Unterleutnant der *Forces françaises de combat*, Emilienne Moreau und Laure Diebold).[7]

Pétain statt Marianne - Zur Lage

Die Bedingungen für die Entwicklung der Résistance waren zunächst nicht günstig. Die Kriegserklärung vom September 1939 und der Einmarsch der deutschen Wehrmacht im Mai 1940 kamen für die Mehrheit der Bevölkerung unerwartet. Die Ereignisse überstürzten sich: Auf den seltsamen Krieg 1939/1940 - ein Krieg, der offiziell nie begann und acht Monate dauerte - folgte die Teilung des Landes in eine besetzte Zone und eine sogenannte freie Zone unter der Kollaborationsregierung von Pétain.

1940 waren sechs Millionen Menschen auf der Flucht, zogen in einem noch nie gesehenen Exodus durch Frankreich, in erster Linie Frauen und Kinder. Zwei Millionen Männer waren in Gefangenschaft. Die ersten deutschen Immigranten wurden in Lager deportiert, Frauen in die "Hölle von Gurs" in den Pyrenäen. Es entstanden rund hundert Lager im Land. Besatzung und Krieg trafen die Menschen hart, unvorbereitet. Frauen waren für die Organisation des Überlebens oft allein verantwortlich. "Frankreich war das Land der Frauen geworden" (Marie-Madeleine Fourcade).

Die darauffolgenden Jahre vergingen wie ein Alptraum, geprägt von Entbehrungen und Hunger in den harten Winterjahren 1941 und 1942. Mit dem Jahr 1942 begannen die großen Deportationen: Zehntausende Juden wurden von den Nazis, in Zusammenarbeit mit dem Pétain-Régime, in die Vernichtungslager transportiert. Mitte Juli 1942 waren es 5.802 jüdische Frauen, 4.051 Kinder und 3.031 Männer, die in den Tod nach Auschwitz deportiert wurden.[8]

Knapp fünf Millionen Franzosen wurden zwischen 1940 und 1944 als Kriegsgefangene oder im Arbeitsdienst für die deutsche Kriegsführung zwangsverpflichtet.

Mit dem Jahr 1940 erfolgte ein politischer Bruch. In der Frauen- und Familienpolitik des Pétain-Régimes zeigte sich dagegen zunächst eine gewisse Kontinuität. Das Weiblichkeits- und Mutterschaftsideal des Vichy-Régimes stellte keine neue Erscheinung dar. Die Ideologie der Frau als Mutter hatte sich nach dem Ersten Weltkrieg (zwei Millionen Tote, Rückgang der Geburtenrate von 21,4 Prozent 1920 auf 18,3 Prozent 1928 und 14,6 Prozent 1938) verstärkt, begleitet von einer familien- und geburtenfördernden Politik.[9] Diese Politik wurde von Pétain in einem repressiven Sinn fortgesetzt und kam in den Bereichen Familie, Ideologien und Moral, Erwerbsarbeit zum Ausdruck. Schon 1920 war eine Medaille für "verdiente" Familien ab fünf Kindern eingeführt worden; 1939 war eine Prämie ins Familiengesetz aufgenommen worden für Frauen, die zu Hause blieben, d.h. nicht berufstätig waren (sie betrug 10 Prozent des durchschnittlichen Einkommens und wurde ausgezahlt, bis das Kind 14 Jahre alt war - ironischerweise an den Mann). Differenz und Komplementarität der Geschlechter bestimmten das Bild der Familie. Die "Nationalrevolution" Pétains, unter der Losung Arbeit, Familie, Heimat, sollte die moralische Dekadenz der französischen Bevölkerung abwenden - Pétain als beschützender Vater, dem Dank, Gehorsam und Treue gebührten. Parallel zur Mutterschaftsideologie wurde der Männlichkeitskult geprägt. In seinem Artikel *Valeurs de la Révolution nationale*, erschienen in der Zeitschrift *Idées* 1942, schrieb de Fabrègues: "Die Nationalrevolution ist eine sehr männlich menschliche Reaktion auf eine verweiblichte Republik, eine Republik der Frauen und der Homosexuellen."[10]

1941 wurden Prämien an Mütter vergeben, die ihre Kinder stillten. Der Muttertag wurde nun zum kollektiven Fest. In seiner Ansprache an die Mütter am 25. April 1941 erklärte Pétain: "Frankreich feiert heute die Familie. Die Familie, Urzelle der Gesellschaft, bietet uns die beste Garantie für eine Wiederaufrichtung des Landes." Ebenfalls 1941 wurde der Lohn für Hausarbeit erhöht, vorausgesetzt, die Mutter blieb zu Hause.

Verherrlichung der Mutterschaft einerseits, Diskriminierung der erwerbstätigen Frau andererseits. So sah das Gesetz vom 11. Oktober 1940 die Entlassung von verheirateten Frauen im öffentlichen Dienst und im Verwaltungsbereich vor. Im Oktober 1940 machten Frauen 25 Prozent der Arbeitslosen aus, zwei Jahre später bereits 60 Prozent.

Im März 1942 wurde eine Familien- und Haushaltslehre für Mädchen im Schulunterricht eingeführt. Es gab allerdings keinen offiziellen Ausschluß der Frauen aus dem öffentlichen Leben, Frauen wurden vielmehr unter dem Aspekt ihrer sozialen Nützlichkeit gesehen.

Am 4. September 1941 wurden alle Frauen zwischen 21 und 35 Jahren für die Tätigkeiten zwangsverpflichtet, die die Regierung "im Interesse der Nation für nützlich" hielt - insgesamt 200.000 Frauen.

Um die Familie besser zu "schützen", drohte Pétain mit dem Verbot von Scheidungen: "Es gilt, mit Hilfe einer erhöhten Geburtenrate ... die französische Rasse zu verewigen." Anfang April 1941 wurde der Ehebruch als Vergehen gegen die soziale Ordnung gewertet. Frauen, die nicht dem Familienideal Pétains entsprachen, wurden für die Dekadenz Frankreichs verantwortlich gemacht. In seiner Ansprache vom 20. Juni 1940 hatte Pétain Frauen, die sich dem Mütterideal nicht beugten, für die Niederlage Frankreichs mitverantwortlich gemacht: "Zu wenig Kinder, zu wenig Waffen, zu wenig Verbündete - das war der Grund unserer Nierderlage." In der Zeitung *Le Franciste* vom 21. Juli 1941 hieß es: "Die französischen Frauen haben Frankreich getötet, nicht nur durch ihre blinde Eitelkeit und ihre Selbstsucht, sondern durch den dogmatischen Willen, sich der rassischen Aufgabe und der Pflicht zum nationalen Überleben zu entziehen." In der Wochenzeitschrift für die junge Französin, *Belle Jeunesse*, stand ebenfalls: "Alle Französinnen, die in Zeiten des Friedens versagt haben durch ihren Leichtsinn, ihre Sittenlosigkeit und ihren Egoismus, sind für den Krieg mitverantwortlich."

Am 15. Februar 1942 wurde ein Gesetz verabschiedet, das Schwangerschaftsabbruch als "Verbrechen gegen die Rasse" erklärte und mit dem Tod bestrafte. Allein 1943 gab es 4.055 Verurteilungen wegen Schwangerschaftsabbruchs (1940 waren es 1.225). Am 30. Juli 1943 wurde die "Engelmacherin" Marie-Louise Gérard geköpft.

Im kulturellen Bereich wurde Pétains "Révolution nationale" u. a. durch das Entfernen der Symbolfigur der Französischen Revolution, Marianne - sie wurde auf Briefmarken und in Büsten durch die Vaterfigur Pétains ersetzt -, und durch das Verbot bestimmter Literatur, insbesondere Frauenliteratur wie von Rosa Luxemburg, Anna Freud und Vicki Baum deutlich. Das *Theater Sarah Bernhardt* wurde in *Théatre de la Cité* umbenannt.[11]

Im Gegensatz zum Hitlerfaschismus gab es unter dem Pétain-Régime keine staatliche Frauenorganisation. Die bestehenden, im Umfelde der Kommunistischen Partei angesiedelten Organisationen, wie die *Union junger Französinnen* und das *Weltkomitee der Frauen gegen Krieg und Faschismus*, waren zusammen mit der Kommunistischen Partei bereits von der Daladier-Regierung nach dem deutsch-sowjetischen Nicht-Angriffsvertrag von 1939 verboten worden.

Von Hilfsdiensten zum bewaffneten Kampf

Nach dem Schock der *drôle de guerre* und der Offensive der deutschen Wehrmacht im Mai 1940 entstanden verschiedene Widerstandsbewegungen, u. a. um de Gaulle in England und um die Gewerkschaften und die kommunistische Partei (mit bewaffneten Einheiten ab Herbst 1940). Kurz nach dem Einmarsch der deutschen Wehrmacht in Paris appellierte General de Gaulle am 18. Juni 1940 vom Londoner Rundfunk BBC an die französische Bevölkerung: "Die Flamme des französischen Widerstands darf nicht erlöschen." In der illegalen Zeitung *L'Humanité* und in Flugblättern rief die kommunistische Partei am 10. Juli 1940 das französische Volk zum Kampf auf: "Niemals wird ein so großes Volk wie das unsere ein Volk von Sklaven sein."

Das war der Beginn der organisierten Résistance. Auch der Résistance der Frauen.

Als Résistance werden im allgemeinen der Widerstand der französischen Bevölkerung gegen die deutsche Besatzung und der Kampf um die Befreiung des Landes von 1940 bis 1944 bezeichnet. Lange vor dem Appell von General de Gaulle und der Bildung des *Nationalrats der Résistance* (1943) gab es bereits Keime des Widerstands. Lucie Aubrac: "Die Résistance der Frauen ist ein Phänomen, das lange vor dem Begriff entstand. Es ist eine Folge des gewachsenen Bewußtseins, des Engagements von Frauen und der politischen, wirtschaftlichen und sozialen Veränderungen, die mit der Entstehung des Faschismus in Westeuropa verbunden waren."[12]

So existierten bereits 1934 Frauenorganisationen, die sich gegen Faschismus und Krieg wandten, die sich in einem pazifistischen Sinn engagierten. Anfang August 1934 fand in Paris der *Weltkongreß der Frauen gegen Krieg und Faschismus* statt, der von Komitees wie dem *Frauen-Stimmrechtsverband*, der *Liga der Mütter* und vor allem der französischen Sektion der *Internationalen Frauenliga für Frieden* unter Leitung ihrer Vizepräsidentin Gabrielle Duchêne vorbereitet wurde. Die mehr als 1000 Delegierten - unter ihnen 620 Französinnen - verabschiedeten ein Manifest gegen den Faschismus, eine Charta der Frauenforderungen und einen Beschluß über die Bildung des *Weltkomitees der Frauen gegen Krieg und Faschismus*. 1935 waren es bereits 100.000 Frauen, die sich in diesen Komitees organisierten. 1939 wurden sie aufgelöst.[13]

Innerhalb der Frauenbewegung gab es die "doktrinären Pazifistinnen" und die "realistischen Pazifistinnen" (um Gabrielle Duchêne). Die fundamentalistischen Pazifistinnen hatten zunächst mehr Erfolg als diejenigen, die gegen den Faschismus mobilmachten. 1940 war der Traum eines Universalfriedens ausgeträumt. Frauenverbände und -zeitungen verschwanden, die Pazifistinnen waren isoliert.

Die Résistance verlief auch nicht geradlinig, sie reichte von mehr oder weniger zufälligen Hilfstätigkeiten bis zum Einsatz des eigenen Lebens. Am Anfang stand der Haß gegen die Besatzungsmacht, der nicht unbedingt verbunden war mit der Ablehnung des Pétain-Régimes. 1942 gab es noch keine Einheitlichkeit, keine Einmütigkeit, vor allem was - über den Kampf gegen die Besatzung und für die Befreiung hinaus - ein Konzept für die Gestaltung der Zukunft und eines neuen ökonomischen und sozialen Systems anging. 1943 zeichnete sich eine Wende ab. Nicht allein wegen der Verschärfung des faschistischen Terrors im besetzten Frankreich, wegen der Koordinierung der verschiedenen Widerstandsgruppen und der Bildung des *Nationalrats der Résistance* im März 1943, sondern auch wegen der Wende im Kriegsverlauf. Die Hoffnung auf Befreiung nahm Gestalt an. Die Beteiligung an der Résistance wurde größer und breiter. Kommentar der Schweizer Zeitung *Nation* im Januar 1944: "Die Résistance ist die stärkste Massenbewegung, die Frankreich seit der Französischen Revolution erlebte."

Und die Frauen?

Sie haben nicht nur Hilfsdienste geleistet. Sie haben sich an allen

Aktionen beteiligt, Verantwortung übernommen, besondere Formen des Widerstands entwickelt und selbst mit Waffen gekämpft. Auch sie waren Teil der "stärksten Massenbewegung seit der Französischen Revolution".

Die Résistance der Frauen, das sind nicht nur die Heldentaten der Christin Berthie Albrecht, der Sozialistin Suzanne Buisson (1883-1944) oder der Kommunistin Danielle Casanova. Das sind die vielen kleinen und großen, bewußten und weniger bewußten Aktionen der Frauen.

Da waren zunächst die Frauenstreiks und -demonstrationen 1940: Frauen forderten die Rückkehr ihrer mobilisierten Männer. 1940 streikten 300 Frauen in der Michelin-Fabrik bei Clermont-Ferrand aus Protest gegen das Gesetz zur Entlassung verheirateter Frauen aus der Erwerbstätigkeit. Es gab 1941 und danach die Hausfrauendemonstrationen für eine bessere Versorgung, für Ernährungszulagen und für Lohnerhöhungen; Delegationen von Frauen zogen in die Rathäuser, forderten Milch, Brot und Kohle. Aktionen, die an das Engagement der Frauen in der Französischen Revolution erinnern - interessant ist in diesem Zusammenhang die häufige Erwähnung der Frauen der Französischen Revolution in den Flugblättern und Zeitungen der Résistance.[14]

1942 kämpften die Frauen gegen die Zwangsrekrutierung für Deutschland. Yvonne Dumont, Regionsverantwortliche für die *Volksfrauenkomitees*: "Die organisierten Frauen ergriffen das Wort vor Geschäften, an Fabriktoren und vor Kirchen nach dem Gottesdienst. Sie riefen die Frauen auf, sich der Deportation ihrer Männer, Brüder und Söhne zu widersetzen. Das führte dazu, daß einige unserer Kameradinnen durch deutsche Militärgerichte zum Tode verurteilt wurden, zu Folter und Deportation."[15]

Anfang Januar 1943 warfen sich Frauen auf die Gleise in Montluçon und Lorient, um die Abfahrt der Züge mit den Arbeitsdeportierten zu verhindern.

Eine der Besonderheiten des Frauenwiderstands stellten die *Volksfrauenkomitees* dar, die sich bereits 1940 entwickelten. Es ging um die Organisation der Hilfe für die Kriegs- und die politischen Gefangenen. Aus diesen Frauenkomitees entstand 1943 die *Union französischer Frauen*, die Ende 1944 ihren Gründungskongreß abhielt. Sie besteht bis heute.

Nach den spontanen Aktionen nahm die Résistance die Form des direkten Kampfes gegen die Nazis und die Vichy-Regierung an.

In allen Bewegungen waren die Frauen vertreten, an allen Aktionen haben sie sich beteiligt: ob in der Gruppe *Combat* um Frenay, wie Berthie Albrecht - die Gruppe wurde von Militärs um Henri Frenay im Sommer 1940 gegründet, sie schloß sich Ende 1942 dem Gaullismus an -; in der Gruppe *Libération* um d'Astier de la Vigerie, eines Ex-Marineoffiziers und Journalisten, der die verschiedensten politischen Richtungen der Widerstandsbewegung zusammenfassen und einen Volksaufstand vorbereiten wollte, wie Lucie Aubrac, ob in der Gruppe der *Freischärler und Partisanen*, der militärischen Organisation der kommunistisch orientierten *Front National*, wie France Bloch-Sérazin (1913-1943), oder in der gaullistischen *Alliance*, wie Marie-Madeleine Fourcade, oder in einer Gruppe des bewaffneten Widerstands wie der *Compagnie St. Just* (Madeleine Riffaud).

Es gab auch die Résistance in den Konzentrationslagern, die zum Ziel hatte, das moralische und materielle Überleben zu sichern und die Würde zu bewahren. So organisierten Widerstandskämpferinnen in Ravensbrück z. B. das Überleben, die Solidarität und den Widerstand weiter.

Einige Tätigkeiten wurden vornehmlich von Frauen ausgeübt, so der Kurierdienst, d. h. der Transport illegaler Zeitungen, falscher Papiere oder Waffen, der Verbindungsdienst, der für den Kontakt zwischen der Führung und den einzelnen Gruppen, der Übermittlung von Nachrichten und Lageberichten verantwortlich war, und die Organisation der Rettung jüdischer Kinder und Jugendlicher. Marianne Cohn (1921-1944), Organisatorin der zionistischen Jugend der Südzone, versuchte im Mai 1944 28 jüdische Kinder vom besetzten Lyon aus in die Schweiz zu bringen und vor der Deportation zu retten. Der Fluchtversuch mißlang, Marianne Cohn lehnte ein Angebot zur Flucht ab, um bei den Kindern zu bleiben. Bei der Befreiung fand man sie in einem Leichenhaufen bei Annemasse wieder.

Eine besondere Form der Résistance bildete die *Deutsche Arbeit* (TA - *Travail allemand*), die im September 1940 für die politische Arbeit unter den Angehörigen der Besatzungsmacht in der besetzten Zone initiiert wurde. Ziel war es, die Deutschen zu "bearbeiten", d. h. die faschistische Ideologie unter den deutschen Soldaten zu bekämpfen und diese von der Sinnlosigkeit des Krieges zu überzeugen, kriegswichtige Anlagen und Materialien zu zerstören und eine Friedensbewegung innerhalb der Wehrmacht und der deutschen Dienst- und Verwaltungsstellen zu schaffen. Die Leitung der TA hatte die M.O.I., eine von der kommunistischen Partei 1924 gegründete Organisation, in der alle nach Frankreich eingewanderten Ausländer gewerkschaftlich und nach verschiedenen Sprachregelungen untergliedert wurden. Beim Verbindungsdienst der TA sollten deutschsprechende Frauen zu zweit Kontakte mit deutschen Soldaten herstellen. Yvette Bloch dazu: "Die Soldatenarbeit im Rahmen der TA war eine spezifische Frauenarbeit, weil natürlich die jungen Soldaten in Frankreich alleine waren, sich langweilten - und es war sehr leicht, mit ihnen 'anzubändeln'." Zeitweise waren es hundert Antifaschistinnen, die Gespräche mit deutschen Soldaten anzuknüpfen versuchten, auf Straßen, in Parkanlagen und Kinos, in Cafés und Kaufhäusern, nach den Regeln der Konspiration, die dann zur Schaffung von Soldatengruppen und -komitees führen sollten. In den zivilen Dienststellen versuchten Dolmetscherinnen, Telefonistinnen, Bauarbeiter und Boten Informationen zu sammeln, deutsche Papiere und Ausweise zu beschaffen, Adressen zu besorgen und illegale Gruppen zu bilden.[16]

Es gab schließlich die Tätigkeiten, die als unweiblich galten und von der patriarchalischen Gesellschaft deshalb lieber verschwiegen wurden: Frauen als Kundschafterinnen, als Partisaninnen mit der Waffe in der Hand, als Produzentinnen von Sprengstoff. Die Chemiestudentin Jeanne Bohec nahm an Fallschirm- und Sabotagekursen teil, sie fabrizierte Sprengstoff und legte ihn unter Gleise. Sie wurde Unterleutnant, Ausbilderin für Sabotage.

France Bloch-Sérazin (1921-1944), ebenfalls Chemikerin, leitete die *Freischärler und Partisanen* an, die von ihr in einem geheimen Labor erstellten Granaten zu handhaben. Die aus einer italienischen

Familie stammende Mafalda Motta beteiligte sich an Anschlägen und Überfällen und kommandierte eine der Gruppen von *Carmagnole* in Lyon (bewaffnete Einheit der M.O.I). Unter den 38 aktiven M.O.I. Partisanen in Grenoble waren zehn Frauen.[17]

Über die Widerstandsaktivitäten in und außerhalb der verschiedenen Gruppen hinaus - sie hörten Auslandssender ab, stellten illegale Flugblätter und Schriften her, verteilten und verschickten diese, hielten illegale Versammlungen ab, versteckten Verfolgte, sammelten Geld für in Not geratene Familien, leisteten Kurierdienste, Sabotage und Arbeitsverweigerungen in Betrieben - gab es eigenständige Frauengruppen der Résistance. Danielle Casanova hatte nach scharfen Auseinandersetzungen in der kommunistischen Partei 1936 die *Union junger Frauen* (UJFF) gegründet. Zu den Gegnern einer separaten Organisation sagte sie: "Eine gemischte Organisation würde keine breite Rekrutierung erlauben ... Außerdem, das zeigt uns die Erfahrung, würde eine gemischte Organisation heute den besonderen Problemen der Mädchen nicht gerecht werden."[18] Danielle Casanova vertrat die Ansicht, daß es eine besondere "Ausbeutung und Versklavung der Frau" gibt. Vor 1940 engagierte sich die UJFF u. a. für das republikanische Spanien, sammelte dafür Nahrungsmittel und Kleider. Sie gab eine eigene Zeitung heraus, *Filles de France.* Innerhalb der kommunistischen *Nationalfront* gab es eine besondere Frauenorganisation, die auch "unpolitischen" Frauen den Zugang zum Widerstand erleichtern sollte. Und es gab einen eigenen Frauentrupp der M.O.I., der bewaffneten Einheiten der *Partisanen und der Freischärler*. Es gab auch jüdische Partisanengruppen der M.O.I., die ausschließlich aus Frauen bestanden.

Für ein Mädchen, eine junge Frau, so Ingrid Strobl, war die politische Betätigung die einzige Möglichkeit, aus dem beschränkten, dumpfen Trott eines vorbestimmten weiblichen Schicksals auszubrechen. "In der Jugendorganisation der kommunistischen Partei, des 'Bunds' oder in der zionistischen Hechaluz-Bewegung (Hechaluz = Pionier) traf sie auf Gleichgesinnte, die weder das Schicksal ihrer Klasse noch ihres Volkes, noch auch das ihres Geschlechts hinnehmen wollten."[19]

Nach ebenfalls großen Auseinandersetzungen wurde Ende 1940

in London ein Korps der freiwilligen Französinnen gegründet, das im Jahr 1941 500 Mitglieder hatte. 1944 wurde eine Frauensektion der Armee gegründet - mit fast 15.000 Frauen (10.000 in der Bodenarmee, *Arme féminine de l'armée de terre*, 1.100 in den Seekräften, *sections féminines de la flotte*, 3.500 in der Luftarmee, *Forces féminines de l'air*).[20]

Nicht zu vergessen den Widerstand im Alltag, so das verbotene Singen der Marseillaise oder das Erzählen von Witzen, z. B. über den greisen Junggesellen Pétain, der die Geburtenförderung predigte. Die Schriftstellerin Edith Thomas berichtet von der Provokation der 150 Frauen, die am 14. Juli 1944 in blau-weiß-roten Kleidern durch die Straßen von Paris zogen: "Die Boulevards, die Champs-Elysées flimmern blau, weiß und rot. Es ist eine Ohrfeige für jene, die sämtliche Kundgebungen verboten hatten. Die Kundgebung ist da, überall: in diesen Schuhen, in dieser dreifarbenen Brosche an der Bluse einer Frau in Trauerkleidung (was für einer Frau, der Mutter eines Erschossenen?)."[21] Nicht zu vergessen, die Teilnahme der Lehrerinnen und Schülerinnen nach der Landung der Alliierten in der Normandie - alle Mädchengymnasien bekamen ihr Komitee der Nationalfront in Paris, Lehrerinnen organisierten Demonstrationen gegen das Dekret vom Mai 1942, das die Juden dazu zwang, den Judenstern zu tragen - und die Teilnahme der Frauen an der literarischen Résistance (z. B. Madeleine Riffaud, Elsa Triolet, Marianne Cohn, Edith Thomas). Viele Frauen entdeckten das Schreiben in den Gefängnissen und Lagern.

Ein Weg in die Freiheit und in die Gleichheit?

Widerstand war möglich. Trotz aller Widerstände. Viele Frauen ließen sich nicht unterkriegen. Isolation, Arbeitsplatzverlust, Trennung von ihren Familien, Folter und Tod nahmen sie in Kauf. Auf die Frage nach dem Warum ihres Engagements antworteten viele: "Was hätten wir denn sonst tun sollen?"

Die Motive der Frauen, die ihr Leben riskierten, waren vielfältig. Sie leisteten Widerstand aus politischer oder religiöser Überzeugung, aus humanistischer Empörung gegen Unrecht und Unmenschlichkeit, aus Freiheitsliebe, aus Freundschaft oder Liebe. Oft nahmen sie den Platz verschwundener, verhafteter, getöteter Angehöriger und Freunde ein. Die Liebe zum eigenen Lande - der Patriotismus - und die Liebe zum Leben sind weitere Motive.

Einige Sozialisationsfaktoren wie die Schule, die Familie, die Erwerbstätigkeit, die Zugehörigkeit zu Jugend- oder Frauengruppen begünstigten natürlich den Zugang zur Résistance, förderten die Politisierung. Auch die Wahrnehmung des Ersten Weltkriegs und die damit verbundenen Leiden hatten wohl entscheidend das kindliche Verhalten vieler Widerstandskämpferinnen geprägt.[22] So erzählt Cécile Ouzoulias-Romagon, Verbindungsagentin und Frau des berühmten Colonel André, des Verantwortlichen für die kommunistischen Jugendbataillons, von ihrer Beeinflussung durch das politische Klima in der Familie und durch die Erfahrung der frühen Erwerbstätigkeit und Ausbeutung in der Fabrik. Sie selbst war Textilarbeiterin in Troyes gewesen.[23]

Die Öffnung des Horizonts durch die eigene Erwerbstätigkeit, die bei Frauen nicht selbstverständlich war, wird als wichtiges Moment der Bewußtseinsentwicklung und der Wahrnehmung politischer Zustände immer wieder genannt. Hinzu kamen die Erfahrungen der großen Streiks für die Verbesserung der Arbeitsbedingungen von 1936, an denen Frauen entscheidend beteiligt waren, und ein Politisierungsprozeß während der Volksfrontregierung, der ersten Regierung, die drei Frauen auf Staatssekretärposten berief.

Die erlebte Demütigung der Niederlage Frankreichs, die deutsche Besatzung und die Grausamkeiten der Deutschen brachten viele Frauen zu Racheakten und zur Résistance. Die damals 19jährige Madeleine Riffaud, Tochter von Lehrern in der Nähe von Oradour, erzählt von ihrer Demütigung, als sie von Deutschen geschlagen wurde, und vor allem von ihrer Wut, als einer ihrer Kameraden erschossen wurde und das Verbrechen von Oradour geschah: "Da dachte ich nur an eines: Den ersten deutschen Offizier, den ich treffe, erschieße ich."[24]

Für Geneviève de Gaulle-Anthonioz, die Nichte des Generals,

bedeutete die Résistance ein "freiwilliges Engagement für die Befreiung der Heimat und die Verteidigung der menschlichen Werte, die der Nazismus zu zerstören suchte".[25]

Einzelne Frauen waren bereits vor dem Krieg engagiert gewesen, ob in den antifaschistischen Frauenkomitees oder als einzelne, und dies prägte ihr späteres Engagement für die Résistance. Berthie Albrecht, so ihre Tochter, war schon eine Widerstandskämpferin, als sie die Sache der Frauen und der Arbeiter verteidigte.[26]

Der Widerstand war außerdem für viele Frauen ein Weg, aus der traditionellen Frauenrolle auszubrechen, eigenen Mut auf die Probe zu stellen und das eigene Leben zu verändern. Ein Weg in die Verantwortung als handelndes Subjekt - ein Weg in die Freiheit durch die bewußte Entscheidung, das eigene Leben einzusetzen und Verantwortung als einzelne zu übernehmen (Jean-Paul Sartre: "Wir waren nie so frei wie während der Besatzung."). In ihrem *Tagebuch vierhändig* schrieb die damals 19jährige Benoîte Groult 1940: "Ich beneide die Jungen, die jetzt in England sind. Sicher würde ich auch fortgehen, wenn ich kein Mädchen wäre. Einmal, weil dort das letzte Stück des freien Frankreich ist, zum anderen aus persönlichen Gründen: Auch ich bin okkupiert, bin abhängig von meinen Eltern, meinen Gewohnheiten, meinem Platz in der Gesellschaft ... Anderswo hätte ich die Freiheit, mich selbst zu wählen."[27]

Viele Frauen haben die Résistance auch als ein spannendes Abenteuer, als eine Herausforderung für sich selbst erlebt. So die Sozialistin Renée Morin, genannt Rose, die in der Bewegung *Libération-Nord* aktiv war: "Jemand bedauerte mich, daß ich das Haus verlassen mußte und gefährlich lebte. Aber wir haben wunderschöne Stunden erlebt. Man empfindet Erleichterung und Zufriedenheit, wenn man über die Kleinlichkeiten, die Erbärmlichkeiten und Egoismen hinweglebt, die das abnormale Leben beherrschen." Elisabeth Terrenoire, Autorin des Buchs *Kämpferinnen ohne Uniform* (1946) betrachtet die Résistance als die "begeisterndste Zeit meines Lebens".[28]

Anne-Marie Comert, französisch-englische Verbindungsagentin, schrieb, daß sie durch die Résistance eine "Kulturrevolution" durchlebte: "Ich habe die Solidarität im Kampf so intensiv erlebt, daß ich der Ansicht bin, eine menschlich absolut außerordentliche Erfahrung gemacht zu haben."[29]

Cécile Ouzoulias-Romagon: "Ich bin eine andere Frau geworden. Wir waren uns darüber bewußt, etwas Neues aufzubauen. Das Leben war schön, die Stimmung war toll. Wir fühlten uns frei, sorglos, und wir wurden frecher. Wir waren der Ansicht, daß ein Mädchen genausoviel wert ist wie ein Junge."[30] Brigitte Friang: "Eine Zeitlang haben wir eine neue Gesellschaft aufgebaut, in der jeder die volle Menschenwürde erhielt und dem anderen gleich war. Der Arbeiter neben dem Großbourgeois, und vor allem die Frau neben dem Mann."[31]

In ihren Berichten betonen Widerstandskämpferinnen das emanzipatorische und befreiende Element des Kampfes. Marie-Madeleine Fourcade spricht von einer aufgrund der Lage erzwungenen Emanzipation.

Zweifelsohne trugen der Rückhalt durch die Freundesgruppe und die erfahrene Solidarität entscheidend zu dieser positiv bewerteten Erfahrung bei. Yvonne Dumont: "Wir hätten es ohne die solidarische Hilfe der Frauen nie schaffen können. Es war menschlich eine außerordentlich wertvolle Erfahrung." Dazu auch Margot - der Familienname ist nicht bekannt -, die jahrelang im Frauengefängnis La Roquette saß: "Feiern, lachen, sich weiterbilden, damit zeigten wir unsere Liebe zum Leben, unser Vertrauen in den Sieg einer gerechten Sache, unseren unerschütterlichen Optimismus."[32]

Die Teilnahme am Kampf konnte mit dem Verzicht auf Liebesbeziehungen verbunden sein (Mafalda Motta: "Unser Privatleben hat überhaupt keine Rolle gespielt."). Es gab zeitweilig ein Zurückstellen der persönlichen Probleme. Die Frau Manouchians, Mélinée, schreibt: "Ich war der Ansicht, daß meine Arbeit als Kämpferin wichtiger war als meine persönlichen Probleme." Sie war schwanger und entschied sich zu einem Abbruch.[33] Es gab aber auch Ansätze neuer, egalitärer Liebesbeziehungen zwischen Mann und Frau. Kurz vor seinem Tode schrieb Missak Manouchian von der M.O.I. in einem letzten Brief an seine Frau: "Dein Freund, Dein Kamerad, Dein Mann."[34]

Einzelne Frauen hatten bereits ihre Emanzipation gelebt, bevor sie sich für die allgemeine Befreiung einsetzten. So Berthie Albrecht, die 1933 die Zeitschrift *Le problème sexuel* herausgab, zu einer Zeit, in der Schwangerschaftsabbruch und Information über Familienplanung verboten waren. So auch Danielle Casanova, die an eine völlige Gleichstellung der Geschlechter glaubte.

Lucie Aubrac spricht von der "tiefen und radikalen Bewußtseinsentwicklung durch den Widerstand", Denise Breton (Ravensbrück-Deportierte) von der "neuen Frau", die aus der Résistance entstand.

Gleich in der Aktion - ungleich vertreten in leitenden Stellungen

Läßt sich ein Durchbrechen der traditionellen Geschlechterrollen aufgrund der Résistance feststellen?

Eine Pauschalisierung wäre aufgrund der noch unzureichenden Forschungsergebnisse falsch. Es bietet sich eher ein differenziertes Bild. Frauen haben erstmalig Zugang zu hohen und verantwortungsvollen Posten bekommen: z.B. Marie-Madeleine Fourcade von *Alliance*, Berthie Albrecht, Cécile Ouzoulias-Romagon, Danielle Casanova, France Bloch-Sérazin, Jeanne Bohec (die einzige Frau, die Sabotage-Instrukteurin war), Marie-Louise Dissart (im *Réseau Françoise*, einer Abteilung des *War office*), Claude Gérard, verantwortlich für die Organisation der Geheimarmee der Bewegung *Combat* im Süden, Madeleine Braun, Mitbegründerin des kommunistischen *Front National*, Paulette Rappaport-Gruda, die in der südlichen Zone die Leitung der *Union des Juifs pour la Résistance et l'entr'aide* innehatte, Catherine Varlin, die 1943 Mitglied des Kommandostabes der 35. Brigade in Toulouse wurde und schließlich in die Leitung der gesamten *Franc-tireurs et Partisans* der Region Meuse gewählt wurde, Madeleine Riffaud, Leiterin der bewaffneten *Compagnie St. Just*, und Lucie Aubrac. Letztere wurde Delegierte der Befreiungsbewegung bei der beratenden Versammlung in Algier 1944. Über die entscheidende Rolle der Frauen sagt sie: "Es fehlte zunächst an Männern, und die Frauen waren von Anfang an von der Résistance viel mehr betroffen; denn sie verloren einen

Mann, bzw. eine Unterstützung, und sie waren gezwungen, unabhängig zu werden."[35]

Marianne Monestier urteilt in ihrem Buch über die Résistance: "Was positiv war: Männer konnten sich dazu durchringen, Frauen Schlüsselpositionen anzuvertrauen - ob im Maquis (Zufluchtsstätten im Wald) oder bei den Kundschafterdiensten -, Männer haben Verantwortung mit ihnen geteilt und auch akzeptiert, unter ihrem Kommando zu dienen."[36]

Männliche Journalisten wie Delarue heben die "große Überraschung für Männer" hervor, "die Entscheidungsfähigkeit, den Mut und die Kampfbereitschaft der Frauen zu entdecken".[37] Am 16. Dezember 1943 erklärte Maurice Schumann in *Radio France libre*: "Im letzten Krieg gab es Hunderte von Heldinnen für die Freiheit, in diesem Krieg sind es Hunderttausende von Kämpferinnen."[38]

Frauen erwähnen auch die absolute Gleichheit, die sie in der Aktion erlebten, allerdings mit einigen Einschränkungen, was die Armee betraf. Jeanne Bohec: "Als Frau in der Résistance habe ich nie Probleme gehabt, aber in der Armee war es kein Zuckerschlecken. Ich vergesse am besten alle unangenehmen und sexistischen Bemerkungen, die ich gehört habe."[39]

Marie-Madeleine Fourcade berichtet von den positiven Erfahrungen, die sie in der Zusammenarbeit mit Frauen in *Alliance* hatte: "In meinem Réseau ... waren die Frauen einfach wunderbar. Ich hatte völliges Vertrauen in sie. Ich habe auch beobachten können, daß sie viel besser als Männer die Folter überstanden."[40]

Für die Sozialistin Gilberte Brossolette gab es während der Résistance "weder Männer noch Frauen": "Die Risiken und die Gefahren waren die gleichen, und der Mut war bei Frauen mindestens genauso groß wie bei Männern." Auch Geneviève de Gaulle-Anthonioz möchte nicht gerne das Schicksal von Männern und Frauen trennen. "Frauen wurden verhaftet, gefoltert und ermordet wie die Männer. Es gab keinen Unterschied. In Auschwitz gingen Männer und Frauen durch die Gaskammer."[41] In ihrem Buch über Frauen in der Résistance stellt Ania Francos differenzierend fest: "Frauen und Männer waren gleichgestellt ... - gleich im Ertragen des Leids, gleich vor den Folterknechten und Henkern. Aber nicht mit der gleichen Verantwortung. Und schon gar nicht gleich bei der Verteilung der Medaillen und des Ruhms."[42]

Was die Risiken und die Bestrafung im Kampf angeht, ist eine absolute Gleichheit festzuhalten. Daß die Teilnahme von Frauen an entscheidenden Posten bzw. an als unweiblich geltenden Kampfformen aber nicht überall befürwortet wurde, zeigt die Aussage von Madeleine Riffaud ("Der Mann, der letzte Nacht schoß, das war ich"): "Ich hatte viele Schwierigkeiten, meine Kameraden zu überzeugen, daß eine Frau etwas anderes machen kann. ... Ich wollte mich am bewaffneten Kampf beteiligen. Man nannte mich exaltiert."[43] Außerdem wurden bestimmte Tätigkeiten wie die der Teilnahme von Frauen am bewaffneten Kampf nur solange gesellschaftlich akzeptiert, wie die Situation eine außerordentliche war. Hélène Eck: "Das Überschreiten von Grenzen, die geschlechtsspezifische Rollen und Aufgaben festlegen und das ausnahmsweise durch den Untergrund und die Illegalität begünstigt wurde, kann nicht mehr geduldet werden, wenn der Krieg seinen normalen Charakter wiederannimmt, nämlich den einer Staatsarmee mit 'richtigen' Soldaten, die offen den Feind bekämpfen."[44]

Vor allem aber: Der Anteil an Frauen in leitenden Positionen der Résistance war äußerst gering. Die Mehrheit der Frauen übte Tätigkeiten aus, die von eh und je als weiblich galten, wie das Sammeln von Geldern oder Verbindungsdienste. Indem jedoch Mütter und Hausfrauen dazu aufgerufen wurden, das Haus zu verlassen und sich den Widerstandsaktionen anzuschließen, wurde ihnen die Möglichkeit gegeben, die traditionelle Rolle zu verlassen.

Nach der Befreiung erhielten Frauen (endlich) das Wahlrecht und das in der Verfassung von 1946 garantierte Recht auf Arbeit und Gleichberechtigung. Die fortschrittliche Sozialversicherung wird als "Tochter der Résistance" bezeichnet. Vor allem aber entstand ein neues Frauenbewußtsein, das u. a. seinen Ausdruck in Simone de Beauvoirs *Das andere Geschlecht* (1949) fand.

1945 entstanden neue internationale Beziehungen von Frauen als Ausdruck der im Widerstand gewonnenen Solidarität und der Erkenntnis der Notwendigkeit, alles zu tun, um einen neuen Krieg zu

Die Befreiung von Paris, August 1944

verhindern (z. B. die *Internationale Demokratische Frauenföderation* in Paris).

In einzelnen Organisationen wurde über eine stärkere Beteiligung von Frauen in höheren Gremien nachgedacht: Zum erstenmal wurde in der Gewerkschaft CGT einer Frau, der Widerstandskämpferin Marie Couette, der Posten einer Gewerkschaftssekretärin auf nationaler Ebene anvertraut.[45]

Daß das überkommene Frauenbild (Mutter, Hure, Engel) bei vielen, vornehmlich den Männern, noch herrschte, wird an der Art der Bestrafung der Kollaborateurinnen und der Frauen, die sexuelle Beziehungen zu deutschen Angehörigen der Wehrmacht unterhalten hatten, deutlich. 1945 gab es insgesamt 87.000 Verurteilungen auf Grund von Kollaboration mit Nazi-Deutschland, darunter 767 zu Tode (keine Frauen unter den letzten). 1946 waren unter den 29.401 wegen Kollaboration Gefangengesetzten 6.091 Frauen, das sind 21 Prozent. Zusätzlich zur Gefängnisstrafe erfuhren viele eine besondere Art der Bestrafung, die sie in ihrer Weiblichkeit treffen sollte: Sie wurden kahlgeschoren und entblößt, sie wurden - im Unterschied zu den Männern - zusätzlich Opfer öffentlicher und körperlicher Demütigung.[46] Die Abrechnung mit den "Besatzungsliebchen", so Kopetzky, hatte "oft sexual-pathologische Züge".[47]

Die Résistance bedeutete zwar einen gewissen Durchbruch der Geschlechterrollen, eine Revolution im Bewußtsein vieler Frauen. Aber einen Bruch mit den herrschenden Vorurteilen und Stereotypen (der Mehrheit der Männer) konnte sie nicht erreichen. Die "Befreiung der Heimat" hatte nicht "die Emanzipation der Französin" zur Folge, wie dies von Lucie Aubrac und anderen behauptet bzw. erhofft wurde. Die Vision der neuen Frau, die mit einer Freiheitsvision verbunden war, blieb einigen Dichtern wie z.B. Louis Aragon oder Paul Eluard vorbehalten.

Die Gewerkschaftsdelegierte Rose Zehner bei dem Streik von Citroën 1938

Von Proudhon bis Pétain

Frauenarbeit: Konzepte, Meinungen und Wirklichkeit

Françoise Thébaud

"Je mehr ich darüber nachdenke, desto weniger kann ich mir ein Frauenschicksal außerhalb der Familie und des Haushalts vorstellen", schrieb Joseph Proudhon im elften Kapitel seines *Systems der ökonomischen Widersprüche* (1848). Trotz der Kritik von Feministinnen wie Jenny d'Héricourt oder Juliette Lambert,[1] bekräftigte er seine Position in *Die Pornokratie oder die Frauen in den modernen Zeiten*, das erst nach seinem Tode 1875 veröffentlicht wurde[2]: "Männer und Frauen können gleichwertig sein ... Sie sind nicht gleich ... Der Mann stellt in erster Linie eine Aktionsmacht dar, die Frau eine Faszinationsmacht. Aus der Verschiedenartigkeit ihrer Natur ergibt sich die Verschiedenartigkeit ihrer Eigenschaften, ihrer Aufgaben, ihrer Schicksale ... Die Frau, die sich von ihrem Geschlecht entfernt, verliert nicht nur die Anmut, die ihr die Natur gegeben hat, sondern fällt in den Zustand des Weibchens zurück ..."

Etwa hundert Jahre später, immer noch im Namen der Differenz und der Gegensätzlichkeit der Geschlechter, glorifiziert das Vichy-Régime die Mutterschaft als einzig denkbares Frauenschicksal[3] und verabschiedet repressive Maßnahmen gegen die Frauenarbeit.

Diese gewagte Nebeneinandersetzung von Proudhon und Pétain bedeutet nicht, daß die Frauenarbeit ständig verwehrt wurde und daß die Gegner der Frauenarbeit gesiegt haben. Im Gegensatz zu der verbreiteten Meinung, daß die Frauen erst in neuester Zeit massenhaft auf den Arbeitsmarkt drängen, haben sie immer gearbeitet, wenn auch unter wechselnden Bedingungen. Der Begriff der Arbeit ist komplex, besonders wenn er aus weiblicher Sicht oder unter dem Aspekt der Geschlechtszugehörigkeit betrachtet wird. Neben dem Recht auf Arbeit, das in unzähligen Reden gefordert oder verweigert wurde, sind die geschlechtsspezifische Arbeitsteilung in und außerhalb der häuslichen Sphäre, die Arbeitspolitik verschiedener Unternehmen und des Staates, die Arbeitsbedingungen und -beziehungen und, wenn möglich, die Auswirkungen der Frauenarbeit auf die Frauen selbst und auf die Gesellschaft zu berücksichtigen. Die Arbeit steht in ihrer Vielfalt im Mittelpunkt der Geschichte der Frauen, der individuellen Geschichte jeder Frau und der Kollektivgeschichte des weiblichen Geschlechts; sie bildet einen Schwerpunkt der Frauengeschichte.

Eine entscheidende Rolle in der Geschichte der Frauen

Die Frage der Frauenarbeit wurde durch die Debatten über Emanzipation und den Kampf gegen soziale und sexuelle Diskriminierungen angeregt. In der Geschichte der Frauen ist sie seit zwanzig Jahren allgegenwärtig. Dabei können drei Ebenen unterschieden werden: Frauenarbeit als Geschichte der Arbeiterinnen, die Geschichte weiblicher Arbeit und eine geschlechtsspezifische Betrachtung der Arbeit.

Die französische Historiographie der sechziger Jahre steht im Zeichen der großen wirtschafts- und sozialgeschichtlichen Studien. Die Aufarbeitung der Geschichte der Frauen beginnt in dieser Zeit mit einigen Pionierwerken aus der Arbeitssoziologie in Erscheinung zu treten, obwohl Werke über Frauengeschichte auch in den siebziger Jahren eher noch eine Randerscheinung bilden.[4] Sie untersucht als erstes die Frage der Frauenarbeit und der Beziehungen zwischen erwerbstätigen oder nichterwerbstätigen Frauen zur Arbeiterbewegung. Die Aufarbeitung des Traumas, durch die industrielle Revolution wäre die zusätzliche Ausbeutung der Arbeiterinnen und der proletarische Antifeminismus verursacht worden,[5] führt zu der Erkenntnis, daß die Geschichte der Frauen oft die Diskrepanz zwischen einer Mehrheit von Frauen als Opfern und einer kleinen Minderheit von Rebellinnen beinhaltet - bei letzteren denke ich an

Streikführerinnen wie Philomène Rozan oder Lucie Baud oder an feministische Kämpferinnen für das Recht der Frauen auf Arbeit.[6]

Das Bemühen, möglichst alle Frauenaktivitäten sichtbar zu machen, führt zu einer Erweiterung der allgemeinen Vorstellung von Arbeit um die Hausarbeit und die Arbeit als Mutter, "typisch weibliche" Berufe werden ebenso gesucht, wie Berufe, die eine gewisse Autonomie erlauben. Die Studien beschäftigen sich mit dem 20. Jahrhundert und zeigen gleichzeitig die Professionalisierung der bis dahin den Frauen sozusagen von Natur aus vorbehaltenen Aufgaben, etwa der der Hilfstätigkeit, der Pflege und der Kindererziehung. Ferner werden die Feminisierung entwicklungsträchtiger oder starkem Wandel unterworfener Sektoren, wie das Postwesen oder die elektronische Industrie, untersucht.[7]

Das Werk von Joan Scott und Louise Tilly *Women, Work and Family* (1978) analysiert erstmalig die Frauenarbeit nicht isoliert oder nur im Zusammenhang mit der Industriewelt, sondern in ihrer Beziehung zur Familiengeschichte.[8] Diese Studie zeigt, daß vom 18. Jahrhundert bis heute die Erwerbstätigkeit der Frauen aus dem Volk immer von den Familienbedürfnissen her definiert wurde und sich daher den ökonomischen Veränderungen und dem demographischen Druck anpassen mußte. Die Autorinnen betonen, daß die Frauenerwerbstätigkeit weder eine Konstante ist noch ein Recht und daß sie lange Zeit weder den Status der Frauen in der Gesellschaft verändert hat noch ihren Platz in der Familie. Die Einleitung der französischen Ausgabe des Werkes schwächt diesen ökonomischen und biologischen Determinismus ab, indem sie die Rolle der kulturellen und ideologischen Einflüsse und die Praktiken des weiblichen Widerstands hervorhebt und zu weiteren Forschungen über das Handeln zwischen den Geschlechtern und die Entscheidungsstrukturen in den Familien aufruft.

Die "gender history", die sich in der zweiten Hälfte der achtziger Jahre entwickelt und nicht mehr eine Geschichte der Frauen, sondern eine Geschichte der Geschlechterbeziehungen im Auge hat, knüpft an diese Fragestellungen an. Sie kann sich auf frühere Studien stützen, insbesondere auf solche, die den Begriff des geschlechtsspezifischen Berufs und die Diskussion über die Illegitimität der Lohnarbeit für Frauen berücksichtigen. Es geht darum, die bisherigen Kenntnisse zu systematisieren bzw. neu zu bewerten durch die Verwendung von Konzepten wie geschlechtsspezifische Arbeitsteilung, Konstruktion der Differenz nach sozialen Kriterien, Verbindungen zwischen Familienstruktur und Produktivsystem.

Diese Geschichte, die sich für die Konstruktion der Kategorien maskulin/feminin interessiert, ist verbunden mit einer Erneuerung der für die Geschichte der Frauenarbeit so wichtigen Quellenkritik. Welchen Glauben soll man z. B. einem Diskurs schenken, der die Frauenarbeit zum sozialen Problem erklärt und den qualifizierten männlichen Arbeiter als Norm setzt?[9] Welchen Glauben soll man den Statistiken schenken, die das Produkt von Klassifizierungen sind, die vom männlichen Befrager erstellt und von weiblichen Befragten nach Kriterien interpretiert werden, die alles andere als neutral sind?[10]

Ältere Monographien von Le Play[11], aber auch ein Vergleich der Ergebnisse der Volkszählung mit den Angaben der mündlichen Geschichte zeigen häufig eine Unterschätzung bzw. ein Verschweigen der Frauenarbeit - auch bei den Frauen selbst. Dies wird besonders deutlich bei einer einfachen Hilfstätigkeit, etwa der Zuarbeit der Ehefrau eines Handwerkers oder bei allem, was mit den sogenannten "kleinen Frauenjobs" zu tun hat und die Frauen in die Hausarbeit verbannt.[12] Diese "kleinen Frauenberufe", die oft unregelmäßig ausgeübt und deshalb unterbewertet werden, sind bei den Historikern immer noch kaum bekannt, die bisher eher den sichtbareren Typus der Arbeiterin, der Hausangestellten oder der Angestellten untersucht haben.

Die Statistiken der Volkszählungen bieten trotzdem einen allgemeinen Rahmen, der es erlaubt, einige große Tendenzen herauszuarbeiten.

Einige Besonderheiten der Frauenarbeit

Frankreich ist ein Land mit einer hohen Frauenerwerbsquote: 1906 waren 36 Prozent der Frauen erwerbstätig bzw. 38 Prozent aller Erwerbstätigen waren Frauen. Frankreich war ein Land, in dem die Industrialisierung langsam vonstatten ging und das lange agrarisch strukturiert blieb. 1906 waren von 7,7 Millionen erwerbstätigen Frauen 3,2 Millionen Bäuerinnen, und sie erreichten 1936 immer noch eine Quote von fast 3 Millionen. Außerdem erlebte das erste malthusianische Land Europas seit 1870 nur einen geringen demographischen Zuwachs (von 36 Millionen Einwohnern 1872 auf 39,5 Millionen 1911, gefolgt von einer Stagnation um die 40 Millionen bis 1946). Frankreich brauchte Arbeitskräfte: Während das Europa vor 1914 Männer exportierte, nahm Frankreich ausländische Arbeitnehmer auf und ließ seine Frauen arbeiten - auch die verheirateten und die Mütter. Und dies trotz einer offiziellen Politik, die den Frauen die Privatsphäre der Reproduktion und der Familie zuwies. In der Geschichte der Frauenarbeit und im Gegensatz zur vorherrschenden Meinung markierte der Erste Weltkrieg einen Bruch zwischen der zweiten Hälfte des 19. Jahrhunderts, in der die Frauenerwerbstätigkeit zunahm, und dem 20. Jahrhundert, in dem die Frauenarbeit bis Mitte der sechziger Jahre abnahm. Erst die Explosion der Frauenarbeit seit 1968 ermöglicht ein Überschreiten der Erwerbsquoten vom Anfang des Jahrhunderts.

Diese Schwankungen der Frauenerwerbstätigkeit sind begleitet von Veränderungen in der Arbeitsstruktur: Rückgang der typischen Arbeiterin des 19. Jahrhunderts (Textil- oder Bekleidungsarbeiterin), der durch eine zunehmende Feminisierung in anderen Industriezweigen nicht ausgeglichen wird; Rückgang der landwirtschaftlichen und industriellen Arbeit zugunsten der Arbeit im Dienstleistungssektor: Die idealtypische Erwerbstätige des 20. Jahrhunderts ist die lohnabhängige Angestellte.

Frauen als Opfer der industriellen Revolution?

Die industrielle Revolution bedeutet zweifellos einen quantitativen und qualitativen Bruch in der Gesellschaft, sie hat jedoch weder den Kapitalismus noch die Industrie noch die Frauenarbeit erfunden.[13] Die einschlägige Forschung unterstreicht heute eher folgende

Kontinuitäten über die Industrialisierung hinaus: Wir haben es mit einer Mehrheit junger, unverheirateter Erwerbstätiger zu tun, mit Berufsunterbrechungen vor allem der verheirateten Frauen, der Aufrechterhaltung, ja sogar der Zunahme weiblicher Erwerbstätigkeit im traditionellen Haushaltsbereich (während des ganzen 19. Jahrhunderts gab es mindestens so viele Hausangestellte wie Fabrikarbeiterinnen). Neben der Großindustrie, v.a. Textilfabriken, Konserven- oder Tabakfabriken, existierten sehr unterschiedliche Kleinunternehmen bis hin zur Heimindustrie, die 1906 ihren Höhepunkt erreichte. Fast eine Million Frauen arbeiteten sich an ihren Nähmaschinen oder an ihren Nadeln zu Tode - außerhalb jeglicher Sozialgesetzgebung und mit weniger als einem Franc Lohn pro Tag. Für einen Franc konnte man zur damaligen Zeit gerade einmal 2,5 Kilogramm Brot kaufen. Frauen waren nach wie vor auf spezifische Bereiche beschränkt, auf unqualifizierte, schlecht bezahlte Arbeitsplätze, auf das, was man auch heute noch schnell als "Frauenarbeiten" abtut. Die geschlechtsspezifische Arbeitsteilung wurde durch spezielle Rahmenbedingungen für die arbeitenden Frauen verstärkt, so durch die völlige Entfremdung der Hausangestellten wie in den Klosterfabriken für Seidenarbeit im Südosten des Landes und den militarisierten Werkstätten.[14]

Im 19. Jahrhundert herrschte seitens der stärker von Proudhon als von Marx geprägten Arbeiterbewegung ein großes Mißtrauen gegenüber der Frauenarbeit. Die Arbeiter und ihre Organisationen befürchteten die Konkurrenz durch die unterbezahlte Frauenarbeit und postulierten das Ideal der Mutter am Herd, der Erzieherin des kleinen Proleten, den man nicht fremden Händen anvertrauen kann, der Biene des häuslichen Bienenstocks. Eifersüchtig verteidigten sie Berufe, die als männlich galten, etwa in der Holz-, Metall- oder Druckindustrie. Als Beleg kann man die Affäre Couriau anführen, ein regelrechtes weibliches Berufsverbot im Druckbereich, das 1913 viel Aufsehen in der gewerkschaftlichen und feministischen Welt erregte: Emma und Louis Couriau, ein Typographen-Paar, zog nach Lyon, um zu arbeiten; die Sektion der Druckergewerkschaft stellte sich gegen die Mitgliedschaft von

Emma und strich den Mann aus ihren Listen, der sich "schuldig" machte, weil er seine Frau diesen Beruf ausüben ließ. Die Sektion drohte mit einem Generalstreik und erreichte die Entlassung.

Die Arbeiter und ihre Organisationen befürworteten eine spezifische Arbeitsschutzgesetzgebung für Frauen und Kinder und trafen sich hier mit den Hygienikern und den Philantropen, die, im Namen der Schwäche der weiblichen Geschlechts und des höheren demographischen Interesses der Nation, antiliberale Einschränkungen forderten und die Verabschiedung der Gesetze von 1874 und 1892 erreichten - das letztere verbot den Frauen die Nachtarbeit und beschränkte ihren Arbeitstag auf 10 Stunden. Diese schlecht angewandte und auf die Fabrikarbeit beschränkte Gesetzgebung traf letztlich nicht einmal drei Viertel der Arbeiterinnen, verstärkte aber die geschlechtsspezifische Segregation.

Die Frauenarbeit bildete also den Mittelpunkt eines scharfen Konflikts zwischen Arbeiterbewegung und Frauenbewegung.[15] Diese betrachtete die Frauen als doppelt unterdrückt: durch den Kapitalismus und durch die Männer. Wie die Gewerkschafter beklagten die Feministinnen die Passivität der Arbeiterinnen; sie versuchten allerdings, die Arbeiterinnen in autonomen Gruppierungen zu organisieren. Einige mutige Frauen, deren Schriften in den siebziger Jahren wieder entdeckt wurden, beschrieben, wie z. B. Marcelle Capy, die Ausbeutung der Frauen,[16] oder versuchten, wie Hélène Brion[17], den Frauen innerhalb der Arbeiterorganisationen Gehör zu verschaffen.

Die Frauen waren kaum organisiert; sie beteiligten sich nur mäßig an den Arbeiterkämpfen und nur sporadisch an Streiks.[18] Zwischen den Geschlechtern gab es kaum Klassensolidarität. Hélène Brion beschreibt, wie beim Streik Lebaudy in Paris 1913 "eine weinende Frau daherkam, vor Scham sterbend, gefolgt von einem Mann, der sie mit Knüppelschlägen und Fußtritten zum Weitergehen zwang ..., eine Streikende des gestrigen und vorgestrigen Tags, die von ihrem Zaren zur Arbeit zurückgebracht wurde, weil es ihm mißfiel, daß seine Frau streikte".[19] Die CGT-Kampagne für die englische Woche (samstagnachmittags und sonntags arbeitsfrei) erkannte jedoch stillschweigend die Notwendigkeit an, außerhäusliche und häusliche Arbeiten miteinander zu vereinbaren. Die von der Affäre Couriau angeregten Debatten führten die gewerkschaftliche Föderation dazu, einen Aktionsplan zu starten, um die Frauen zu organisieren und die Frage der Frauenarbeit auf ihrem nächsten Kongreß im Herbst 1914 auf die Tagesordnung zu setzen. Der Krieg stellte alles wieder in Frage.

Krieg und weibliche Mobilmachung

Der Erste Weltkrieg emanzipierte die Frauen nicht und stellte die Geschlechterbeziehungen nicht grundsätzlich in Frage.[20] Ganz im Gegenteil. Nur in bezug auf die Frauenarbeit blieb diese Zeit eine Ausnahme. Allein weil weibliche Arbeitskräfte in der Rüstungsindustrie gebraucht wurden, stieg die Quote zwischen 1914 und 1918 an.

Von wem und wovon redet man, wenn man den Begriff der weiblichen Mobilmachung benutzt?

Während der Präsident Monsieur Viviani die Bäuerinnen am 7. August 1914 dazu aufrief, die Ernte einzubringen und die des folgenden Jahres vorzubereiten, bemühten sich die Frauen und Mädchen der wohlhabenden Mittelschichten, die an wohltätige Aktivitäten gewöhnt waren, verletzte Soldaten oder Zivilisten zu trösten und ihnen zu helfen; für viele war dies übrigens das Vorspiel für eine Aktivität in den Verbänden des Roten Kreuzes oder in anderen Hilfswerken, an denen sich die feministischen Organisationen beteiligten. Aber für die Arbeiterinnen und die Angestellten bedeutete der Krieg, dessen wahre Natur vom Generalstab und von den Behörden erst spät erkannt wurde, zunächst den Abbau der Unternehmen, Arbeitslosigkeit und materielle Schwierigkeiten, die von der mageren Kriegsfamilienunterstützung nicht gedeckt wurden. Nach den Statistiken des Arbeitsministeriums stellten die Frauenarbeitsplätze im Handel und in der Industrie im August 1914 im Vergleich nur 40 Prozent der Vorkriegszahlen; im Juli 1915 waren es 80 Prozent weniger. Ende 1917, auf dem Höhepunkt der Frauenarbeit, stellten die erwerbstätigen Frauen dann 40 Prozent der Arbeitskräfte im Vergleich zu 32 Prozent vor dem Krieg.

Der späte, langsame und von den Umständen bestimmte Anstieg der Frauenerwerbstätigkeit blieb also eingeschränkt; die Arbeitswelt wurde nicht von der Frauenarbeit überflutet. Nachdem durch das Gesetz Dalbiez 500.000 Arbeiter von der Front zurückgerufen und die letzten Ressourcen ausländischer oder kolonialer Arbeitskräfte moblisiert worden waren, griff man schließlich auf Arbeiterinnen für Munitionsfabriken zurück. Zu Beginn des Jahres 1918 stellten sie ein Viertel der gesamten Arbeitskräfte (ein Drittel in der Pariser Region) und symbolisierten den Eintritt der Frauen in traditionell männliche Bereiche.

Die Zunahme der Frauenarbeit wurde durch eine stärkere Erwerbstätigkeit der jungen Frauen und der Mütter ermöglicht; sie war verbunden mit einer teilweisen Verschiebung der Arbeitskräfte aus dem Haushaltsbereich und aus traditionellen Frauenberufen hinein in Sektoren mit starkem Wachstum, wie der Metallurgie und der Chemie, bzw. in Bereiche, die für das Leben im Land unerläßlich waren, wie Verkehrsmittel und den privaten und öffentlichen Dienstleistungszweig. Außerdem fanden oft besser bezahlte und durch den patriotischen Zusammenhang aufgewertete Posten, insbesondere in der Kriegsindustrie, starken Zulauf.[21]

Die Propaganda richtete sich an die "wahre" Französin und eher an die patriotischen Bürgerinnen als an die Kriegsarbeiterinnen. Diese riefen manchmal ein bewunderndes Staunen hervor, meist weckten sie aber Angst vor der "Vermännlichung" der Frauen[22] und vor einer Verwechslung der Geschlechter, eine Angst, die man mit beruhigenden Metaphern zu beschwören versuchte (z. B. Metallurgie wie Strickarbeit machen) oder mit dem Hinweis auf die ausgezeichnete Krankenschwester oder Soldatenfrau. In der Arbeiterwelt brachte der Krieg keinen Durchbruch, sondern ein Festhalten an den traditionell feindlichen Positionen gegenüber Frauenarbeit.[23] Lediglich die Feministinnen unterstrichen mit Überzeugung die Fähigkeiten der Frauen und versuchten aus der neuen Erfahrung ein Sprungbrett für die berufliche Gleichheit und immer deutlicher auch für die staatsbürgerliche Gleichheit zu schaffen.

In der Logik einer in sich abgeschlossenen Zwischenzeit verlief die weibliche Demobilisierung nach 1918 brutal, besonders für die

Kriegsarbeiterinnen. Seitens der Behörden und der Arbeiter- und Kämpferorganisationen gab es massive Bestrebungen[24], die Frauen an ihre alten Plätze zurückzuschicken. Begleitmusik der weiblichen Demobilisierung war einerseits ein Infragestellen ihrer Fähigkeiten und eine scharfe Kritik der emanzipierten Frau - andererseits eine Hymne an die Hausfrau[25], eine Feier der Mutter - der erste Muttertag fand 1918 in Lyon statt - und ihrer Verpflichtung zur Bevölkerungsvermehrung. Aber in einem Lande, das 10 Prozent seiner männlichen Arbeitskräfte verloren hatte (1,3 Million Soldaten, darunter 500.000 Bauern) und 600.000 Witwen zählte, konnte der Konsens über die Frau am Herd die realistischen Stimmen nicht übertönen, die die Unvermeidlichkeit der Frauenarbeit beschworen. Sollte der Krieg lediglich eine Zwischenzeit in der langen Geschichte der Frauenarbeit gewesen sein?

Ein halbes Jahrhundert Rückgang der Frauenarbeit

Es ist aufgrund der Quellenlage leider unmöglich, die beruflichen Wege der Arbeiterinnen zu verfolgen. Man kann sie dank der Befragungen von Arbeitsinspektoren und Volkszählungen lediglich zählen. Die Volkszählung von 1921 zeigt eine Zunahme der erwerbstätigen Frauen - vor allem in der Landwirtschaft - um 700.000, die von 1968, eine Abnahme der Frauenarbeit. Diese globale Abnahme ist zunächst teilweise der Statistik und der sie beeinflußenden Ideologie zu verdanken. Um jede Zweideutigkeit zu vermeiden, was den Begriff "Hausfrau" betrifft (Putzfrau oder Familienfrau), erläuterte die Volkszählung von 1926 zum erstenmal, daß "eine Frau, die keinen Beruf ausübt und lediglich ihren Haushalt macht, mit nicht erwerbstätig zu antworten hat".[26]

Die Abnahme der Frauenarbeit verlief zum anderen parallel zu der der landwirtschaftlichen Frauenarbeit, auch wenn die Landarbeiterinnen 1936 noch 40 Prozent der erwerbstätigen Frauen ausmachten. Bereits vor dem Krieg durch den Begriff "Krise der Dienstmädchen" gebrandmarkt, beschleunigte sich der Rückgang der bezahlten Hausarbeit, da diese als "Knechtung" erschien. Der

Zusammenbruch in der Nähbranche, die immer noch mit der Textilindustrie die vorrangige weibliche Industriebranche war, wurde von einem zunehmenden Gewicht der Frauen in der modernen Großindustrie begleitet (Leichtmetallurgie, Elektroindustrie).[27] Ungeachtet der gewerkschaftlichen Opposition brachten die neuen Strategien der Massenproduktion eine Ausweitung der Frauenarbeit in der Fabrik mit sich, die den Frauen die unqualifizierten Tätigkeiten zuwies und deren Folgen von der Philosophin Simone Weil anschaulich beschrieben wurden. Dabei überwanden die Frauen die Schwierigkeiten der Krise der dreißiger Jahre oft besser als die Männer.

Die ökonomische Entwicklung und die Verbesserung der weiblichen Ausbildung waren für die zahlreicher werdenden Angestellten ebenfalls günstig, vor allem für die Angestellten in höheren Positionen, in der verarbeitenden Industrie und im Dienstleistungsbereich. Die in der Belle Epoque eingeleitete Zunahme und Feminisierung dieses Sektors (stärker in Banken, Versicherungen und Verwaltungen als im Handel) sowie das Aufkommen diplomierter Pflege- und Sozialberufe[28] erlaubten den jungen Frauen aus der Mittelschicht, einen Beruf auszuüben, auch wenn sie dies oft mit einem Quasizölibat bezahlen mußten.[29] Die jungen Frauen aus wohlhabenden Schichten orientierten sich hingegen an akademischen Berufen, die sich ihnen langsam öffneten.

Die Zwischenkriegszeit war durch folgende Merkmale gekennzeichnet: die zunehmende Lohnarbeit der nicht landwirtschaftlich Erwerbstätigen, die Frauen eine gewisse Autonomie gab; die teilweise, aber in Zahlen schwer nachweisbare Verschiebung der Frauenarbeit aus den Volksschichten hin zu zu den Mittel- oder Oberschichten.

Wie erklärt sich schließlich der relativ geringe Rückgang der Frauenarbeit während der zwanziger und dreißiger Jahre trotz einer starken Geburten- und Familienpropaganda, die den Frauen die Mutterschaft zu oktroyieren suchte und ihre ständige Anwesenheit zu Hause forderte, und trotz des moralischen Drucks einer Gesellschaft, die die Frauen in den Mittelpunkt des Kampfes gegen Kindersterblichkeit stellte? Die fortdauernde Frauenarbeit ist Ausdruck der ökonomischen Wirklichkeit, aber auch der Wachsamkeit der feministischen Verbände[30] und des passiven Widerstands der Frauen gegen ihre Einschränkung auf die Hausfrauenrolle, der durch die Einschränkung der Arbeitsdauer (unter der Volksfront wurde die 40-Stundenwoche eingeführt) verstärkt wurde. Die Funktion der Fabrikaufseherin, ein britischer Import aus der Kriegszeit, die für das Wohlbefinden der Arbeiterinnen und die Beziehungen zwischen Arbeitgebern und Lohnabhängigen verantwortlich war, wurde beibehalten, um auf die Gesundheit erwerbstätiger Schwangerer oder Mütter zu achten. Annie Fourcaut[31] hat die Geschichte dieses Berufsstands aufgezeichnet und den Willen der Arbeiterinnen erklärt, außerhalb des Hauses erwerbstätig zu sein. Während die Arbeiterorganisationen im staatlichen Familiengeld einen Angriff auf die Arbeiterwürde und ein Unternehmermanöver sahen, begrüßten sie, wie auch die Mütter und die Frauenvereinigungen, die Schaffung einer Mutterschaftsversicherung.[32]

Die Vichy-Periode ist in diesem Zusammenhang nicht die Ausnahme, wie allgemein angenommen wird. Während die Mobilmachung der Männer 1939 zunächst eine Einstellung von Frauen bewirkte, ergriff die Vichy-Regierung restriktive Maßnahmen gegen die Einstellung und die Weiterbeschäftigung verheirateter Frauen in der Verwaltung und im öffentlichen Dienst, so im Oktober 1940. Diese Maßnahmen entsprachen ihrer Ideologie. Erst die soziale und ökonomische Wirklichkeit der Niederlage und des Besatzungsregimes führten zu einer Wiederaufnahme der Frauenarbeit, die je nach Beschäftigungsbereich und Region sehr variierte. Der Staat benötigte viele weibliche Hilfskräfte im Unterrichtswesen, im Post- und Bahnwesen, wodurch es in diesen Bereichen bei der Befreiung zu einem Überschuß an Arbeitskräften kam, zu dessen Abbau die "épuration", das Pendant zur Entnazifierung, nicht unwesentlich beitrug - auch wenn das nicht ihre Hauptaufgabe war.[33]

Zum zweiten Mal läuteten Sieg und Demobilisierung die Stunde der Wahrheit ein: Im Namen ihres Bürgersinns und ihres Andersseins wurden Frauen zu Reproduktionszwecken in die Privatsphäre zurückgeschickt, die zum Schlüsselsektor des nationalen Wiederaufbaus erklärt wurde. Die Frauen der Nachkriegszeit bildeten die Generation der am wenigsten Erwerbstätigen und der Geburtenfreudigsten des Jahrhunderts, auch wenn im Dienstleistungssektor mehr und mehr Frauen beschäftigt wurden. Es schien, als ob das Modell einer Mutter-ohne-Beruf, das bisher einer bourgeoisen Minderheit des 19. Jahrhunderts vorbehalten war, endlich siegen würde. Freilich handelte es sich um ein demokratisiertes Modell, das von der Psychoanalyse wissenschaftlich untermauert und mit dem Trumpf der Modernität ausgeschmückt wurde. Ende der sechziger Jahre brach es zusammen - heute sind 43 Prozent aller Erwerbstätigen Frauen.

Welche Schlüsse sind aus diesem Überblick über ein Jahrhundert Geschichte der Frauenarbeit zu ziehen?

Als Historikerin bin ich angesichts der Explosion der Frauenarbeit, die seit 25 Jahren anhält und auch durch die Wirtschaftskrise nicht aufgehalten wird, eher zum Optimismus geneigt, besonders auch im Hinblick auf die Auswirkungen der Frauenerwerbstätigkeit auf die Geschlechterbeziehungen. Aber dieser Optimismus ist wachsam und nuanciert durch soziologische Studien, die darauf hinweisen, daß der weibliche Arbeitsprozeß nie von sexueller Diskriminierung frei sein wird und kein für immer gesichertes Recht ist.[34]

Mlle. Bloch, erste weibliche Kandidatin an der Ecole Polytechnique, um 1900

Vom "Schandgesetz" zur Geburtenkontrolle
Sechzig Jahre Kampf um Selbstbestimmung

Anne Cova

Sechzig Jahre vergehen zwischen dem Gesetz von 1920, das die Verbreitung von Verhütungsmitteln und die Information über Verhütung verbietet, und der endgültigen Verabschiedung des *Gesetzes Veil* 1979, das den Schwangerschaftsabbruch bis zur zehnten Woche einer Schwangerschaft zuläßt. Sechzig Jahre, in denen das politische Regime von der Dritten zur Fünften Republik wechselt, über die düsteren Jahre der Vichy-Zeit und die Vierte Republik hinweg. Welches sind die großen Etappen, die zur Legalisierung des freiwilligen Abbruchs einer Schwangerschaft (IVG) führen? Verläuft der Weg dahin gerade? Welche Rolle haben die Frauen und die Feministinnen in diesem Kampf gespielt?

Vom "Schandgesetz" von 1920 bis zum Familiengesetz von 1939

Mit dem Krieg von 1914-1918, der fast anderthalb Millionen Soldaten und Hunderttausenden von Zivilisten das Leben kostet, gibt es einen beachtlichen Rückgang der Geburtenrate. Die "Entvölkerung" (ein zeitgenössischer Begriff) gilt als soziale Geißel. Schon seit dem deutsch-französischen Krieg von 1870 herrscht die Angst vor einer erneuten Invasion Frankreichs. 1896 wird darum von Jacques Bertillon die *Nationale Allianz für das Bevölkerungswachstum Frankreichs* gegründet.[1] Trotzdem steht das unter dem Ancien Régime bevölkerungsstärkste Land Europas 1914 erst an der fünften Stelle. Seine Bevölkerung stagniert bei 40 Millionen Einwohnern, während der "Gegner" Deutschland fast 70 Millionen Einwohner zählt. Ende des Ersten Weltkriegs wird das geburtenfördernde Klima neu aufgeheizt und begünstigt die Erneuerung der *Bewegung für Bevölkerungszuwachs*. Verschiedene Lösungen werden vorgeschlagen, um der "Entvölkerung" abzuhelfen. In diesem Zusammenhang wird das Gesetz vom 31. Juli 1920 verabschiedet.[2]

In den parlamentarischen Debatten vor der Abstimmung dieses Gesetzes wird die Notwendigkeit beschworen, den Neomalthusianismus zu bekämpfen, der mit einer Propaganda "gegen die Existenz der Heimat" gleichgesetzt wird.[3] Der Neomalthusianismus ist eine Strömung, die auf Paul Robin zurückgeht (1837-1912) und die Argumente des britischen Geistlichen Malthus über die Notwendigkeit der Geburtenbegrenzung aufnimmt, allerdings neue Ideen hinzufügt - daher der Begriff Neomalthusianismus.[4] Die Neomalthusianer möchten die Sexualität von der Zeugung trennen, sie fordern das Recht auf Lust und die Verbreitung von Verhütungsmitteln. Entsprechend werden sie als Pornographen beschimpft und durch mehrere Sittenligen verfolgt, so durch die *Liga gegen die Zügellosigkeit auf den Straßen* des Senators René Bérenger, genannt "Vater-Scham" (Père-la-pudeur). Diese versuchen, die Neomalthusianer vor die Gerichte zu bringen, indem sie sie der Verletzung der guten Sitten beschuldigen. Sie werden auch der Anstiftung zu Schwangerschaftsabbrüchen angeklagt, die angeblich für den Geburtenrückgang verantwortlich sind. Es ist natürlich unmöglich, die genaue Zahl der Schwangerschaftsabbrüche zu ermitteln - vor 1914 variieren die Zahlen zwischen 60.000 und 900.000 - bei 600.000 Lebendgeburten.

Der Artikel 317 des napoleonischen Strafgesetzbuchs von 1810 überläßt die Bekämpfung des Schwangerschaftsabbruchs den Kriminalgerichten. Dieser Artikel sieht Zuchthausstrafe für die abtreibende Frau und ihre Komplizen vor und Zwangsarbeit für die Ärzte, die Apotheker und die Hebammen, die ihr dazu verholfen haben. Die Zahl der Verfolgungen ist jedoch relativ klein, die Milde der Geschworenen offenkundig: In Prozessen in diesem Zusammenhang gibt es durchschnittlich zwischen 1880 und 1910 72 Prozent Freisprüche.[5] Die Befürworter des "Bevölkerungswachstums" lehnen sich gegen diesen Zustand auf und fordern strengere Strafen. Mit der Wahl einer mehrheitlich konservativen Nationalversammlung im November 1919 erscheint die Zeit günstig. Die Regierung gibt ihre geburtenfördernden Pläne bekannt, setzt 1920 innerhalb des Ministeriums für Hygiene und Sozialvorsorge einen *Rat für Bevölkerungszuwachs* ein und schafft eine Medaille zur Ehrung von Familien mit fünf und mehr Kindern.

Am 23. Juli 1920 stellt der Sozialrepublikaner Edouard Ignace in der Abgeordnetenkammer einen Gesetzentwurf vor, der das Ziel verfolgt, die Anstiftung zum Schwangerschaftsabbruch und die Werbung für empfängnisverhütende Mittel strafrechtlich zu verfolgen. In seiner nicht gerade gemäßigten Rede erklärt er zum Neomalthusianismus, daß man "diese kriminelle und unheilvolle Propaganda bestrafen" müsse, denn sie stelle eine "nationale Gefahr" dar.[6] Angesichts des Ernstes der Lage sei eine sofortige Diskussion erforderlich. Der Justizminister Gustave Lhopiteau stimmt ihm zu. André Berthon, sozialistischer Abgeordneter, ist gegen eine sofortige Diskussion, denn der Gesetzentwurf sei nicht ausreichend geprüft und enthalte mehrere Lücken. Antwort des Justizministers: "Wir werden das Gesetz später berichtigen, wenn notwendig. Stimmen Sie jetzt erst mal dafür."[7] Für André Berthon ist das Gesetz jedoch nicht anwendbar. Wann kann man von "Propaganda gegen das Gebären" sprechen? Ist damit auch die Ehelosigkeit gemeint? Und wie steht es mit der Ehelosigkeit von Priestern und Mönchen, ironisiert André Berthon die Situation. Fallen die Apotheker unter das Gesetz? Dies ist "ein echtes Gesetz zum Staatswohl", antwortet der Präsident der Kommission.[8] Der radikale Abgeordnete Adolphe Pinard, renommierter Geburtshelfer in der Wöchnerinnenanstalt Baudeclocque, wirft ein, daß das Gesetz sich als unwirksam erweisen wird, die Geburtenrate zu erhöhen.

Für André Berthon stellt das Gesetz einen Angriff auf die eheliche Intimität dar, eine Verletzung der Privatsphäre unter dem Deckmantel einer heuchlerischen Moral. Er beantragt eine Vertagung, die mit 500 gegen 81 Stimmen verworfen wird. Die Artikel des Gesetzentwurfs werden dann zur Diskussion gestellt; vor allem von sozialistischer Seite wird Kritik laut. So ist der Abgeordnete

Paul Morucci der Ansicht, daß es keine "Entvölkerung" in Frankreich gebe, und würdigt Paul Robin. Der Sozialkatholik Louis Duval-Arnould erklärt sich aus moralischen Gründen für die Abstimmung. Schließlich wird der gesamte Gesetzentwurf am gleichen Tag von der Versammlung mit überwältigender Mehrheit verabschiedet: mit 521 gegen 55 Stimmen. Der Text wird an den Senat weitergeleitet, der ihn einige Tage später verabschiedet. Im großen und ganzen haben die konservative Rechte, die gemäßigten Republikaner und die Liberalen dafür gestimmt; lediglich einige Liberale haben sich dem Nein der Sozialisten angeschlossen. Erinnert sei, daß die kommunistische Partei noch nicht existierte. Unter den politischen Führern, die für das Gesetz gestimmt haben, befinden sich Aristide Briand, Maurice Barrès, Edouard Daladier und Edouard Herriot. Unter denjenigen, die dagegen gestimmt haben, findet man die Namen von Vincent Auriol, Léon Blum, Marcel Cachin, Marcel Sembat und Paul Vaillant-Couturier.[9]

Das übereilt verabschiedete Gesetz vom 31. Juli 1920 enthält sieben Artikel. Es bestraft streng jede direkte oder indirekte Aufforderung zum Schwangerschaftsabbruch, so z. B. auch den Verkauf von Abtreibungsmitteln oder die schriftliche oder mündliche Information darüber. Die Verbreitung von Verhütungsmitteln wird verboten, ebenfalls die Information über Verhütung, da sie als Aufforderung zum Schwangerschaftsabbruch betrachtet wird. Jeder Versuch des Schwangerschaftsabbruchs, auch derjenige, dem nicht die Tat folgt, wird mit sechs Monaten bis drei Jahren Gefängnis und mit einer Geldbuße von 100 bis 3.000 Francs bestraft. Für diejenigen, die eine Abtreibung durchgeführt haben, sind Strafen vorgesehen, die denen des Artikels 317 entsprechen, der unverändert bestehen bleibt. Eine Kommission des Obersten Rats für öffentliche Hygiene präzisert die verbotenen Verfahren. Nur Präservative dürfen weiter verkauft werden, weil sie die Ansteckungsgefahr bei Geschlechtskrankheiten vermindern. So fällt die Verhütung für Frauen unter Strafe - aber das Gesetz vermag nichts gegen die Hauptmethode der Verhütung, den Koitus interruptus, zu unternehmen.

Die demographische Tendenz wird durch die repressive Gesetzgebung nicht aufgehalten, wohl aber die Verfolgung der Neomalthusianer erleichtert. Das ergänzende Gesetz vom 27. März 1923, das die Strafandrohung verbessern soll, wird ebenfalls mit einer überwältigenden Mehrheit verabschiedet: Wer einen Schwangerschaftsabbruch durchführt, erhält eine Gefängnisstrafe von einem bis zu fünf Jahren und eine Geldstrafe zwischen 500 bis 10.000 Francs. Die abtreibende Frau wird milder behandelt. Die Abtreiber werden also härter bestraft als die Abtreibenden, Ärzte und Hebammen werden veranlaßt, kein Risiko einzugehen. Indem der Schwangerschaftsabbruch zu einem Delikt und als solcher der Strafkammer übertragen wird, wird er systematisch mit Gefängnis bestraft. So werden die Neomalthusianer Eugène und Jeanne Humbert 1921 zu je zwei Jahren Gefängnisstrafe und zu 3.000 Francs Geldstrafe verurteilt.[10]

Eine Durchsicht der Presse dieser Zeit zeigt, daß das Gesetz von 1920 in einem Klima von nahezu allgemeiner Gleichgültigkeit verabschiedet wird. Die Abstimmung wird oft nur sehr kurz erwähnt. *L'Humanité* bildet eine Ausnahme. Am 9. August 1920 erscheinen mehrere Spalten zu dem Gesetz auf der ersten Seite, außerdem eine Kolumne des sozialistischen Abgeordneten Anatole Sixte-Quentin mit dem Titel *Sind fast alle Franzosen Kriminelle?* und ein Artikel der linken Feministin Louise Bodin unter dem Titel *Die Justiz der Männer*. *Le Droit des femmes*, Organ der 1882 gegründeten französischen *Liga für Frauenrecht*, veröffentlicht den Gesetzestext ohne Kommentar. Die feministische Bewegung ist in dieser Frage gespalten. Die meisten Feministinnen sprechen sich für das Verbot von Schwangerschaftsabbrüchen aus und befürworten stillschweigend die repressiven Gesetze. So z.B. der *Nationale Rat der französischen Frauen* (CNFF), der seit 1901 die Mehrheit der feministischen Gruppen zusammenfaßt und 1909 eine *Liga gegen das Abtreibungsverbrechen* gegründet hat.[11] Mehrere Gründe können diese Haltung erklären: ein gewisser Moralismus und der Wunsch, zu beweisen, daß die feministische Bewegung keine Umwälzung der Sitten will. Der CNFF ist bemüht, mit der Zeit zu gehen; würde er sich gegen das Gesetz von 1920 wenden, ginge er das Risiko ein, mit den Neomalthusianern in enge Verbindung gebracht zu werden und die Priorität aller Prioritäten zum Scheitern zu bringen: das 1919 in der Nationalversammlung erreichte Wahlrecht, das auf die Verabschiedung im Senat wartet. Die 1909 gegründete französische *Union für das Frauenstimmrecht* (UFSF), die zweitgrößte feministische Gruppe, nimmt deshalb eine noch rabiatere Haltung an.[12] Gleichzeitig fordern beide Vereine Maßnahmen zugunsten der Mütter: Verlängerung des Mutterschaftsurlaubs, Einrichtung von Wöchnerinnenanstalten und von Heimen, in denen Frauen in aller Stille entbinden können, von Krippen, von Mütter-Beratungsstellen und von Säuglingsheimen. Sie unterstreichen das Elend der Frauen, die abtreiben, und die Notwendigkeit, einem Schwangerschaftsabbruch vorzubeugen. Der CNFF fordert, daß die Verantwortung des Mannes berücksichtigt und dieser als Komplize in gleicher Weise strafbar gemacht wird wie seine Gefährtin.

Wenngleich die reformistische Mehrheit der feministischen Bewegung gegen die Gesetze von 1920 und 1923 nicht protestiert, so erheben sich doch einige Radikalfeministinnen energisch gegen beide Gesetze.

Nelly Roussel (1878-1922), neomalthusianische Feministin, hatte schon auf die Beschuldigungen von Edouard Drumont, der den Neomalthusianismus umstandslos mit dem "Recht auf Schwangerschaftsabbruch" gleichsetzte, geantwortet, daß die neomalthusianische Propaganda gerade die Vermeidung von Schwangerschaftsabbrüchen zum Ziel habe. Bis zu ihrem Tod 1922 lehnt sich Nelly Roussel gegen das Gesetz von 1920 auf, das sie zum "Schandgesetz" erklärt, und fordert die freie Entscheidung für die Frau. Da der Schwangerschaftsabbruch ein Notmittel sei, müsse die Propaganda für Empfängnisverhütung Priorität haben.[13]

Eine andere feministische Neomalthusianerin, die sich gegen das Gesetz auflehnt, ist die Internistin und Nervenärztin Madeleine Pelletier (1874-1939)[14]. Bereits 1911 hatte sie eine Broschüre mit dem Titel *Le Droit à l'avortement* geschrieben. Darin fordert sie die Legalisierung des Schwangerschaftsabbruchs: Dieser müsse zu einem Recht werden. Allerdings begreift sie ihn ebenfalls als Notlösung und präzisiert die Bedingungen: Er kann nur in den ersten drei Monaten stattfinden. Die Frau hat das Verfügungsrecht über ihren Körper, also hat sie das Recht auf einen Schwangerschaftsabbruch.

Für Madeleine Pelletier ist der Fötus kein Individuum, er gehört zum Körper der Frau, und der Staat hat nicht darüber zu bestimmen. Sie bekämpft ebenfalls das soziale Vorurteil, das es einer Frau nicht erlaubt, außerhalb der Ehe Mutter zu sein, und verteidigt die unverheirateten Mütter, auf denen die Schande und das Verbot der Erbringung des Nachweises der Vaterschaft (bis zum Gesetz vom 16. November 1912) lastet. Madeleine Pelletier fällt selbst unter das Gesetz von 1920: Im April 1939 finden Durchsuchungen in ihrer Praxis statt. Sie soll zwei Komplizinnen mit Schwangerschaftsabbrüchen beauftragt haben. Der Untersuchungsrichter läßt sie von einem Nervenarzt untersuchen, der bei ihr psychische Störungen diagnostiziert. Als "unverantwortlich" wird sie daraufhin im Juni 1939 in die Anstalt von Perray-Vaucluse eingeliefert. Sieben Monate nach ihrer Internierung, am 29. Dezember 1939, stirbt Madeleine Pelletier.

Die erwünschte Wirkung der Gesetze von 1920 und 1923 ist die Schwächung der Neomalthusianer.[15] Die jährliche Zahl von Verfolgungen ist viel größer als vor dem Krieg. Wenn es ein Wiederansteigen der Geburtenrate von 130 pro zehntausend 1919 auf 214 pro zehntausend 1920 gibt, dann entspricht dieser Baby-Boom den Umständen des Kriegsendes, aber nicht einer langfristigen Tendenz.

1927 ruft ein Prozeß heftige Reaktionen vor allem in der feministischen Presse hervor: der sogenannte Alquier-Prozeß. Ein feministisches Informationsblatt für Lehrerinnen an staatlichen Schulen, *Le Bulletin des groupes féministes de l'enseignement laique*, veröffentlicht im Februar 1927 den Bericht der Lehrerin Henriette Alquier über *Die soziale Funktion der Mutterschaft*, in dem sie die dramatischen Lebensbedingungen der Arbeiterfamilien schildert, die keine Empfängnisverhütungsmethoden kennen. Henriette Alquier fordert die freie Entscheidung der Frau für die Mutterschaft und deren soziale Anerkennung. Sowohl die Autorin des Artikels wie auch die Geschäftsführerin des Bulletins Marie Guillot, ebenfalls Lehrerin, fallen damit unter das Gesetz von 1920 und werden wegen Propaganda für Empfängnisverhütung angeklagt. Während des Prozesses im Dezember 1927 sagen radikale Feministinnen zu ihren

Gunsten aus. *Die Liga der Menschenrechte* unterstützt sie. Die kommunistische Partei (PCF), deren Mitglied Henriette Alquier ist, verteidigt die Angeklagten und fordert bei dieser Gelegenheit die Abschaffung des Gesetzes von 1920. Schließlich werden beide Lehrerinnen freigesprochen.

Zu der von den Gesetzen von 1920 und 1923 bewirkten Repression kommen sozialpolitische Maßnahmen hinzu, die zum Gebären anregen sollen[16] So das Gesetz vom 5. April 1928, das in veränderter Form am 1. Juli 1930 in Kraft tritt. In Artikel 9 wird eine Mutterschaftsversicherung eingerichtet, die die Pauschalrückzahlung von Medikamenten und Honoraren der entbindenden Hebamme bzw. des Arztes erlaubt sowie die Teilrückzahlung der Aufenthaltskosten im Wöchnerinnenheim. Die versicherte Frau erhält während zwölf Wochen (sechs Wochen vor und sechs Wochen nach der Entbindung) ein Tagesgeld in Höhe des durchschnittlichen halben Lohns unter der Bedingung, daß sie jede bezahlte Arbeit in dieser Zeit aufgibt und daß sie eine Mindestzeit einen Sozialbeitrag gezahlt hat. Außerdem werden Stillprämien gezahlt. Aber die Feministinnen bedauern, daß dieses Gesetz eine Lohnhöhe für die Berechtigten festlegt und die unverheirateten Mütter vergißt. Das Familiengeld, eine andere fördernde Maßnahme, wird mit dem Gesetz vom 11. März 1932 verbindlich für alle Lohnabhängigen im Handel, in der Industrie und in den freien Berufen. Das Familiengeld steht dem Lohnabhängigen zu, der die Sorge für das Kind hat. Eine Formel, die sehr breit interpretiert wird; das Geld wird entweder den Müttern oder den Vätern ausgezahlt.[17]

Seit ihrer Gründung fordert die PCF die Abschaffung des Gesetzes von 1920. Sie bringt mehrere Gesetzentwürfe zu diesem Thema in die Nationalversammlung ein, u.a. 1933. Dieser Gesetzentwurf hat die ehrgeizigen Ziele, "den sozialen Schutz der Mutterschaft und der Kindheit durch die Einrichtung einer nationalen Mutterschaftskasse und Sexualerziehung und durch die Rückkehr zur Freiheit in Sachen empfängnisverhütende Propaganda und Prophylaxe zu sichern sowie eine neue Gesetzgebung zum Schwangerschaftsabbruch" zu erlangen. Das Beispiel der Sowjetunion, die seit 1920 den Schwangerschaftsabbruch legalisiert hat, wird bei der Begründung natürlich zitiert. Dieser Gesetzentwurf wird in der Zeitung *Le Problème sexuel* veröffentlicht, die Berthie Albrecht (1893-1943) 1933 gegründet hat und in der sie das Gesetz von 1920 beklagt; sie zitiert voller Empörung die Ergebnisse einer Umfrage der Vereinigung der französischen Ärztinnen über Geburtenkontrolle, die lediglich die Alternative Mutterschaft oder Enthaltsamkeit vorschlägt und die Angst vor jeglicher weiblichen sexuellen Freiheit zum Ausdruck bringt.[18]

In der Politik der PCF erfolgt aber ein Wandel, der durch die neue Volksfront der kommunistischen Internationale zustandekommt und den eine Artikelserie veranschaulicht, die Paul Vaillant-Couturier, Chefredakteur der *L'Humanité*, in dieser Zeitung vom 7. November 1935 bis zum 2. Januar 1936 veröffentlicht. Während vor 1934 die Tonart der kommunistischen Presse neomalthusianisch war, und in *L'Ouvrière* z. B. Artikel von Madeleine Pelletier erschienen, führt die PCF nach 1934 eine Kampagne zur Geburtenförderung durch, verurteilt Empfängnisverhütung und Schwangerschaftsabbruch.[19]

Was die Position der Kirche angeht, so ist bekannt, daß sie sich immer gegen Mittel zur Geburtenkontrolle gewandt hat und ihre Feindschaft gegenüber Schwangerschaftsabbrüchen beständig ist, wie es die berühmte Enzyklika *Casti Connubii* von 1930 beweist: "Was die 'medizinische oder therapeutische Indikation' angeht, verehrte Brüder, so haben wir bereits gesagt, wieviel Mitleid wir für die Mutter empfinden, die durch die Erfüllung ihrer natürlichen Pflicht große Gefahren für ihre Gesundheit, ja sogar für ihr Leben auf sich nimmt; aber was könnte je dazu reichen, die Ermordung eines Unschuldigen zu entschuldigen? Und darum geht es hier."

Jeanne Humbert (1890-1986) wird 1934 im Namen des Gesetzes von 1920 erneut verfolgt und zu drei Monaten Haft verurteilt, weil sie den Satz des berühmten Autors von *La Garçonne* (1922), Victor Margueritte, zitiert: "Daß die Frauen keine Kinder mehr zur Welt bringen, solange die Vaterländer das Recht haben, diese zu töten."[20]

Die Volksfrontregierung von 1936, die drei Frauen in die Regierung beruft, Cécile Brunschvicg, Suzanne Lacore und Irène Joliot-Curie, schafft die Gesetze von 1920 und 1923 nicht ab, obwohl Léon

Blum gegen das Gesetz von 1920 gestimmt hat; ebensowenig gewährt sie das Frauenwahlrecht. Ob unter rechter oder linker Regierung, die Dritte Republik ist von der demographischen Frage zutiefst gekennzeichnet, sie setzt eine geburtenfördernde Familienpolitik fort, die durch das Gesetz vom 29. Juli 1939 verstärkt wird, das die Repression gegen Schwangerschaftsabbrüche noch verschärft: Diejenigen, die Schwangerschaftsabbrüche durchführen, werden mit fünf bis zehn Jahren Gefängnis und mit einer Geldstrafe zwischen 5.000 und 20.000 Francs bestraft; den Mithelfern - hiermit sind besonders die medizinischen Berufe gemeint - kann die Ausübung ihres Berufes für mindestens fünf Jahre verboten werden, in schwerwiegenden Fällen sogar für immer. Innerhalb der Polizeibrigaden werden spezielle Sektionen geschaffen, um die Schuldigen zu verfolgen. Zu diesen Repressivmaßnahmen kommen geburtenfördernde Maßnahmen hinzu. Das Familiengesetz erhöht das Familiengeld und richtet eine Geburtsprämie für den Fall ein, daß ein Kind während der zwei ersten Ehejahre geboren wird. Vorgesehen sind außerdem monatliche Zuschüsse von 10 Prozent des Einkommens für das zweite Kind, 20 Prozent für alle weiteren. Für die Mutter, die zu Hause bleibt, wird eine Unterstützung in Höhe von 10 Prozent des Lohnes ausgezahlt. Ihren Höhepunkt findet aber die repressive geburtenfördernde Politik unter dem Vichy-Régime.

Hinrichtung einer "Engelmacherin" unter dem Vichy-Régime

Die 1941 gegründete Ärztekammer befürwortet den Kampf gegen Schwangerschaftsabbrüche. Unter der Losung "Arbeit, Familie, Heimat" verstärkt das Vichy-Regime die Repression. Das Gesetz vom 15. Februar 1942 macht die "Engelmacher" zu "Mördern der Heimat", die mit dem Tode bestraft werden können. Die Beihilfe zum Schwangerschaftsabbruch wird zum "Verbrechen gegen den Staat", gegen die "Rasse". 1940 verdoppelt sich die Zahl der Verurteilungen wegen Schwangerschaftsabbrüchen (1225) gegenüber 1938.[21] Eine Krankenschwester wird 1942 zu zwanzig Jahren Zwangsarbeit verurteilt, eine Hebamme zu lebenslänglicher

Zwangsarbeit. Im darauffolgenden Jahr werden zwei "Engelmacher" zu lebenslänglicher Zwangsarbeit verurteilt. Eugène Humbert wird Ende 1942 festgenommen, zu einer Geldstrafe und zu 18 Monaten Gefängnis verurteilt wegen Anstiftens zum Schwangerschaftsabbruch und Verbreitung von empfängnisverhütender Propaganda. Am 30. Juli 1943 wird Marie-Louise Giraud, die der Durchführung von Schwangerschaftsabbrüchen angeklagt war, guillotiniert.[22] Trotz der republikanischen Tradition, die Frauen von der Todesstrafe ausnehmen kann, verweigert Marschall Pétain sein Gnadenrecht.

Im Zuge der geburtenfördernden Politik führt das Vichy-Regime entgegen heute oft anders lautender Annahmen den Muttertag nicht ein, sondern trägt letztlich über die Schulen zur Popularisierung dieses Tages bei. Sein Hauptziel ist nicht so sehr, den Familien finanziell zu helfen, als vielmehr die Familieninstitution durch eine Reihe von Maßnahmen zu festigen, die von der Verurteilung des Ehebruchs bis zur behördlichen Vertretung der Familienvereinigungen reichen - "eine Art der Staatseinmischung, die aus der Familie ein soziales Phänomen von öffentlichem Interesse macht".[23]

Das Gesetz vom 15. Februar 1942 wird bei der Befreiung abgeschafft. Aber das Familiengesetz bleibt in Kraft.

Wenn Vichy einen politischen Bruch bedeutet, so gibt es dagegen eine Kontinuität der geburtenfördernden Politik von der Dritten zur Vierten Republik. Das Familiengesetz von 1939 kündigt schon die Maßnahmen unter Vichy an, auch wenn diese noch repressiver sind. Die herrschende Idee lautet, daß die Größe und die Stärke eines Staates von der Bevölkerungsgröße abhängen. Wenn aus vielfältigen politischen und sozialen Gründen[24] den Französinnen das Frauenwahlrecht 1944 gewährt wird, so erhofft sich Charles de Gaulle vor allem 12 Millionen Babys! Sein Leitgedanke dabei: "Gebären lassen." Frauen werden als potentielle Mütter betrachtet, die zu Hause bleiben sollen. Dieses Modell der Frau als Mutter triumphiert in den fünfziger Jahren.

Erst in den sechziger Jahren bricht dieser Konsens einer geburtenfördernden Politik, die sich um die Rechte der Frauen wenig kümmert, zusammen. Die Beherrschung der Fruchtbarkeit erweist sich für die Veränderung der condition féminine wichtiger als die Zunahme weiblicher Berufstätigkeit und die Reformen des Zivilrechts.[25]

Auf dem Weg zum Schwangerschaftsabbruch

1955 wird ein Gesetz verabschiedet, das den ärztlichen Abbruch erlaubt, wenn das Leben der Mutter durch eine Schwangerschaft in Gefahr gerät. Das bemerkenswerteste Ereignis der fünfziger Jahre ist 1956 die Schaffung der *Bewegung Glückliche Mutterschaft* durch die Gynäkologin Marie-Andrée Lagroua-Weill. Erst 1960 wird daraus die *Französische Bewegung für Familienplanung* (MFPF).[26] Die MFPF verbreitet Informationen über Verhütung und alle Maßnahmen, die zur Verbesserung der Mutterschaft und der Geburtenbedingungen beitragen können. Diese Bewegung stellt sich in Opposition zum Gesetz von 1920, dessen Abschaffung sie verlangt. Nur die kommunistische Partei setzt ihre Oppositionspolitik gegen die Empfängnisverhütung und den Schwangerschaftsabbruch fort, da sie den Neomalthusianismus als Ausdruck des amerikanischen Imperialismus bzw. als bourgeoise Strategie betrachtet.

Während die katholische Kirche sich weiterhin entschieden gegen die Geburtenkontrolle wendet, erkennt die evangelische Kirche seit 1958 deren Legitimität an. Die einzige Konzession der katholischen Kirche betrifft die Anerkennung der 1930 erarbeiteten Knauss-Ogino-Methode durch Papst Pius XII. Auch nach der Erfindung moderner Verhütungsmittel wiederholt die Kirche deren Verurteilung in der Enzyklika *Humanae Vitae*.

Das Jahr 1960 ist ein entscheidendes Datum: Es ist das Jahr der Erfindung der "Pille" durch einen Amerikaner, Gregory Pincus. Sie ermöglicht die Trennung der Sexualität von der Fortpflanzung. In Frankreich wird Enovid drei Jahre später kommerzialisert. 1961 wird das erste Zentrum für Familienplanung in Grenoble illegal eröffnet, gefolgt von einem weiteren in Paris im gleichen Jahr. 1961-1962 werden Befragungen in zwei Krankenhäusern in Grenoble und in Lyon durch das *Nationale Institut für demographische Studien*

(INED) durchgeführt. Danach erklären zwischen 64 und 69 Prozent der befragten Frauen, daß sie Verhütungsmittel benutzen. Der Koitus interruptus ist immer noch die am meisten verwendete Methode, weit vor der Knauss-Ogino-Methode und weit vor dem Präservativ und der Temperatur-Methode - alle unkontrollierbar durch die staatliche Gesetzgebung, aber auch manchmal unwirksam.

1961 bringen die Sozialisten einen Gesetzentwurf in die Abgeordnetenkammer ein, der die Abschaffung bestimmter Artikel des Gesetzes von 1920 vorsieht. Die französische Vereinigung der Ärztinnen kämpft ebenfalls in diesem Sinne, wie auch die PCF nach der Entstalinisierung ab 1964. Bei den Präsidentschaftswahlen 1965 erklärt sich François Mitterrand für die Abschaffung des Gesetzes von 1920. Am 28. Dezember 1967 wird das Gesetz verkündet, das den Namen des Abgeordneten Lucien Neuwirth trägt. Er gehört zum liberalen Flügel der gaullistischen Mehrheit und ist ein ehemaliger Widerstandskämpfer mit einer Sensibilität für Freiheit und Würde. Das Gesetz "Neuwirth" verändert die Artikel 3 und 4 des Gesetzes von 1920, die die empfängnisverhütende Prophylaxe betreffen und erlaubt die Verschreibung und den Verkauf von Verhütungsmitteln in Apotheken. Die Dekrete zur Anwendung dieses Gesetzes werden jedoch erst fünf Jahre später verabschiedet.

Nach der Empfängnisverhütung wird der Schwangerschaftsabbruch debattiert. Das MFPF gründet 1969 die *Nationale Vereinigung zur Erforschung des Schwangerschaftsabbruchs* (ANEA). In den siebziger Jahren ist der Schwangerschaftsabbruch "das Hauptthema, das die Frauenbewegung in ihren Anfängen vereint (...) sein Verbot war ein Symbol für die spezifische Unterdrückung der Frauen: das Nicht-Vorhandensein einer Wahl zwischen dem Mutterschicksal und der 'freien Verfügung über den eigenen Körper'".[27] Als Kontrahentin der Frauenbewegung und unter den entschiedensten Gegnern der Legalisierung des Schwangerschaftsabbruchs findet sich die Vereinigung *Laßt sie leben*, die 1970 gegründet wurde.

Im April 1971 veröffentlicht *Le Nouvel Observateur* das "Manifest der 343", in dem 343 Frauen, darunter einige sehr berühmte wie Simone de Beauvoir und Marguerite Duras, bekennen, abgetrieben zu haben. Diese Initiative wird von Feministinnen als zu reformistisch und medienförmig kritisiert. Einige Monate später, im Juli 1971, wird von der Rechtsanwältin Gisèle Halimi eine neue Gruppe, *Choisir*, gegründet. Diese gemischte Gruppe fordert die Frauenbefreiung durch die Abschaffung der repressiven Gesetzgebung zum Schwangerschaftsabbruch und zur Empfängnisverhütung. 1972 macht der Prozeß von Bobigny Schlagzeilen.[28] Gisèle Halimi verteidigt eine Minderjährige, die abgetrieben hat, und erreicht deren Freilassung.

Das Jahr 1973 beginnt mit der Veröffentlichung eines Manifests von 331 Ärzten im Januar - nach dem Modell des "Manifests der 343"-, die erklären, Schwangerschaftsabbrüche durchgeführt zu haben. In Folge dieses Manifests wird die *Bewegung für freien Schwangerschaftsabbruch und Empfängnisverhütung* (MLAC) gegründet, eine gemischte Bewegung, die die Übernahme des Abbruchs und der Verhütung durch die Gemeinschaft fordert sowie eine wirkliche Sexualaufklärung. Das MLAC kümmert sich darum, Frauen bei einer Abtreibung zu helfen, ob in Frankreich oder im Ausland.

Einige Monate nach der Wahl von Giscard d'Estaing zum Präsidenten der Republik 1974, der mit einer vagen Formulierung erklärt, daß er eine liberale Lösung der Abtreibungsfrage wünscht, beginnen die Debatten im Parlament. Die Gesundheitsministerin Simone Veil stellt ihren Gesetzentwurf vor, wonach der Schwangerschaftsabbruch kein Delikt mehr sein soll und im Krankenhaus unter bestimmten Bedingungen durchgeführt werden kann. Aufgeregte Debatten folgen. Am 17. Januar 1975 wird das Gesetz, nach der Initiatorin Loi Veil genannt, mit 284 gegen 189 Stimmen verabschiedet. Die Analyse der Abstimmung zeigt, daß das Gesetz nur dank der Linken angenommen wurde.[29] Es erlaubt einen Schwangerschaftsabbruch bis zur zehnten Woche, wenn die Frau sich in einer "Notlage" befindet. Der Schwangerschaftsabbruch (IVG) muß in einem öffentlichen Krankenhaus durchgeführt werden. Minderjährige müssen eine elterliche Erlaubnis vorweisen, Ausländerinnen seit mindestens drei Monaten in Frankreich leben. Das Gesetz wird für eine Zeit von fünf Jahren verkündet und erst 1979 endgültig verabschiedet. Das Besondere ist, daß die Entscheidung über die IVG der Frau obliegt und nicht den obligatorischen Kommissionen.

Die Frauenbewegung kritisiert trotzdem den Hürdenlauf, den die Frau vor dem Schwangerschaftsabbruch überwinden muß. Außerdem sind der Artikel 317 des Strafgesetzbuchs und das Gesetz von 1920 immer noch nicht abgeschafft. Es ist also verboten, Werbung für die Krankenhäuser zu machen, die die IVG praktizieren, und aus diesem Grund sind Frauen aus sozial schwachen Schichten benachteiligt. 1981 wird François Mitterrand Präsident der Republik. Die Ministerin für die Rechte der Frau, Yvette Roudy, bringt am 31. Dezember 1982 ein Gesetz ein, das die Kostenübernahme der IVG durch die Sozialversicherung sichert. Das Gesetz von 1920 ist bis heute nicht abgeschafft, während die Werbung für Verhütungsmittel inzwischen erlaubt ist, aufgrund der Notwendigkeit einer AIDS-Vorsorge.

Es ist ein langer Weg vom Delikt eines Schwangerschaftsabbruchs bis zu dessen Kostenerstattung, vom Verbot der Empfängnisverhütung bis zur Werbung für Verhütungsmittel und von der Gebärpflicht bis zur freien Mutterschaft. Viele Gesetzentwürfe wurden eingebracht; nicht immer entschied der politische Standort. Es war eine rechte Regierung, die das Gesetz von 1920 einbrachte, aber Sozialisten stimmten dafür. 1974 war wieder eine rechte Regierung im Amt: Aber dieses Mal plädierte sie für eine Liberalisierung des Schwangerschaftsabbruchs, und ihr Gesetzesvorschlag wurde von der Linken unterstützt.[30] Geburtenfördernde und repressive Maßnahmen wechselten sich ab. Es war kein gerader, aber ein kontinuierlicher Weg vom Familiengesetz bis zu den repressiven Maßnahmen unter dem Vichy-Régime. Schwangerschaftsabbruch und Geburtenkontrolle waren 1920 Tabuthemen für die feministische Bewegung, und wenige Frauen machten daraus ihr Kampffeld. Fünfzig Jahre später dagegen strukturierte sich die neue Frauenbewegung um das Recht auf Schwangerschaftsabbruch und Empfängnisverhütung.

In einigen westlichen Ländern werden die liberalen Gesetze zum Schwangerschaftsabbruch neuerdings wieder in Frage gestellt. Kein Recht ist eben endgültig errungen, ständige Wachsamkeit ist unerläßlich, um den Rückschritt zu verhindern.

Demonstration für das Frauenstimmrecht vor der Statue Condorcets, 5. Juli 1914

Die Republik und ihre illegitimen Töchter

Der lange Kampf der Französinnen um politische Gleichberechtigung

Marieluise Christadler

Genau 155 Jahre dauerte es, bis die in der Großen Revolution verkündete Erklärung der Menschen- und Bürgerrechte auf die Französinnen Anwendung fand: Am 21. April 1944 wurde ihnen per Regierungsdekret das Wahlrecht zugestanden, 28 Jahre nach den Engländerinnen und 26 Jahre nach den deutschen Frauen. Nachdem sie am 21. Oktober 1945 zum ersten Mal an einer Parlamentswahl teilgenommen und 35 von 545 Abgeordneten gestellt hatten, sank ihr Anteil an der Nationalversammlung beständig, um 1973 mit 1,5 Prozent einen Tiefpunkt zu erreichen. Diese eklatante Unterrepräsentanz der Frauen im politischen Leben wurde auch nicht dadurch geheilt, daß Giscard d'Estaing 1974 vier Minister- bzw. Staatssekretärposten mit Frauen besetzte. Vielmehr blieb es ein Kennzeichen französischer Politik, daß einige Frauen "durch die Gunst des Prinzen" in hohe Staatsämter berufen wurden, während die Zahl der gewählten Politikerinnen sich kaum erhöhte. Obwohl die Frauen gegenwärtig 53 Prozent der Wahlberechtigten bilden und zu 60 Prozent erwerbstätig sind, stellen sie nur 5,7 Prozent der Volksvertretung. Damit liegt Frankreich an fünftletzter Stelle der im Europarat vertretenen Länder, nur knapp vor Griechenland, der Türkei, Malta und Zypern.[1]

Wie erklärt sich dieser Widerspruch zwischen rhetorischem Egalitarismus und faktischer Diskriminierung der Frauen in einer Nation, die ihr Prestige daraus bezieht, eine Revolution in Gang gesetzt zu haben, die die Gleichheit der Staatsbürger zum Verfassungsgrundsatz erhob und allein daraus die Souveränität des Volkes ableitete? Wie haben die Französinnen auf die politische Benachteiligung reagiert? Hat der soziokulturelle Wandel der letzten beiden Jahrzehnte, der die Situation der Frauen entscheidend veränderte, im politischen Bereich Auswirkungen gezeigt?

Eine lange Tradition des egalitären Diskurses

Der Anspruch grundsätzlicher Gleichheit von Männern und Frauen hat in Frankreich eine säkulare literarische Tradition, die von den spätmittelalterlichen Texten bis zu Simone de Beauvoirs *Le deuxième sexe* (1949) reicht. Schon an der Wende vom 14. zum 15. Jahrhundert bestritt Christine de Pisan[2] den Männern das Recht, ihre Superiorität aus der christlichen Theologie abzuleiten. Unter Verweis auf die Bibel und die exzeptionellen Frauengestalten der französischen wie der Alten Geschichte betonte sie die moralische und intellektuelle Gleichwertigkeit der Frauen. Weder seien diese schwatzhafter, unbeständiger und frivoler als die Männer noch weniger fähig zum Studium der Wissenschaften oder zur Ausübung der Künste. Wenn man ihnen die Chance einer guten Ausbildung gebe, so werde sich ihre Ebenbürtigkeit mit den Männern bald erweisen. Zum ersten Mal formulierte hier eine Frau - übrigens von Männern im Kampf gegen die Misogynie unterstützt - die grundsätzliche Wesensgleichheit der Geschlechter und die Sozialisationsabhängigkeit der condition féminine.

200 Jahre später war es wiederum eine Französin, die das Thema aufgriff und ihm durch einen Buchtitel prägnanten Ausdruck verlieh. In ihrer 1622 publizierten Schrift *Über die Gleichheit von Männern und Frauen* entlarvte Marie de Gournay den Streit um die angeblich natürliche Minderwertigkeit der Frau als Produkt männlicher Vorurteile einerseits und mangelnder weiblicher Erziehung andererseits.[3] Während sie und Christine de Pisan noch weitgehend mit der göttlichen Ebenbildlichkeit beider Geschlechter argumentierten, benutzte Poullain de la Barre[4] die cartesianische Methode der radikalen Infragestellung überkommener Meinungen, um die gesellschaftliche Genusordnung als historisch erzeugt und nicht natürlich gegeben bloßzustellen. Nur das "Recht des Stärkeren" habe es den Männern ermöglicht, die ungerechte Arbeitsteilung zwischen den Geschlechtern zum Gesetz zu erheben und so in die Sitten zu integrieren, daß selbst den Frauen als Natur erscheine, was nichts sei als das Ergebnis patriarchaler Hegemonie; entsprechend ausgebildet könnten diese in Wissenschaft, Politik und Armee die gleichen Ämter einnehmen wie die Männer. Der Frühaufklärer Poullain de la Barre, der Sozialkritik und Feminismus verband, war seinem Jahrhundert weit voraus. Von den emanzipierten Précieuses abgesehen fand er bei seinen Zeitgenossen kein Gehör, obwohl seine Schrift von 1673 *Über die Gleichheit der beiden Geschlechter* innerhalb von 30 Jahren vier Neuauflagen erlebte.

Das Frauenbild der Aufklärung prägte Rousseau, der die geschlechtsspezifische Rollenzuweisung mit einer eigens zu diesem Zwecke konstruierten weiblichen Natur legitimierte. Aber der naturrechtlich-egalitäre Ansatz wurde in der Revolution wiederaufgenommen und um den Anspruch auf staatsbürgerliche und rechtliche Gleichheit von Männern und Frauen erweitert. Ironisch demontierte Condorcet[5] 1790 Punkt für Punkt alle Argumente gegen die Zulassung der Frauen zu den öffentlichen Angelegenheiten. Ungeachtet der physiologischen Unterschiede und des historisch begründeten Bildungsgefälles zwischen den Geschlechtern bestand Condorcet nicht nur auf der intellektuellen und gesellschaftlichen Gleichheit der Frauen, sondern auch auf ihrem politischen und juristischen Egalitätsanspruch.

Dieser wurde in der *Déclaration des droits de la femme et de la citoyenne* von Olympe de Gouges für die Nationalversammlung als Gesetzentwurf formuliert und als solcher - obwohl nie ratifiziert - zum ersten klassischen Referenztext der internationalen Frauenbewegung.[6] Schon der erste Artikel beseitigte die semantische Ambivalenz, die die Erklärung der Menschen- und Bürgerrechte vom 26. August 1789 hatte bestehen lassen: "Die Frau wird frei geboren und bleibt dem Manne gleich an Rechten. Gesellschaftliche Unterschiede begründen sich nur im gemeinschaftlichen Nutzen." Das heißt, "Mann und Frau, durch ihre Gleichheit vereint, bilden die Nation. Jegliche Autorität, die nicht dem ausdrücklichen Willen beider entspricht, ist null und nichtig."[7] Damit wurde das revolutionäre Selbstverständnis beim Wort genommen und der Republik eine Auflage gemacht - zu deren Einlösung sie sich anderthalb Jahrhunderte Zeit lassen sollte. Und das, obgleich nicht nur der egalitäre Diskurs von Frauen und Männern, sondern die tatkräftige Mittäterschaft der Frauen bei der Revolution ihre staatsbürgerliche Gleichberechtigung nahegelegt hätten.

1789, 1848 und 1870 kämpften Frauen für die Republik.[8] Sobald sie ihre Rechte als Staatsbürgerinnen einklagten, gerieten sie in den Ruf von Megären und Petroleusen - Furien und Brandstifterinnen. Sie kamen vor Gericht, wurden zu Gefängnisstrafen oder zum Tode verurteilt, in die Verbannung geschickt, aus der Cité ausgeschlossen. Mit Argumenten, die sich wiederholen vom Konventsabgeordneten Amar, dem Klassiker des jakobinischen Antifeminismus, bis zum Proudhon-Schüler Emile Eudes,[9] einem Führer des Kommune-Aufstands[10]: Die Aufrührerinnen hätten ihr Geschlecht beleidigt, indem sie "die großartige Rolle der Frau zurückgewiesen" und sich angemaßt hätten, "Advokaten, Richter, womöglich Abgeordnete und, wer weiß, vielleicht sogar Kommandeure und Armeechefs zu werden".[11]

Aus diesen Erfahrungen mußten die Frauen die Lehre ableiten, daß die Männer sich ihrer Unterstützung bedienten, ihrem revolutionären Elan Lobeshymnen widmeten - aber ihnen die politische Gleichheit versagten; und daß der Kampf gegen den gemeinsamen Klassenfeind nicht identisch war mit dem gemeinsamen Kampf für die Rechte der Frauen.

Fast hundert Jahre später, in der Bewegung vom Mai 1968, werden die Frauen noch immer Anlaß haben, sich über den Patronalismus ihrer "Genossen", die männerbündisch-exklusive Atmosphäre in den Gauchistenzirkeln und die fehlende Bereitschaft der "fortschrittlichen Parteien" zu beklagen, der Frauenfrage eine eigene Legitimität zuzugestehen. Einige ziehen daraus die Konsequenz, die Frauenbefreiung auf weibliche Füße zu stellen und jenseits der sogenannten revolutionären Parteien für eine "Vierte Revolution", die "Revolutionierung der symbolischen Ordnung" zu kämpfen.[12]

Privilegien und Verehrung, aber keine Rechte

Weshalb haben die Französinnen, die seit der Revolution als Avantgarde des Feminismus galten, sich mit der Ausschließung aus dem politischen Leben abgefunden? Weshalb hat es erst gegen Ende des 19. Jahrhunderts wieder eine nennenswerte Frauenbewegung in Frankreich gegeben - die ihrerseits, nachdem es ihr bis zum Ende der Dritten Republik nicht gelungen war, den Frauen "le droit de Cité" zu verschaffen, wiederum für Jahrzehnte schwieg?

Je nach zeitgeschichtlicher Situation lassen sich unterschiedliche Gründe finden.[13] Es gibt aber bestimmte Grundmuster sowohl des antifeministischen bzw. kompensatorisch-gynophilen Diskurses wie der weiblichen Reaktionen, die sich durch die ganze postrevolutionäre Epoche hindurchziehen. Die Reden, die im Senat zwischen 1919 und 1935 gegen das Frauenwahlrecht gehalten wurden, knüpften an Vorstellungen an, die bereits Condorcet zurückgewiesen hatte: Der Platz der Frau ist in der Familie, die durch eine politische Tätigkeit der Frauen gefährdet wird; die Arbeitsteilung zwischen den Geschlechtern entspricht der "natürlichen Ordnung", die die Grundlage des Staates bildet; der intellektuelle und erziehungsmäßige Abstand zwischen Männern und Frauen macht die zivile und politische Gleichstellung unmöglich.

Es war nicht blanke Misogynie, die sich hier zu Wort meldete, oder die bloße Angst vor dem Verlust männlicher Hegemonie, sondern das Bedürfnis nach einer stabilen Geschlechtsidentität. "Während der Revolution", schreibt Geneviève Fraisse, "war bei den Männern die Angst vor einer Verwischung des Unterschieds zwischen den Geschlechtern aufgetaucht. Sie fürchteten, daß die sexuelle Konfusion der Liebe ein Ende setzen würde. Und diese existentielle Angst war durch die Demokratie verstärkt worden, dieses identitäre System, in dem Männer und Frauen in Gefahr stehen, nichts als einander gleich zu sein."[14] Im Spiel war auch das Verlangen nach emotionaler Geborgenheit. In einer zunehmend von den Gesetzen instrumenteller Rationalität und ökonomischer Konkurrenz bestimmten Welt galt die familiäre Häuslichkeit als ein Refugium des Friedens und der Regeneration. Ein Teil der romantischen Mythisierung der Frau hat hier ihren Ursprung. Victor Hugos frühe Texte machen klar, worauf seine spätere Parteinahme für die soziale Emanzipation der Frauen beruht: "Der Mann erfindet, schafft, denkt, kämpft - die Frau liebt. Was bewirkt sie mit ihrer Liebe? Die Kraft des Mannes. Der Arbeiter braucht eine fürsorgliche Gefährtin. Je tatkräftiger er ist, um so weicher/zärtlicher muß sie sein. Verehren, heiligen wir die Frau! Sie ist der Herd, das Haus, die Mitte friedlichen Denkens. Würdigt, Bürger, die Mutter, die Schwester, die Gattin!"[15]

Nicht nur als "Ruhekissen des Kriegers" wurde die Frau verehrt, sondern auch als "Gebärerin für das Vaterland". Der für seinen sentimentalen Lyrismus wie für seine féminolâtrie bekannte Michelet rief den Franzosen ins Gedächtnis,[16] "daß unser Vaterland aus dem Herzen einer Frau geboren wurde, aus ihrer Zartheit, ihrem Traum und dem Blut, das sie für uns vergossen hat". Inspiriert von der romantischen Mythologie wetteiferten Kirche und Republik in der Verehrung eines Vaterlandes, das sie, ungeachtet seiner Etymologie, mütterlich-jungfräulich inkarnierten - bis hin zu de Gaulle, der sich La France éternelle als eine Kirchenfenstermischung aus Johanna und Madonna vorstellte. Die symbolische Repräsentation der Nation bediente sich teils weiblicher Kollektivfiguren wie Marianne oder La Marseillaise, teils einzelner Heldinnen wie Jeanne d'Arc, Jeanne Hachette oder der heiligen Genoveva. Obwohl, wie Gerd Krumeich dokumentiert hat,[17] die Indienstnahme der Jungfrau von Orléans als Schutzheilige des Vaterlandes im 19. Jahrhundert zu heftigen Kontroversen zwischen laizistischen Republikanern und der klerikalen Rechten führte, setzte Johanna sich im kollektiven Bewußtsein als die "jüngere Schwester Mariannes" und Verkörperung eines zugleich "kriegerischen und anmutigen Frankreich" durch.

Michèle Sarde hat darauf hingewiesen, daß die weibliche Symbolisierung der Nation in Frankreich besonders ausgeprägt ist, und diese Tatsache mit der höfisch-katholischen Tradition in Zusammenhang gebracht, die von der Republik säkularisiert und demokratisiert wurde. "Die Französin", schreibt sie, "steht zwischen zwei Mythen. Als LA FEMME und LA FRANCE ist sie Sinnbild abstrakter Wesenheiten, deren Bestimmung von Instanzen abhängt, über die sie keine Macht hat."[18] In dem Maße, wie sie zum Ideal hypostasiert wird, verliert sie einerseits jede reale Existenz, gewinnt aber andererseits soziales Ansehen.

Die Männer waren bereit, dem weiblichen Geschlecht alle Privilegien einzuräumen, wenn es nur keine Rechte forderte. So hatten die Französinnen die Wahl, die Courtoisie der Bürger-Troubadoure zu genießen und sich mit einer idealisierten Mutterschaft über die fehlende Staatsbürgerschaft hinwegzutrösten oder auf die mythologische Respektabilität zu verzichten und ihren Anteil an der politischen Macht zu fordern. Da sie sich, als sie erst einmal in das republikanische Schulsystem integriert waren, nicht zuletzt über die kompensatorische Gratifikation weiblicher Vaterlandssymbolik mit der Nation identifizierten, entstand daraus - jedenfalls für die bürgerliche Frauenbewegung - ein charakteristisches Dilemma. Solange sie die Kommunikationsregeln der bürgerlich-liberalen Gesellschaft bei ihrem Kampf um rechtliche, ökonomische und politische Gleichheit einhielten, fanden sie (jedenfalls rhetorische) Unterstützung bei den fortschrittlichen Vertretern des männlichen Geschlechts - den Freimaurern, Protestanten, antiklerikalen Freidenkern und gelegentlich den Sozialisten -, mußten aber in Kauf nehmen, daß ihre Forderungen dilatorisch behandelt wurden. Sobald sie die Entwicklung durch provokative Aktionen - wie die feierliche "Beerdigung der Frauenrechte" auf der Place de la Bastille, Steuerverweigerung, öffentliche Verbrennung des Code civil, Zensusboykott - zu beschleunigen suchten, gerieten sie in Konflikt mit der sakrosankten bienséance und riskierten gesellschaftliche Ablehnung, wo nicht staatliche Repression.[19]

Das erklärt, warum viele Frauen die von Hubertine Auclert offensiv gebrauchte Bezeichnung "Feministin" scheuten und nicht selten einem ausgesprochenen Antifeminismus huldigten, der sich bis heute gehalten hat. Es erklärt die ausdrückliche Distanzierung vom aggressiven Stil der englischen Suffragetten und das Bemühen etwa der *Französischen Liga für Frauenrechte*, eine "Politik der kleinen Schritte" zu betreiben und die feministischen Forderungen mit femininem Charme vorzutragen. Von der Presse wurden deren Vertreterinnen gelobt wegen ihrer "Eleganz, die in nichts jenen Clubrednerinnen ähnele, die sich darin gefielen, im Pfeifendampf und unter Flaggen aus blutroten Scheuerlappen Louise Michel zu spielen".[20]

Obwohl sie die Frauen von der politischen Machtteilhabe ausschloß, gelang es der Republik, sie über das durch Jugendliteratur, Schule, Festkultur und künstlerische Repräsentationen verbreitete Symbolsystem an sich zu binden. Alle engagierten Feministinnen waren überzeugte Republikanerinnen, und selbst die konservative Mehrheit der Frauen, die lange Zeit stark vom kirchlichen Einfluß geprägt blieb, pflegte einen Patriotismus, der christlich-soziale und republikanische Ideale verband. Familie und Vaterland waren die beiden Pole, die das Denken auch der weiblichen Mitglieder einer Gesellschaft konditionierten, die weit bis ins 20. Jahrhundert hinein durch familiäre Kleinbetriebe und bäuerlich-ländliche Strukturen bestimmt blieb.[21] Der Feminismus war eine minoritäre Erscheinung und auf die Angehörigen des kleinen und mittleren Bürgertums der urbanen Zentren beschränkt. In der Arbeiterklasse fand er sowenig Widerhall wie in den bäuerlichen Regionen. Die Sozialisten befürchteten denn auch eine Ausweitung des Wahlrechts auf die Frauen, einerseits wegen des latenten Antifeminismus in der Arbeiterschaft, andererseits wegen der konservativen Grundeinstellung der Frauen.[22] Tatsächlich haben noch 1965 62 Prozent der Wählerinnen ihre Stimme de Gaulle gegeben, aber nur 40 Prozent der Männer. Erst in den letzten zehn Jahren hat sich das weibliche Wahlverhalten zugunsten der Linken verändert. Bei den Parlamentswahlen von 1986 bekamen die Sozialisten erstmals mehr Frauenstimmen.

Es gibt noch einen weiteren Grund für die relative Erfolglosigkeit des politischen Feminismus in Frankreich: die Unterentwicklung der zivilen Gesellschaft. Insofern diese in besonderem Maße von den Frauen repräsentiert wird, waren und sind sie auch in besonderem Maße von deren Geringschätzung durch den Staat, die Parteien und die veröffentlichte Meinung betroffen. Nicht nur, daß das Konzept der "einen und unteilbaren Nation" die Bildung von Vereinen als Abweichung von der volonté générale sanktionierte, auch das autoritär-abstrakte Erziehungssystem förderte eher die Transmission von katechetischem Wissen und die Internalisierung der republikanischen Mythologie als Gemeinschaftsgeist und demokratische Partizipation. Da die Frauen nicht zur Selbstorganisation ermutigt wurden, sondern, wo sie sie offensiv betrieben, Repressionen ausgesetzt waren, erwarben nur wenige von ihnen die zur Organisation politischer Willensbildung notwendige strategische Kompetenz.

Selbst der Neuen Frauenbewegung gelang die Vergesellschaftung ihres kulturrevolutionären Impulses nur teilweise; die Verständigungsschwierigkeiten zwischen der politischen Klasse und den gesellschaftlichen Kräften bestehen fort. Beispielhaft dafür ist die nächtliche Begegnung von Premierminister Rocard mit einer Abordnung protestierender Krankenschwestern im Oktober 1988, die lebhaft an den Empfang einer Delegation Pariser Marktfrauen durch Ludwig XVI. erinnert. Zwei Welten stehen sich verständnislos gegenüber, denen es trotz guten Willens nicht gelingt, zu einem Einvernehmen zu kommen, weil die eine die Probleme der anderen nicht begreift und beide verschiedene Sprachen sprechen.[23] Françoise Picq, die der Frauenbefreiungsbewegung (MLF) eine ebenso engagierte wie kritische Studie gewidmet hat, hält es für den "vielleicht größten Mißerfolg des 'Mitterrand-Experiments', daß es ihm nicht gelungen ist, die Beziehungen zwischen Staat und ziviler Gesellschaft zu verändern, eine Brücke zwischen beiden zu schlagen".[24]

Die zentralstaatliche Hegemonie hat bei den Frauen ein widersprüchliches Verhalten gezeitigt: einerseits hohe Erwartungen an die staatliche Fürsorge (die mit frauen- bzw. familienfreundlichen Maßnahmen, wie z. B. der Bereitstellung ausreichender Kindergartenplätze, reagierte), andererseits einen latenten Antietatismus - bis hin zur Ablehnung institutionalisierter Frauenpolitik als "féminisme d'Etat" seitens des MLF.

Jahre der Bewegung

Die Einrichtung eines Secrétariat d'Etat à la condition féminine 1974 ist zweifellos nicht nur dem Gespür Giscard d'Estaings für unaufhaltsame soziokulturelle Entwicklungen und dem Druck der EG-Kommission zu verdanken, sondern ebensosehr der Agitation der Neuen Frauenbewegung. Selbst die ehemalige Gesundheitsministerin Michèle Barzach, die sich ausdrücklich nicht als Feministin versteht, läßt keinen Zweifel daran, daß "die Anerkennung von Frauen in der Politik eine Frage des politischen Willens der Frauen ist. Sie müssen die Türen einstoßen, auf die Rednerbühne steigen und sagen, was sie zu sagen haben. Sonst läuft nichts."[25]

Tatsächlich haben die Französinnen durch spektakuläre Aktionen zu Beginn der siebziger Jahre die politische Klasse dazu gezwungen, sich mit der "Frauenfrage" so intensiv zu beschäftigen wie nie zuvor. Die Demonstrantinnen, die am 26. August 1970 am Arc de Triomphe einen Kranz "für die unbekannte Frau des Soldaten" niederlegten, wurden zwar verhaftet, gerieten aber in die Schlagzeilen der Presse. Als 1971 343 prominente Vertreterinnen ihres Geschlechts durch eine Selbstanzeige in zwei Tageszeitungen für das Recht auf Schwangerschaftsabbruch eintraten, war das *Mouvement de Libération des Femmes* (MLF) bereits eine anerkannte Größe in der Öffentlichkeit. Drei Jahre später erreichte es die Verabschiedung eines Gesetzes zur Liberalisierung des Schwangerschaftsabbruchs, nach der zuständigen Ministerin "Loi Simone Veil" genannt.

Der Präsidentschaftswahlkampf 1974 ließ es allen Parteien angezeigt erscheinen, mit Versprechungen für eine frauenfreundliche Gesetzgebung das weibliche Wählerpotential für sich zu gewinnen - um so mehr als man kurz zuvor eine ungewöhnliche Mobilisierung der Arbeitnehmerinnen in Industrie und Handel für bessere Arbeitsbedingungen, Lohngleichheit und den Ausbau der sozialen Infrastruktur erlebt hatte. Zum ersten Mal wagte es eine Frau, ihre Kandidatur für das höchste Staatsamt anzumelden: Arlette Laguiller, Präsidentin der revolutionär-trotzkistischen Minipartei *Lutte Ouvrière*, errang mit einem Anteil von 2,36 Prozent der Stimmen immerhin einen Achtungserfolg. Ihr Beispiel ermutigte den linkssozialistischen PSU fünf Jahre später, es seinerseits mit einer Frau zu versuchen: Die Partei nominierte Huguette Bouchardeau als Präsidentschaftskandidatin. In der Zwischenzeit hatte sich der Anteil der Frauen in den Kommunalvertretungen langsam, aber stetig erhöht: von 2,3 Prozent 1965 über 4,4 Prozent 1971 auf 8,5 Prozent 1977. Bei den Europawahlen 1979 gewannen sie 18 der 81 auf Frankreich entfallenden Sitze, und Simone Veil wurde Präsidentin des Straßburger Parlaments.

Obwohl die Legislative in den ersten Jahren der Fünften Republik auch die letzten zivilrechtlichen Diskriminierungen durch Abänderung des Code civil aufgehoben und im folgenden Jahrzehnt durch zusätzliche Maßnahmen den Frauen Zugang zu bisher verschlossenen Positionen geschaffen hatte,[26] klaffte weiterhin ein Abgrund zwischen den verbalen goodwill-Bekundungen der Politiker und den realen Machtverhältnissen. So hatte das Staatssekretariat für Frauenfragen weder eigene Verwaltungskompetenzen noch ein nennenswertes Budget, sondern lediglich die Aufgabe, Mißstände aufzudecken und der Regierung zu Gehör zu bringen.

Die Schaufensterpolitik Giscards entsprach den Gepflogenheiten der konservativen Parteien, deren Spitzenpositionen noch 1985 zu fast 95 Prozent von Männern besetzt waren. Auf der Linken sah es zunächst nicht viel besser aus. Die kommunistische Partei konnte sich zwar rühmen, mit 27 Prozent den größten Anteil von Frauen zu haben, aber deren Chance, in Spitzenpositionen aufzusteigen, war äußerst gering; im Politbüro waren 2 von 20, im Zentralkomitee 16 von 118 Mitgliedern weiblich. Außerdem wurden viele Frauen von der ideologischen Leitlinie der Partei abgestoßen, die an einem traditionellen Familienbild festhielt und das Monopolkapital weiterhin zum Hauptfeind der Frauen deklarierte - ohne Wahrnehmung der patriarchalen Strukturen in den eigenen Reihen. Die Sozialisten beschlossen 1974, den Frauenanteil in den Entscheidungsgremien der Partei auf zehn Prozent festzulegen, 1975 erhöhten sie die Zahl der Kandidatinnen auf den Wahllisten, 1978 überraschten sie die Öffentlichkeit mit einem Manifest für die Rechte der Frau, und 1981 waren ganze sechs der 110 Vorschläge Mitterrands für eine neue Politik der Verbesserung der condition féminine gewidmet.

Entsprechend hoch waren die Erwartungen der Frauen nach dem Sieg der Sozialisten, der nicht zuletzt ihrem Votum zu verdanken war. Einige Frauenvereinigungen hatten ausdrücklich zur Stimmabgabe für Mitterrand aufgerufen. Die Partei würdigte denn auch die Frauenbewegung als "eine historische Kampfform der Menschheit für ihre Befreiung", Premier Mauroy nahm vier Ministerinnen und zwei Staatssekretärinnen in sein Kabinett auf. Yvette Roudy, die das Frauenministerium erhielt, war über den Feminismus zur aktiven Politik gekommen und entschlossen, den Interessen der Frauen Geltung zu verschaffen. Das erste große legislative Projekt ihres Ministeriums, das Gesetz zur beruflichen Gleichstellung von Männern und Frauen, passierte 1983 problemlos die parlamentarischen Hürden. Allerdings bildete seine Verabschiedung auch zugleich den Höhepunkt des Reformeifers. Das nach dem Modell des Antirassismusgesetzes konzipierte "loi antisexiste" gelangte gar nicht erst zur Abstimmung. Angesichts des Ausbruchs von Misogynie, die seine bloße Ankündigung in der Öffentlichkeit verursachte, zog die Regierung den Gesetzentwurf zurück.[27]

Eine Niederlage erlitt auch der Vorstoß der feministischen Abgeordneten Gisèle Halimi, über einen Zusatzartikel zum Wahlgesetz eine Frauenquote einzuführen. Mit diesem Vorschlag hatte sie eine Anregung des Präsidenten aufgenommen, der zum Frauentag 1982 siebzehn Maßnahmen zugunsten der Frauen angekündigt hatte, darunter die Kostenerstattung für Schwangerschaftsabbrüche durch die Sozialversicherung und die Fixierung des Frauenanteils auf den Wahllisten für die Kommunalwahlen auf 30 Prozent. Obwohl die Parteien über die "Quotengängelung" nicht begeistert waren, stimmten sie dem Antrag Halimis mit überwältigender Mehrheit zu. Es war der Verfassungsrat, der Einspruch erhob mit der Begründung, eine Trennung von Wählern und Gewählten nach Geschlechtszugehörigkeit verstoße gegen den Gleichheitsgrundsatz.

Mit der UNO-Dekade der Frau und der politischen Wende der regierenden Sozialisten 1984 ging der "état de grâce" zu Ende. Während der Internationale Frauentag 1990 mit offiziellem Pomp begangen wurde, zeigte die von Yvette Roudy vorgelegte Bilanz über die Umsetzung des Gesetzes zur beruflichen Gleichstellung von Männern und Frauen, daß die Lohnungleichheit fortbestand und die Frauen von der Wirtschaftskrise ungleich härter betroffen waren als die Männer.[28] So erklärt sich, daß feministische Gruppen den 8. März mit happeningartigen Scheinverbrennungen ihrer "Unterdrücker" begingen, während im Elysée-Palast dreihundert prominente "Vorzeigedamen" (Y. Roudy) bei Gänseleber und Petits fours den Scherzen des Präsidenten Beifall klatschten: Er wolle sich ja gern für die Kandidatur eines weiblichen Präsidenten oder Premiers einsetzen, aber er könne doch die Männer nicht enttäuschen.[29]

Aufstieg und Fall einer Premierministerin

Daß er sehr wohl imstande war, Frauen- und Männerinteressen gegeneinander auszuspielen, wenn das politische Kalkül es nahelegte, zeigte seine Berufung Edith Cressons zur Premierministerin im Mai 1991. Um einen ungeliebten Premier loszuwerden und dessen untereinander zerstrittene Erbanwärter auf elegante Weise außer Gefecht zu setzen, "ernannte Gott die Frau", wie *Libération* bissig feststellte.

Zunächst stieß die Ernennung auf allgemeine Zustimmung. Die weiblichen Abgeordneten spendeten Beifall, der Gaullistenchef Chirac sprach von einem "historischen Ereignis, das tiefe psychologische Wirkungen" haben werde, 65 Prozent der Bevölkerung erklärten sich mit der Nominierung "zufrieden".

Edith Cresson selbst, die sich nicht als Feministin hervorgetan hatte, erklärte den Journalisten, sie empfinde ihre Berufung als "Auszeichnung", nicht "weil sie eine Frau", sondern weil es "ehrenvoll sei, seinem Land zu dienen". Diese Formel, die bei französischen Politikerinnen immer wieder auftaucht und dafür zeugt, daß sie die Idee eines geschlechtsneutralen Republikanismus verinnerlicht haben, steht in einem merkwürdigen Gegensatz zu ihren Erfahrungen. Wenn die ins Gespräch kommen, wird deutlich, daß der weibliche Patriotismus staatlicherseits nur in Krisenzeiten gefragt ist. Edith Cresson selbst hatte in einem früheren Interview erklärt, daß Frauen in der Politik "immer als letzter Ausweg gelten. Erst wenn kein Mann mehr zur Verfügung steht, greift man auf sie zurück".[30] Der Zeitpunkt ihrer Ernennung bestätigt diese Aussage: Sie erfolgte, als Mitterrand keine anderen Trümpfe mehr in der Hand zu haben glaubte, um eine Niederlage der Sozialisten bei den für 1993 anstehenden Parlamentswahlen zu verhindern.

Die Zündung der Jeanne d'Arc-Rakete war als Medienspektakel geplant und wurde von der politischen Klasse auch so aufgenommen. Zur Regierungserklärung Cressons versammelte sich "Le tout Paris" im Palais Bourbon, um - laut *Figaro* mit "amüsierter Neugier" - "der militanten Edith" zuzuhören. Kaum hatte sich herausgestellt, daß es ihr nicht gelang, ihre Stimme zu meistern, ertönten die ersten "ironischen Zwischenrufe". Nach der einstündigen Rede hielten sich die Kritiker nicht mehr zurück. Für die einen war es ein Sammelsurium von Allgemeinheiten "ohne eine starke Botschaft", für die anderen eine "narzißtische One-woman-show"; einige beklagten das fehlende emotionale Timbre, das sie "gerade von einer Frau erwartet hätten".[31] Dazu der Kommentar des Politologen Pascal Perrineau: "Der Begeisterung über die Ernennung einer Frau folgte prompt deren Sanktionierung nach männlichen Kriterien."[32] Ein Vergleich mit den Regierungserklärungen ihres Vorgängers und ihres Nachfolgers zeigt, daß Cressons Rede weder besser noch schlechter war. Was die neue Premierministerin von ihren Kollegen unterschied, war die offene Selbstkritik, mit der sie ihren Text nachträglich als "ein wenig lang und schwerfällig" rügte - ein, wie die Medien übereinstimmend feststellten, ganz außergewöhnliches Bekenntnis, das ihr nicht als Zeichen von Aufrichtigkeit und Lernbereitschaft zugute gehalten, sondern als Eingeständnis einer Schwäche angekreidet wurde. Kein Wunder, daß sie in der Folgezeit mehr ihrem Hang zum Autoritarismus nachgab als ihrer Neigung zum Dialog.

Es kann nicht darum gehen, die Politik Edith Cressons in dem knappen Jahr ihrer Amtszeit zu beurteilen. Vielmehr soll untersucht werden - und zwar durch den Vergleich ihrer Erfahrungen mit denen anderer französischer Politikerinnen[33] -, was an ihrer Karriere, ihrem Auftreten und Selbstverständnis, aber auch an den Reaktionen der Umwelt typisch ist und welche Auswirkungen das "Experiment Cresson" für die politische Rolle der Frauen in ihrem Land hat.

Als Edith Cresson vom Staatspräsidenten aus der Privatindustrie zurückgeholt[34] und zum elften Premierminister der Fünften Republik ernannt wurde, blickte sie auf eine 25jährige politische Laufbahn zurück, die 1965 in der FGDS begonnen hatte. In diese Föderation linksdemokratischer Parteigruppen, die Mitterrands Präsidentschaft gegen de Gaulle unterstützte, war Edith Cresson von einer Studienfreundin eingeführt worden, die wußte, daß sie nach Heirat, Promotion und der Geburt von zwei Töchtern darauf brannte, sich politisch zu betätigen. Sie begann damit, Adressen zu tippen. Nach mehrjähriger ehrenamtlicher Tätigkeit für den *Konvent der republikanischen Institutionen* (CIR), wo sie wegen ihrer Doktorarbeit über Landfrauen als Spezialistin für Agrarfragen galt, wurde Edith Cresson 1974 in den Vorstand der Sozialistischen Partei berufen. Wie es heißt, dank der Förderung Mitterrands, der die junge Frau liebevoll "mon petit soldat" nannte. Obwohl sie 1975 eine Wahlniederlage erlitt, gewann sie nationales Ansehen durch den Mut, mit dem sie in einem aussichtslosen Wahlkreis für den PS antrat.[35]

Ein erster Durchbruch gelang ihr 1979 mit der Wahl ins Europaparlament, dem Sprungbrett für viele französische Politikerinnen. Der Erfolg festigte sich 1981 mit einem Mandat in der Nationalversammlung und 1983, als sie die Genugtuung hatte, die einzige Stadt über 30.000 Einwohner für die Sozialisten zu gewinnen, Châtellerault. Nun hatte sie erreicht, was für jeden ehrgeizigen Politiker die Ausgangsbasis seines politischen Aufstiegs bildet: Sie war "députée-maire", Abgeordnete und Bürgermeisterin. Das heißt, sie war vom Volk gewählt und nicht - wie viele Frauen auf hohen Staatsposten - durch "die Gunst des Prinzen" in ein Amt berufen.

Zwischen 1981 und 1986 war Edith Cresson an allen Regierungen beteiligt, zunächst an der Spitze des Landwirtschaftsministeriums, wo sie die EG-Agrarbeschlüsse gegenüber einem verhandlungsunwilligen und sehr einflußreichen Bauernverband durchsetzen mußte - und dabei scheiterte; dann als Außenhandelsministerin, die sich durch eine voluntaristische Industriepolitik den Ruf einer "Madonna des Mittelstands" erwarb, dabei aber von der Mittelbewilligung des Finanzministers abhing. Spätestens aus dieser Zeit stammt ihre Abneigung gegen Bérégovoy, von dem sie auch als Premierministerin abhängig war und an den sie am 2. April 1992 ihr Amt abtreten mußte. Ein Geschlechterantagonismus dürfte dabei die geringste Rolle gespielt haben; ausschlaggebend waren vielmehr soziokulturelle Unvereinbarkeiten, gegensätzliche politische Vorstellungen und ein kompetitiver Anspruch auf die Loyalität Mitterrands.

Nachdem sie insgesamt sieben Jahre hohe Regierungsämter innegehabt und sich als Bürgermeisterin von Châtellerault bewährt hatte, konnte Edith Cresson glauben, ihre politische Identität gefunden zu haben. Dazu gehörte, daß sie eine an männlichen Normen orientierte Politik machte - "ich verstehe mich nicht als Frau, sondern als Politiker" -, ohne auf ihre Weiblichkeit zu verzichten. "Um in der Politik erfolgreich zu sein, ob als Mann oder Frau, muß man überzeugen können. Überzeugen aber heißt verführen", erklärte sie in einem Interview.[36] Mit dieser Selbstdarstellung entspricht sie dem Selbstbild der neuen Politikerinnengeneration, die "den Eindruck erweckt, alles miteinander verbinden zu können: Heirat, Mutterschaft, Beruf, politische Karriere" und so angeblich unvereinbare Qualitäten wie Charme und Durchsetzungsvermögen, taktisches Know-how und Authentizität.

Edith Cresson erfüllt alle Voraussetzungen, die es laut Mariette Sineau einer Französin erleichtern, im politischen Leben zu reüssieren: das richtige Alter, großbürgerliche Herkunft, ausreichende finanzielle Absicherung, eine gute Ausbildung (möglichst in einer der reputierten Grandes Ecoles). Zu diesem soziokulturellen Kapital gesellen sich individuelle Ressourcen: ein rebellisches Temperament und ein früh entwickelter Wille, sich über Familie und Beruf hinaus in der Cité zu engagieren. Eigenschaften, die sie einem problematischen Verhältnis zur Mutter - "Mein ganzes Leben lang hatte ich nur ein Ziel: nicht dieser Frau zu ähneln" - und einer intensiven Bindung an Vaterfiguren verdankt. Ihr erstes väterliches Liebesobjekt war ein elsässischer Widerstandskämpfer, dessen Deportation nach Mauthausen sie den Deutschen nie verzeihen wird. 20 Jahre später traf sie auf ihren zweiten "grand homme", François Mitterrand, der ihr politischer Lehrmeister und Förderer wurde.[37]

Woran liegt es, daß Edith Cresson mit dem, was sie ihre "Mission" nennt, scheiterte? Sie selbst gibt drei Hauptgründe an: die Diskrepanz zwischen ihrem Willen, neue Akzente in der Politik zu setzen, "Dinge in Gang zu bringen", und dem selbstverordneten Genügen ihrer Kollegen an der bloßen Verwaltung (gestion) anstehender Probleme; mangelnde Unterstützung seitens der sozialistischen Parteiführer, die mehr an ihre eigenen Machtpositionen als an das Allgemeinwohl dächten; schließlich die Frauenfeindlichkeit der Politiker, die sie als Regierungschefin nie wirklich akzeptiert, vielmehr alles getan hätten, um ihre Arbeit zu sabotieren.[38]

Vor allem der letzten Interpretation widerspricht der Politologe Oliver Duhamel mit aller Entschiedenheit: Daß sie eine Frau sei, habe Edith Cresson in keiner Weise geschadet, vielmehr habe sie ihre Unpopularität selbst produziert. Gewiß, man habe ihr nichts nachgesehen, aber nur weil sie "einen unerträglichen Diskurs gegen das Establishment geführt habe".[39] Diesem von Männern beherrschten Establishment gehört Duhamel selbst an. Das entwertet sein Urteil nicht, legt aber die Frage nahe, womit Edith Cresson die politische Klasse irritiert hat und ob nicht ein Teil dieser "Provokationen" männliche Wahrnehmung sind.

Da ist zunächst ihre Sprache, die den größten Anstoß erregte, weil sie sich vom technotheoretischen Enarchenjargon ebenso abhob wie vom volkstümelnden Pädagogenpolitisch. Cressons Art zu reden war direkt, anschaulich, umgangssprachlich. Sie scheute nicht vor bissigen, gelegentlich flapsigen Bemerkungen zurück. Statt der willentlich sphinxischen "petites phrases" des Staatspräsidenten kolportierte die Presse nun Cressons unausgefeilte Direktheiten, teils um die Premierministerin als unbeherrscht und "vorlaut" zu diskreditieren, teils um ihr Populismus vorzuwerfen. Seltener las man den eher berechtigten Vorwurf, daß sie mit Vorliebe Metaphern aus der Militärsprache benutzt, etwa vom "Kampf an der vordersten Front" spricht, oder ihren Widersachern vorwirft, sie "ohne Waffen ins Feuer geschickt und dann in den Rücken geschossen zu haben".[40] Offenbar paßte solche Redeweise zu dem Jeanne d'Arc-Klischee, das Mitterrands "petit soldat" nicht ohne eigenes Zutun evozierte.

Die Aversion gegen die abgehobene, expertenhafte Sprache der Politiker durchzieht wie ein roter Faden die Einwände der politisch aktiven Frauen gegen das männliche Milieu der "politique politicienne".[41] Sie verbindet sich mit dem Vorwurf der Praxisferne der Politiker und ihrer mangelnden Bereitschaft, sich den Lebensrealitäten auszusetzen, zuzuhören, "persönliche Erfahrungen einzubringen". Genau das ist es, was Cresson im Nachhinein ihren Parteifreunden vorwirft, die ihr abrieten, sich um die Berufsausbildung der Jugendlichen zu kümmern, mit dem Hinweis, das sei bestenfalls "die Aufgabe eines Unterstaatssekretärs".

Eine Provokation für die politischen Profis dürften auch die ungewohnten Kommunikationsformen gewesen sein, die die Premierministerin gleich nach ihrem Amtsantritt einführte: Sie ging unmittelbar auf die Reden der Parlamentarier ein und gab ihnen Gelegenheit zur Antwort, ohne die formelle Intervention des Parlamentspräsidenten abzuwarten; sie setzte das allwöchentliche Treffen mit den PS-Matadoren im Matignon ab; sie versuchte, die mit verwandten Problemen befaßten Minister zur Zusammenarbeit zu bewegen, in Einzelgesprächen Impulse zu geben. Diesen direkten, kooperativen Arbeitsstil verdankte sie weniger der Frauenbewegung als ihren Berufserfahrungen in der Industrie (und ein bißchen auch ihrer Abneigung gegen die selbstgefällige Arroganz der intellektuellen und bürokratischen Eliten); er brachte alteingesessene Gepflogenheiten durcheinander und beeinträchtigte Territorialinteressen wie Seilschaftsabsprachen.

Vordergründig hat das (von niemandem öffentlich bedauerte) Scheitern Edith Cressons der Sache der politisch engagierten Frauen nicht geschadet. Ihre Berufung auf hohe Staats- und Verwaltungsposten setzt sich fort. So wurde mit Noëlle Lenoir 1992 zum ersten Mal eine Frau in den Verfassungsrat berufen. Im letzten Jahr der sozialistischen Herrschaft machten einige vierzigjährige Politikerinnen von sich reden, die Gruppe der "quadra": Martine Aubry, Elisabeth Guigou, Ségolène Royal, Frédérique Bredin. Simone Veil, die "große alte Dame" der französischen Politik, repräsentiert im Kabinett Balladur die "force tranquille" eines liberalen Konservatismus. Alle diese Frauen bringen die gleichen Klagen vor wie Edith Cresson gegen die Beharrungsmacht der Apparate, den Ritualismus männlicher Rhetorik, die soziale Abgehobenheit der Politiker. Steht also zu erwarten, daß "die Frauenriege" - von der Kulturrevolution profitierend, die die Ernennung einer Frau zur Regierungschefin nach Meinung von Véronique Neiertz bedeutet hat - langsam aber sicher das Machtmonopol des "starken Geschlechts" mitsamt seiner normativen Kraft aufbricht?

Dieselbe Véronique Neiertz, ehemals Staatssekretärin im Kabinett Cresson, ist skeptisch. Sie konstatiert eine "fatale Entwicklung", die sich mit der Nominierung Edith Cressons verstärkt habe: einerseits das Anwachsen misogyner Reaktionen in der Sozialistischen Partei, andererseits eine Tendenz zur Selbstzensur bei den Politikerinnen. "Alles Weibliche wird getilgt. Selbst das Wort Frau ist zum Tabu geworden."[42] Françoise Picq bestätigt diesen Befund.

Der Feminismus sei aus der Mode gekommen, nicht weil er seine Ziele erreicht habe, wie allerorten behauptet werde, sondern weil er nicht mehr dem Zeitgeist entspreche. Einen "backlash" wie in den USA werde es in Frankreich nicht geben, denn die Gesellschaft habe einen Teil der feministischen Werte unwiderruflich integriert. Aber ihre Ausdehnung in den politischen Bereich sei unerwünscht - bei der Mehrzahl der Männer und auch bei vielen Frauen.[43]

"An die Macht, Bürgerinnen! Freiheit, Gleichheit, Parität"

Keineswegs bei allen. Im Gegenteil macht sich in der letzten Zeit in einigen feministischen Gruppen eine deutliche Re-Politisierung bemerkbar. Sie findet ihren Ausdruck in einer Reihe sehr kritischer Colloquien und Publikationen, die vehement eine verstärkte Teilhabe der Frauen an der Gestaltung des politischen Lebens fordern. Das Hauptargument bildet dabei die fortdauernde Diskrepanz zwischen dem universalistischen Gleichheitsanspruch der Republik und der unvollendeten Demokratie. Eine Volksvertretung, die ihrem Namen gerecht werde, so wird gefolgert, müsse das demographische Faktum widerspiegeln, daß jeder zweite Franzose eine Französin sei, also 50 Prozent weibliche Abgeordnete aufweisen. Die allgemeine Politikmüdigkeit und die hohe Wahlenthaltung seien die Folge davon, daß sich Teile der Wählerschaft nicht adäquat vertreten sähen. Daß die Frauen in den oberen Rängen der Verwaltung und in den Ministerien Fuß gefaßt hätten, dokumentiere zwar ihre Tüchtigkeit und ein gewisses Maß von Akzeptanz. Aber selbst die Designation einer Premierministerin habe die politische Legitimität der Frauen nicht erhöht, da sie sich der individuellen Entscheidung, d.h. der Gunst des Präsidenten, verdanke.[44]

Dazu ist zweierlei zu sagen. Erstens macht der Staatspräsident von seinem verfassungsmäßig verbrieften Recht auf Ernennung des Regierungschefs auch bei Männern Gebrauch (über den demokratischen Charakter dieser Prärogative läßt sich streiten[45]); zweitens betont die Mehrzahl der Politikerinnen, daß sie ohne die persönliche Intervention und Förderung des Präsidenten überhaupt keine

Chance gehabt hätten, in hohe Regierungsämter zu gelangen - das gilt sowohl für Mitterrand wie auch für Giscard d'Estaing.[46] Es trifft übrigens auch auf Léon Blum zu, der in die Volksfrontregierung 1936 drei Unterstaatssekretärinnen aufnahm, wenn auch vielleicht nur, um mit dieser spektakulären Maßnahme weitere Diskussionen über das Frauenwahlrecht erst einmal abzublocken.

In den neuen "cahiers de doléances", die an die Tradition von 1789 anknüpfen, werden vor allem die Parteiapparate, aus denen sich das politische Personal rekrutiert, wegen ihrer Frauenfeindlichkeit angegriffen - mit Zahlenmaterial als Beweis. Zu den Parlamentswahlen 1993 stellten die bürgerlichen Parteien (RPR und UDF) 539 Kandidaten auf und 38 Kandidatinnen. Obwohl die Statuten des PS inzwischen eine Frauenquote von 30 Prozent vorsehen, gelang es nur 43 Frauen, sich an dem Wettrennen um die 577 Parlamentssitze zu beteiligen. Das waren fast 50 weniger als bei den Kommunisten; selbst die Grünen, die Parität anstreben, brachten es nur auf 91 Kandidatinnen; d. h. auf 16 Prozent. Die Kandidatenaufstellung ist aber nur der erste Schritt zum Erfolg, den eine aussichtslose Plazierung von vornherein zunichte macht. Kein Wunder also, daß der Anteil der weiblichen Abgeordneten in der neuen Assemblée Nationale wieder nur bei 6 Prozent liegt. Im Senat, dessen Frauenanteil lange Zeit bei 2,8 Prozent stagnierte, ist das Bild noch trüber, auch wenn die Zahl der Senatorinnen seit den letzten Wahlen auf 16 angestiegen ist und damit den schwindelerregenden Prozentsatz von 4,9 erreicht hat. Daß die Situation im Europaparlament erfreulicher aussieht, wo die Französinnen gegenwärtig ein Fünftel der nationalen Mandate innehaben, erklären nicht nur Feministinnen mit der Machtlosigkeit der Straßburger ParlamentarierInnen.

Auf der Ebene der Regionen und Kommunen wiederholt sich das gleiche Muster: Je einflußreicher ein Posten, desto geringer die Chance, daß er von einer Frau besetzt ist. Daran ändert auch die Wahl Cathérine Trautmanns zur Bürgermeisterin von Straßburg oder die Marie-Christine Blandins zur Regionalpräsidentin von Nord-Pas-de-Calais nichts. Nur 5,4 Prozent der 36.000 Gemeinden werden von einer Frau regiert. In den Städten mit einer Einwohnerzahl von über 30.000 liegt der Prozentsatz bei 3,5, d. h. von den 225 Kommunen dieser Größenordnung haben nur 8 ein weibliches Stadtoberhaupt. Bis auf die genannte Ausnahme befinden sich sämtliche Regionalräte fest in männlicher Hand. Auch in Nord-Pas-de-Calais einigte man sich nur deshalb auf eine Frau, weil die Sozialisten, um die Region nicht zu verlieren, mit den Grünen koalieren mußten, und die zwangen ihnen die 39jährige Marie-Christine Blandin auf.

Wie erklärt sich das fortdauernde Defizit von Frauen in der politischen Arena, das Frankreich zum Schlußlicht der westlichen Demokratien macht? Der Generalsekretär des gaullistischen RPR hat die Antwort parat: "Es gibt keine guten Kandidatinnen." Die Französinnen, die zu den bestausgebildeten, beruflich erfolgreichsten Frauen gehören, wären also in rebus politicis unterentwickelt? Schon 1982 hat Christine Fauré die Meinung vertreten, daß "die politische Indifferenz der Frauen eine Konstruktion der herrschenden Ideologie" sei.[47] Deren zunehmende Berufstätigkeit, insbesondere im öffentlichen Dienst, habe vielmehr ihre politische Integration bewirkt. Wenn man ihr politisches Engagement beurteilen wolle, müsse man zwischen elektoraler und nicht-elektoraler Politik unterscheiden, wie sich von der Résistance bis zur Neuen Frauenbewegung gezeigt habe.

Während Fauré unter Verwendung eines weiten Politikbegriffs zu einer optimistischen Einschätzung des Demokratieverständnisses der Frauen kommt, wird gerade dieses von anderer Seite in Frage gestellt. In einem Dossier der Zeitschrift *L'Evénement du Jeudi* von Mai 1993 tut sich ein Autor mit der "These" hervor, vor allem die politisch ambitionierten Frauen scheuten den demokratischen Nahkampf um ein Abgeordnetenmandat und ließen sich statt dessen lieber "von der Gunst des Prinzen von Gipfel zu Gipfel katapultieren".

Régine Saint-Criq, Stadträtin und ehemaliges Mitglied des Regionalrates der Ile-de-France, die eine Reihe von Politikerinnen aller Ebenen und aus verschiedenen Parteien befragt hat, gelangt zu einem völlig anderen Ergebnis, das der Titel ihres Buches schlagkräftig zusammenfaßt. "Flug über ein Macho-Nest" nennt sie ihre

Reise in das Frankreich der politischen Institutionen. Sie belegt mit zahlreichen namentlichen Beispielen: 1. daß Frauen weder die mühsame Parteiarbeit an der Basis noch den Kampf um ein Mandat scheuen; 2. daß aber sie es in der Regel sind, die die Kosten parteiinterner Querelen tragen und entweder gar nicht erst nominiert bzw. auf eine Liste gesetzt werden oder auf einen aussichtslosen Platz.[48] Monique Le Saux, die bei den letzten Regionalwahlen die Liste von *Génération Ecologie* in den Yvelines anführte: "Ich war überrascht, zu sehen, wie wenig die Männer auch nur daran dachten, eine Frau auf die Liste zu setzen ... In allen Départements zusammen haben lediglich 8 Frauen an der Spitze einer Liste gestanden. Ich habe mich um diesen Platz schlagen müssen, obwohl ich Génération Ecologie in den Yvelines gegründet hatte."[49] Régine Saint-Criq selbst ist aus der von den Sozialisten nach dem Parteitag von Rennes gegründeten *Kommission zur Förderung der Frauen* zurückgetreten, weil sie vor den Regionalwahlen 1992 feststellte, daß kein Mitglied dieser Kommission bei der Kandidatenauswahl beteiligt war.

Sie leugnet nicht die Tatsache, daß viele Frauen es ablehnen, sich um ein öffentliches Amt zu bewerben, und nennt dafür Gründe, von denen einige nicht nur für Frankreich gelten; vor allem die, die mit dem Familienstatus der Frauen, ihrer Kulpabilisierung als schlechte Mütter oder Ehefrauen zusammenhängen. Nationalspezifischer scheint die geringe Attraktivität des politischen Professionalismus: unzureichende finanzielle Absicherung bei Mandatsverlust, die in Frankreich verbreitete Ämterkumulation (die einerseits eine erhebliche Belastung bedeutet, andererseits die Zugangschancen für newcomers vermindert), das Wahlrecht. Obwohl nicht alle Frauen Einwände gegen die Mehrheitswahl haben, ziehen die meisten die Verhältniswahl vor, weil sie größere Gerechtigkeit garantiere und eine Gruppenidentität ermögliche. Die am häufigsten genannte Ursache für die politische Abstinenz der Frauen ist jedoch mangelndes Selbstvertrauen und fehlende weibliche Solidarität. Roselyne Bachelot, die unter der Ägide ihres Vaters alle Winkelzüge des politischen Lebens kennengelernt hat, bringt den Zusammenhang auf den Punkt, wenn sie die Frauen auffordert, sich gegenseitig zu unterstützen. "Die Förderung der Frauen kann nur von ihnen selbst kommen, besonders von denen, die bereits verantwortungsvolle Posten innehaben und die begreifen müssen, daß auch ihr Überleben von dem Platz abhängt, den sie für andere Frauen schaffen."[50]

Es gibt einige ermutigende Beispiele für die gezielte politische Zusammenarbeit von Frauen. So wurde 1986 die FACM gegründet,[51] eine Vereinigung von in der Mehrzahl parteilosen Gemeinderätinnen aus ländlichen Gebieten, die sich zum Ziel gesetzt hat, durch regelmäßigen Informations- und Erfahrungsaustausch die Isolierung der Frauen zu durchbrechen und sie anzuleiten, weitere Kandidatinnen für die Kommunalvertretungen zu mobilisieren. Auch in den Parteien haben sich Frauenorganisationen gebildet, die sich um weiblichen Nachwuchs kümmern und versuchen, bei der Kandidatenauswahl zugunsten von Frauen zu operieren.[52] Was Frauensolidarität bewirken kann, zeigt der Erfolg der 60jährigen Straßburgerin Liliane Gall, der es bei den Regionalwahlen 1992 gelang, die 5-Prozent-Hürde mit der Liste *Femmes d'Alsace* zu überwinden. Voraussetzung war gewesen, daß die Mehrzahl der elsässischen Frauenvereine das Unternehmen finanziell und moralisch unterstützte.[53]

Sicherlich ändern solche (selbst gelungenen) Einzelaktionen nichts an den tatsächlichen Kräfteverhältnissen. Sie zeigen aber, daß in Teilen der Wählerschaft ein Bedarf an weiblicher Repräsentation besteht und bei den Frauen ein ungenutztes Potential an politischem Professionalismus und kommunikativer Imagination. Marie Noëlle Lienemann, die sich in ihrer Partei durch öffentliche Kritik an den verratenen Werten des Sozialismus hervorgetan hat, ist davon überzeugt, daß nur "von den Rändern" vorwärtstreibende Impulse für eine politische Erneuerung zu erwarten sind.[54] Tatsächlich waren es politische Außenseiter, nämlich die Grünen, die als erste das Prinzip der Parität zwischen den Geschlechtern in ihr Parteistatut aufnahmen. Dominique Boynet, seit 1989 Sprecherin der Grünen im Europaparlament und bei den letzten Parlamentswahlen Hoffnungsträgerin des ökologischen Wahlbündnisses, unterstreicht den Nutzen einer rechtlichen Verankerung des Paritätsgrundsatzes. "Jedes Mal, wenn die Gleichberechtigung gefährdet war, erinnerten wir die Männer an die Vereinbarung, und sie konnten sich ihr nicht entziehen. Es wurden sogar nichtparitätische Listen annulliert, wenn die Frauen darauf bestanden."[55]

Um zu gewährleisten, daß alle Französinnen den ihnen zustehenden Platz bei der Repräsentation des Volkes einnehmen, fordern verschiedene Frauengruppen ein Gesetz, das die Parität zwischen den Geschlechtern für alle gewählten republikanischen Organe verpflichtend macht. Die von der Frauenrechtlerin Antoinette Fouque gegründete *Allianz der Frauen für die Demokratisierung* hat eigens zu diesem Zweck im April 1992 den *Club Parité 2000* ins Leben gerufen. Zum gleichen Zeitpunkt erschien das von Françoise Gaspard und zwei Mitautorinnen verfaßte Buch *Au pouvoir, citoyennes!*[56]. Darin wird demokratietheoretisch und historisch die Notwendigkeit begründet, das Recht auf Parität in der Verfassung zu verankern, und es werden Vorschläge für die politische Umsetzung gemacht, bis hin zur Verdoppelung der Abgeordnetenmandate. Die Verfasserinnen sind sich über den provokativen und utopischen Charakter ihrer Forderung klar, aber sie bestehen darauf, weil "nur ein größerer Anspruch auf Gerechtigkeit die Demokratie regenerieren" könne.

Das Verhältnis von Frauen und Demokratie stand auch im Mittelpunkt eines von Gisèle Halimi, der langjährigen Präsidentin der Frauenvereinigung *Choisir*, organisierten Colloquiums *La démocratie pour les femmes: un pouvoir à partager* im Juni 1993. Französische und ausländische ExpertInnen diskutierten u. a. darüber, welche Maßnahmen am ehesten geeignet seien, die weibliche Teilhabe an der Macht zu garantieren: Quoten, eine Frauenpartei, pressure groups, eine Wahlrechtsänderung, die gesetzliche Verankerung der Parität? Wie sich die aktiven Politikerinnen verhielten, welches Echo sie in der Öffentlichkeit fänden und ob sie sich für die Sache der Frauen einsetzten? Inwieweit von Frauen eine andere Politik zu erwarten sei?

Auch wenn niemand mehr an die salvatorische Funktion des Weiblichen glaubt, so gehen die Befürworterinnen der Parität doch davon aus, daß Frauen eine bessere, weil aufrichtigere, basisnähere, mehr an den Bedürfnissen der Menschen als an machtstrategischen Kalkülen orientierte Politik machen. Simone Veil ist davon überzeugt, daß die Frauen zu einer "Revitalisierung und größeren Glaubwürdigkeit der Politik" beitragen könnten.[57] Daß der neue Regierungschef die zentralen Posten seines Kabinetts mit Charles Pasqua und Simone Veil besetzte - als "der Macho und die Suffragette" bezeichnet der *Nouvel Observateur* das ungleiche Paar - beweist Balladurs Gespür für die Bedürfnisse bestimmter Wählerschichten, die vor allem das Erreichte bewahren wollen. Die soziokulturelle Veränderung der Gesellschaft hingegen, die die politisch engagierten Frauen fordern, werden sie selbst in die Wege leiten müssen.

Eine Kulturrevolution - auf Abruf?

Frauen und gesellschaftlicher Wandel

Marieluise Christadler

Es ist kaum drei Jahrzehnte her, daß auch in Frankreich die als ewige Wahrheiten gehandelten Definitionen des Weiblichen und des Männlichen sich aufzulösen begannen und die "naturbedingten" geschlechtlichen Rollenzuschreibungen ins Wanken gerieten. Die daraus folgende kulturelle Revolution ist im wesentlichen das Werk von Frauen, Ergebnis ihres massiven Eindringens in das Berufsleben und der Weigerung, sich allein über ihre Reproduktionsfähigkeit zu definieren. Bis in die fünfziger Jahre war die gesellschaftliche Aufgabenverteilung durch die Räume bestimmt, in denen die Geschlechter sich vorrangig bewegten: Die Privatsphäre gehörte der Frau, die Öffentlichkeit war dem Mann vorbehalten. Aus der mehr oder weniger strikten räumlichen Trennung ergaben sich die geschlechtsspezifischen Verhaltensweisen und die sexuelle Identität. Indem die Frauen die "Außenwelt" eroberten, glichen sich ihre Erfahrungen, Konkurrenzprobleme und Verhaltensweisen denen der Männer an. Durch die Möglichkeiten der Empfängnisverhütung sahen sie sich in die Lage versetzt, Sexualität und Fortpflanzung zu trennen und ihre Identität nicht länger ausschließlich in der Mutterschaft zu suchen.

Elisabeth Badinter[1] hat die weitreichenden Folgen dieses neuen weiblichen Selbstverständnisses für das Verhältnis der Geschlechter, aber auch für das Verhalten der Männer euphorisch beschrieben. "Männer und Frauen sind gehalten, den 'anderen Teil' ihrer selbst zu entwickeln, den Teil, den die bisherige Erziehung sie zu unterdrücken nötigte. Mehr und mehr müssen die Frauen Männerrollen übernehmen und vice versa. Die ursprüngliche Bisexualität tritt wieder in ihre Rechte ein und beseitigt sowohl die Ungleichheit wie die strikte Komplementarität der Geschlechter." Steht die französische Gesellschaft nach dreißigjähriger Mutation also kurz vor Vollendung des androgynen Zeitalters?

Es sieht nicht so aus. Sonst könnte ein Buch nicht so erfolgreich sein, in dem eine ehemalige Frauenministerin und ein Schriftsteller-Philosoph 280 Seiten lang über "Männer und Frauen" schwadronieren und dabei die abgegriffensten Stereotypen über weibliche und männliche Geschlechtsidentität von sich geben bis hin zu der Unterstellung, daß die finanzielle Unabhängigkeit der Liebesfähigkeit der Frau schade und die Anstrengungen der Karriere ihrem Aussehen.[2] Ist das, wie *Le Monde* schreibt, die mondäne Pariser Version des "backlash", den Susan Faludi für die USA diagnostiziert?[3] Die Formierung zum Gegenschlag identitätsenteigneter Männer, die Schützenhilfe bekommen von emanzipierten Frauen, die im Alter die Segnungen der geschlechtlichen Rollenverteilung wiederentdecken?

Haben die Feministinnen recht, die an die Gegenseitigkeit der Befreiung nie geglaubt, sondern auf das fortdauernde Machtungleichgewicht zwischen Männern und Frauen in der Politik wie auf dem Arbeitsmarkt hingewiesen haben? Die aus der Kenntnis historischer Abläufe heraus davor warnen, die durch Kampf erworbenen Errungenschaften für endgültig gesichert zu halten? Oder haben die jungen Frauen recht, die sich über die feministische Militanz ihrer Mütter mokieren und in aller Unbekümmertheit die Freiheit genießen, sich alles leisten zu können: Kinder, Liebhaber, Karriere?

Ein Widerspruch fällt ins Auge. Einer SOFRES-Umfrage zufolge sind 91 Prozent der Französinnen "glücklich".[4] Von den 15-24jährigen sind es sogar 96 Prozent. Gleichzeitig betonen 88 Prozent von ihnen, daß sie sich "ein erfülltes Leben" ohne Beruf nicht vorstellen können. Aber 65 Prozent klagen über fehlende Mitbestimmung am Arbeitsplatz, und laut Statistik ist jede dritte der 15-24jährigen Frauen arbeitslos - während übrigens die männliche Arbeitslosigkeit in dieser Altersstufe bei 13,4 Prozent liegt.

Die von der Hochglanzfrauenpresse beschworenen Bilder "gelungener weiblicher Selbstverwirklichung" sind eine Sache, eine andere die gesellschaftliche Wirklichkeit der condition féminine. Sie ist schichtspezifisch, regional und individuell so unterschiedlich wie von einer Generation zur anderen. Wenngleich alle Frauen von den spektakulären Veränderungen der letzten drei Jahrzehnte betroffen waren, so lassen sich doch kaum Aussagen über die Französinnen machen - eine Tatsache, auf die bereits Evelyne Sullerot ausdrücklich hingewiesen hat.[5] Es kann deshalb nur darum gehen, auf der Basis eines möglichst breiten Quellenmaterials Tendenzen aufzuzeigen, wie sich die Existenzbedingungen, Lebensentwürfe und Rollenvorstellungen der französischen Frauen verändert haben.

Diese Entwicklung setzte bereits während des tiefgreifenden sozioökonomischen Strukturwandels der Nachkriegsjahrzehnte ein, wurde augenfällig aber erst im Gefolge vom Mai 1968 und erreichte einen ersten Höhepunkt Mitte der siebziger Jahre mit einer Reihe einschneidender Reformgesetze. Merkwürdigerweise öffnete sich der Arbeitsmarkt den Frauen just zu dem Zeitpunkt, als die Sicherheit der Arbeitsplätze zunehmend in Gefahr geriet - was einen Manager gegenüber dem *Nouvel Observateur* zu der unverblümten Feststellung veranlaßte: "Seien wir doch ehrlich. Die Frauen haben die Gastarbeiter ersetzt." Das könnte den Verdacht nahelegen, daß die Emanzipation der Frauen weniger ein Erfolg des *Mouvement de libération des femmes* (MLF) als das Ergebnis eines geschickten politischen Krisenmanagements sei. Wurden Regierung und Gesetzgeber von den ebenso massiv wie provokativ vorgetragenen Forderungen der Frauenbewegung zum Handeln gezwungen oder sanktionierten sie nur eine ohnehin unaufhaltsame gesellschaftliche Entwicklung?[6] Gelang den aufmüpfigen Frauen die Vergesellschaftung ihres kulturrevolutionären Impulses, oder fanden sie sich - durch punktuelle Zugeständnisse gezähmt - mit dem Fortbestand der "herrschenden Verhältnisse" ab? Folgt der für Frankreich feststellbare Wandel der Mentalitäten dem Muster aller westlichen Industriestaaten, oder lassen sich im Charakter der französischen Frauenbewegung wie im gesamtgesellschaftlichen (und politischen) Umgang mit dem "fait féminin" nationalspezifische Besonderheiten ausmachen?

Alles ist möglich, und nichts ist einfach

Simone de Beauvoirs düstere Vision der Frau, die "auf immer an ihren Haushalt und den gleichen Mann gefesselt, ein Kind auf dem Arm, ihr Leben beendet", gehört der Vergangenheit an.

Das bürgerliche Ideal der "femme au foyer" ist inzwischen nur ein weibliches Rollenmodell unter anderen, das lediglich in der Arbeiterschaft und auf dem Lande noch hochgehalten wird. 1990 waren 4 Millionen Frauen zwischen 25 und 55 Jahren nicht berufstätig, 10,5 Millionen dagegen in den Arbeitsmarkt integriert. Während 1982 noch 31 Prozent der verheirateten Frauen zu Hause blieben, sind es heute nur noch 23 Prozent. In der bereits erwähnten SOFRES-Umfrage plädierten nicht nur die jungen Frauen für ein Berufsleben, sondern 88 Prozent der über 55jährigen. Bis in die siebziger Jahre hatten Familienmütter vielfach das Bedürfnis, eine berufsbedingte Aushäusigkeit zu rechtfertigen; heute fühlen sich die "Nur-Hausfrauen" gedrängt, ihre Nichterwerbstätigkeit zu legitimieren. Sie tun das etwa mit dem Hinweis darauf, daß von den gegenwärtig 900.000 1-3jährigen Kindern 400.000 von nichtberufstätigen Müttern versorgt werden. "Eine Kinderkrippe kostet jährlich 2 Millionen Francs. Und da wagt man es, uns zu sagen, wir wären eine Belastung für die Gesellschaft", empört sich die Präsidentin der nationalen Organisation *Femmes actives au foyer*, die seit 15 Jahren einen sozialrechtlichen Sonderstatus für die Hausfrauen fordert u. a. in Form eines "kompensatorischen Mindesteinkommens".[7] Obwohl es gut ausgebildete Frauen gibt, die das Familienleben mit Kindern ganz bewußt einer Berufskarriere vorziehen, gehört zum statistisch ausgewiesenen Sozialprofil der Nur-Hausfrau, daß sie "in der Provinz wohnt, über ein geringes Familieneinkommen verfügt, bestenfalls Abitur und mehr als zwei Kinder hat". Wenn die Verlegertochter und passionierte Atlantik-Seglerin Florence Arthaud von der "wunderbaren Aufgabe der Familienmutter" schwärmt, so vor dem Hintergrund einer medienwirksamen Karriere, die es ihr bisher ersparte, ihre Heimherdträume dem Realitätstest des Alltags auszusetzen.

Die Möglichkeiten der Lebens- und Beziehungsgestaltung reichen von der unverheirateten Karrierefrau mit wechselnden oder stabilen Beziehungen zum gleichen oder anderen Geschlecht über die alleinerziehende Mutter und die freie Partnerschaft mit oder ohne Kinder bis zur traditionellen Ehefrau und Familienmutter - ganz zu schweigen von der Allround-Frau, die alle Rollen gleichzeitig spielen möchte.

Nicht immer ist die Entscheidung für die eine oder andere Möglichkeit ganz freiwillig. 1989 waren von den über 900.000 alleinerziehenden Müttern 20 Prozent Junggesellinnen. Die Statistik sagt nichts darüber, wieviele von ihnen die Mutterschaft bewußt wählten und wie sie mit dieser Situation fertig werden. Die wachsende Zahl der Tagungen über "monoparentalité" deutet darauf hin, daß sich hier ein sozialpolitisches Problemfeld auftut - auch wenn die "ledigen Mütter" nicht mehr als "filles-mères" und ihre Kinder als "bâtards" diskriminiert werden.

Sieben Millionen Franzosen und Französinnen leben allein. In Paris ist inzwischen jeder zweite ein Einpersonenhaushalt, zwei Drittel der Singles sind Frauen, und ihre Zahl wächst, denn je besser ihre Ausbildung und je zahlreicher ihre Diplome, desto geringer ihre Chance, einen geeigneten Partner zu finden.[8] Früher war die Junggesellenschaft am stärksten verbreitet unter Männern und Armen, heute dominiert sie bei Wohlhabenden und Frauen. Unter dem Alleinsein leiden vor allem "ältere, ärmere Personen weiblichen Geschlechts in städtischer Umgebung", aber auch erfolgreiche junge Frauen haben Probleme mit dem Alleinleben, wie die Zunahme der einschlägigen Ratgeberliteratur für Singles zeigt. "Indem die sexuelle Revolution das Liebesabenteuer erleichterte", schreibt Ségolène Royal, "vermehrte sie Melancholie und Einsamkeit der JunggesellInnen. Mehr als der Hang zu sexuellem Ausleben ist es die Angst vor dem Schmerz einer unerwiderten oder ausklingenden Leidenschaft, die zum Alleinbleiben veranlaßt." Schon 1976 hat Charlotte Dubreuil in ihrem Film *Qu'est-ce que tu veux, Julie?* die ambivalente Situation der "befreiten Frau" geschildert und Roland Barthes in den *Fragments d'un discours amoureux* die Unzeitgemäßheit des Redens von Liebe beklagt.

Eine Chance, sowohl der Einsamkeit wie der ehelichen Routine zu entgehen und Geborgenheit mit Freiheit zu verbinden, sehen viele Frauen in der nicht-institutionalisierten Partnerschaft. 1990 lebten etwa zwei Millionen Paare in außerehelichen Gemeinschaften zusammen. Die Untersuchungen von Sabine Chalvon-Demersay zeigen,[9] daß der Grundsatz absoluter Gleichheit und gemeinsamer Haushaltsführung die wesentliche Grundlage dieser "concubinages" bildet, sie allerdings auch fragilisiert, da ihre Kontinuität vom permanenten Aushandeln der Rollenzuweisungen und Unabhängigkeitszumutungen abhängt. Ehescheidungen sind statistisch leicht zu erfassen, nicht jedoch die Trennungsrate bei unverheiratet zusammenlebenden Paaren. Für sie beginnt man sich erst zu interessieren, seit die Zahl der "unehelichen" Kinder ansteigt. 1970 waren das 6,8 Prozent, 1987 bereits 22 Prozent - abgesehen von Dänemark (44,5 Prozent) ein europäischer Rekord.

Selbstverständlich sind weder das Konkubinat noch die beruflich wie sexuell unabhängige Frau in Frankreich ein völlig neues Phänomen. Das Paradepaar Beauvoir-Sartre ist dafür ebenso ein Beweis wie alle die unkonventionellen Frauenbiographien, denen Florence Montreynaud in ihrer Enzyklopädie *Le 20e Siècle des femmes* ein Denkmal setzt. Aber das, was vor 1968 als spektakuläre Premiere und zumeist als Verstoß gegen die Regeln der "bienséance" begann, ist inzwischen zur Selbstverständlichkeit geworden, von Gesellschaft und Staat in aller Form sanktioniert. So wenn die die Republik symbolisierende Marianne-Büste neuerdings die Züge der Schauspielerin Catherine Deneuve trägt, einer Frau, die, ohne je verheiratet gewesen zu sein, zwei Kinder großgezogen und sich überdies in der "Abtreibungskampagne" öffentlich engagiert hat.

Danach gefragt, "was in den letzten 20 Jahren das Leben der Frauen am stärksten verändert habe", antworteten 59 Prozent der von SOFRES Interviewten: "die Pille"; ein Drittel nannte die Erleichterung der Abtreibung. Kein überraschender Befund angesichts der umwälzenden Auswirkungen auf das weibliche Sexualverhalten und eines mehr als siebzigjährigen Kampfes für das Recht auf Empfängnisverhütung und legale Abtreibung.

Nach dem Ersten Weltkrieg waren - wie Anne Cova in ihrem Kapitel dargestellt hat - aus bevölkerungspolitischen Gründen die einschlägigen Bestimmungen so verschärft worden, daß allein die Absicht eines Schwangerschaftsabbruchs Strafverfolgung nach sich ziehen konnte. Unter dem Vichy-Regime konnte Abtreibung als "Verbrechen gegen die Staatssicherheit" mit dem Tode bestraft werden: 1943 kam es zu 4.055 Verurteilungen und zur Hinrichtung einer "Engelmacherin"; jede öffentliche Werbung oder Aufklärung über Kontrazeptiva war verboten. Erst als Mitte der sechziger Jahre die ersten aus den USA importierten "Antibabypillen" im Handel auftauchten, wurden die gefahrvollen, heimlichen Abtreibungen und die Schwangerschaftsverhütung zum Gegenstand öffentlicher Diskussion. Der damalige Präsidentschaftskandidat Mitterrand verlangte die Aufhebung des "Schandgesetzes" von 1920. Nachdem das erste Beratungszentrum für Familienplanung bereits 1961 eröffnet worden war, erreichte der gaullistische Abgeordnete Lucien Neuwirth am 28. Dezember 1967 die Verabschiedung eines Gesetzes, das die Empfängnisverhütung legalisierte. Ein Jahr später fand der Begriff "contraception" Eingang in das Wörterbuch der Akademie - für die Sache darf erst geworben werden seit dem Auftreten von AIDS.[10]

Weitere Liberalisierungsgesetze fielen in die Präsidentschaft Giscard d'Estaings, "der begriffen hatte, daß die Frauen eine unwiderstehliche Macht bilden, die an den Fundamenten der Gesellschaft rüttelt"[11]. Giscard verband ein Gespür für irreversible soziokulturelle Entwicklungen mit der politisch-strategischen Einsicht, daß der im Gefolge des Mai 1968 entstandene, militante Neofeminismus durch staatliches Entgegenkommen am ehesten zu zähmen wäre. Er unterstützte Simone Veil, die 1974 das hart umstrittene Fristenregelungsgesetz im Parlament durchbrachte, das nach fünf Jahren verlängert und 1983 durch die Verpflichtung der Krankenkassen zur Kostenerstattung der Schwangerschaftsabbrüche ergänzt wurde.

Obwohl inzwischen 68 Prozent der Französinnen ein Kontrazeptivum benutzen und sie die stärksten Konsumentinnen der "Antibabypille" im europäischen Vergleich sind, liegt ihre "Fruchtbarkeitsrate" bei 1,84 und damit gleich hinter der der irischen Frauen.[12]

Ein Grund dafür liegt zweifellos in der großzügigen Familienpolitik des Staates und der guten infrastrukturellen Ausstattung Frankreichs im Bereich der Kinderversorgung[13]; ein anderer in den fortdauernden regionalen und schichtspezifischen Disparitäten des Bewußtseinswandels - so besteht eine deutliche Korrelation zwischen Ausbildungsgrad und Schwangerschaftsverhütung. Wesentlich scheint mir aber das in Frankreich noch immer ausgeprägte "Familiengefühl" und eine von Biologismus-Verdächtigungen weithin unangefochtene Mutterschaftsvorstellung. Die Paarbeziehung mag fragil geworden sein und die Ehe ihre Modellkraft eingebüßt haben - die Solidarität der Generationen besteht weiter und ist dem Kinderwunsch insgesamt offenbar förderlich.

Emanzipation von der Ehe und Solidarität in der Familie

Auch wenn der *Figaro* die leichte Steigerungsrate der Eheschließungen von 1987 auf 1988 bejubelt, und "die Hochzeit in Weiß" neuerdings wieder Anhänger gewinnt - der Befund der Familiensoziologen ist eindeutig: Seit Mitte der sechziger Jahre geht es abwärts mit der traditionellen Ehe.

In einem Jahrzehnt (1974-1984) hat sich die Zahl der Scheidungen verdreifacht. 1985 waren es bereits 30 Prozent der Ehen, die von dem Richter getrennt wurden. Dem Trend zur Auflösung entspricht der mangelnde Wille, eine Ehe einzugehen. Zwischen 1973 und 1986 sank die Zahl der Eheschließungen von 400.000 auf 266.000.[14] Auch in den folgenden Jahren hielt die Tendenz an. Pronuptia, der größte Spezialist für Hochzeitsgarderobe, meldete Bankrott an. Es wird nicht nur seltener, sondern auch später geheiratet: 1987 betrug das Durchschnittsalter der ersten Eheschließung bei den Frauen 24,9, bei den Männern 27 Jahre,[15] das bedeutet gegenüber 1981 eine Verzögerung um 18 Monate; entsprechend später bekommen die Frauen ihr erstes Kind.

Während Männer mit guter Ausbildung für ihren beruflichen Aufstieg von der Ehe profitieren, werden diplomierte Frauen durch sie benachteiligt. Diese Regel hat François de Singly in einer Studie über den Nutzen der Ausbildung für die Frauen aufgestellt.[16] Gelingt es ihnen, ihr "kulturelles Kapital" in einer "hypergamen Verbindung" zu plazieren, so sind sie in der Regel gezwungen, auf eine persönliche Karriere zu verzichten; konzentrieren sie sich zunächst auf ihren beruflichen Aufstieg, so sinken ihre Chancen, einen "gleichrangigen" Ehemann zu finden. Natürlich treffen nur wenige Frauen ihre Berufs- und Beziehungsentscheidungen anhand des sozialwissenschaftlichen Forschungsstandes. Die meisten geben die Hoffnung nicht auf, mit dem idealen Partner die ideale Ehe zu führen - z. B. in einem der vier von Louis Roussel vorgestellten, modernen Familientypen, der "famille-histoire", die Geborgenheit und Dauer dadurch sichert, daß die Eheleute bewußt ihre Liebesgeschichte in ein "sinnstiftendes Solidaritätsprojekt" umwandeln.[17]

Die Gesetzgebung der letzten Jahrzehnte hat den Status sowohl der verheirateten als auch der geschiedenen Frau erheblich verbessert, so daß einerseits die Ehe attraktiver, andererseits die Trennung leichter wurde. Seit er mehrfach revidiert werden mußte, hat der Code civil viel von seinem Schrecken verloren. Die Zeiten sind vorbei, in denen die verheiratete Frau für die Eröffnung eines Bankkontos oder die Ausübung eines Berufs die Einwilligung ihres Ehemannes brauchte. Schon 1938 wurde der Artikel 213, wonach der Mann "seiner Frau Schutz, die Frau ihrem Mann Gehorsam" schuldete, ersetzt. Aber als Familienoberhaupt übte der Mann weiterhin die alleinige Gewalt und das Verfügungsrecht über den ehelichen Besitz aus. Erst 1970 trat an seine Stelle "die elterliche Autorität"; von nun an bestimmten beide Ehepartner gemeinsam über das Wohl der Familie und ihren Wohnsitz. 1985 verschwand der Begriff "chef de famille" aus dem Steuerrecht. Frauen können heute nicht nur ihren Namen bei der Heirat behalten, sondern (als Zusatz) an ihre Kinder weitergeben. Nachdem schon unter der Präsidentschaft Giscard d'Estaings die Scheidung "entkriminalisiert" worden war, sicherte die sozialistische Regierung den geschiedenen Frauen ohne Einkommen eine Unterhaltsbeihilfe zu.

Aber weder "die Gewalt in der Ehe" noch die ungleiche Verteilung der Haushalts- und Elternpflichten können per Gesetz aufgehoben werden. Männer beschäftigen sich im Durchschnitt 17,

Frauen 65 Minuten mit ihren Kindern; Berufstätigkeit bei beiden vorausgesetzt, verwenden Frauen genau das Dreifache der Zeit auf Hausarbeiten.[18] Während es zu diesem Thema zahlreiche Befragungen gibt, ist das der Gewalt in der Ehe ("violences conjugales") noch weitgehend tabu. Immerhin scheint die nationale Kampagne der Staatssekretärin für Frauenfragen Michèle André die Öffentlichkeit sensibilisiert zu haben. In der schon mehrfach erwähnten SOFRES-Umfrage erklärten sich 78 Prozent der 15-24jährigen bereit, an "Gemeinschaftsaktionen zur Verteidigung geschlagener Frauen" teilzunehmen.

In dem einen Fall handelt es sich um ein Minderheitsproblem - die Zahl der geschlagenen Frauen wird auf zwei Millionen geschätzt[19] -, im anderen um ein grundsätzliches Dilemma, das alle Frauen betrifft, die Erwerbstätigkeit und Familie verbinden wollen und deren Wochenarbeitszeit mit 70 Stunden veranschlagt wird. In ihrem Buch *Die Superfrauen haben die Nase voll* beschreibt die 32jährige Journalistin Michèle Fitoussi ebenso anschaulich wie witzig das Hin- und Hergerissensein berufstätiger Frauen zwischen dem professionellen und dem familiären Terminkalender, die Aufregung, wenn eines der Kinder krank ist.

Hier nun tritt die "Großfamilie" auf den Plan, deren historische Existenz zwar inzwischen als ein Mythos der katholischen Sozialphilosophen des ausgehenden 19. Jahrhunderts entlarvt wurde, die gegenwärtig aber neue Bedeutung gewinnt. Was an Geschwister- und Vetternschaft infolge abnehmender Kinderzahl ausfällt, wird infolge gestiegener Lebenserwartung durch die gleichzeitige Präsenz von vier Generationen ausgeglichen. In weiten Teilen Frankreichs ist dieser vertikale Familienverband noch intakt: 75 Prozent der Franzosen leben nicht weiter als 25 km von ihren Eltern entfernt, 40 Prozent besuchen sie mindestens einmal in der Woche.

Vor allem die Frauen sind es, die die Familienzusammengehörigkeit durch regelmäßige gemeinschaftliche Mahlzeiten und die Tradierung der Familiengeschichte aufrechterhalten. "Die Vitalität der Verwandtschaftsbeziehungen", schreibt der Soziologe Jean-Hugues Déchaux, "beruht auf der unermüdlichen Aktivität der Frauen."[20] Die Berufstätigen unter ihnen sind für die Bewahrung der Kinder auf Mütter und Großmütter angewiesen und diese wiederum auf die Hilfe der Jüngeren bei Krankheit und Alter. Mehr als ein Drittel der nichtschulpflichtigen Kinder werden von ihren Großmüttern versorgt, die Hälfte der Schulkinder verbringt die Ferien bei den Großeltern. Diese helfen auch finanziell bei der Haushaltsgründung, bei größeren Anschaffungen und im Fall von Arbeitslosigkeit.

Während die jüngeren Frauen im wesentlichen aus der älteren Generation Nutzen ziehen (und die sozialistische Abgeordnete Ségolène Royal, Mutter von vier Kindern, diese Tatsache euphemistisch als "Le printemps des grands-parents" umschreibt), sind die fünfzig- bis sechzigjährigen in der neuartigen Situation, sowohl ihren Töchtern als auch ihren Müttern Beistand zu leisten. Sie können das nur, wenn sie selbst nicht oder nicht mehr berufstätig sind. Die Frage ist, was in Zukunft geschieht, wenn die jetzt jungen Frauen zu der Doppelbelastung von Familie und Beruf die Versorgung der älteren übernehmen müßten. Wenn das Pariser Beispiel Schule macht, wird die Einsamkeit der alten alleinstehenden Frauen wachsen. 1982 lebten in den ländlichen Bezirken 42 Prozent der über achtzigjährigen Witwen bei "nahen Verwandten", in Paris waren es dagegen nur 17 Prozent.

Noch bilden die Mütter "das Gravitationszentrum der Familie"; noch ist offenbar die weibliche Rolle von "der mütterlichen Hingabe an die Familie" (Déchaux) bestimmt. Der Wunsch der jungen Frauen nach Kindern und die Neubewertung der Mutterschaft in Teilen der Frauenbewegung scheinen darauf hinzudeuten, daß sich das mütterliche Frauenideal zwar modifiziert, aber nicht aufgegeben wird. Eines steht allerdings fest: Die Frauen werden nicht darauf verzichten, einen Beruf auszuüben. Bevor sie ihr Klagelied über die vielgeplagte Superfrau anstimmt, warnt Fitoussi ihre Leser: "Wir kehren niemals an den Herd zurück!"

Karrierefrauen und Armutskarrieren - Licht- und Schattenseiten der weiblichen Berufstätigkeit

"Die Gesellschaft und die Männer", meint Henri Mendras, "müssen den sozialen Preis zahlen, den die weibliche Arbeit verlangt." Jahrzehntelang waren sie dieser Notwendigkeit nicht ausgesetzt. Denn nachdem die Frauenerwerbsrate 1906 bei 38,9 Prozent gelegen hatte, sank sie in der ersten Jahrhunderthälfte permanent, um schließlich 1962 wieder 35 Prozent zu erreichen. Von diesem Zeitpunkt an war die Tendenz dann unaufhörlich steigend - von 6,5 auf 10,5 Millionen heute, das sind 55,7 Prozent aller Frauen.[21] Mit einem weiblichen Anteil am Arbeitsmarkt von 43,6 Prozent befindet sich Frankreich in einer europäischen Spitzenposition, überholt nur von Portugal, Großbritannien und Dänemark.

Auf das Lebensalter verteilt liegt das größte Arbeitsvolumen bei den 25-54jährigen. Es ist zwischen 1968 und 1985 von 44,5 Prozent auf 68,9 Prozent gestiegen. Gesunken ist hingegen der Anteil der jüngeren wie der älteren Frauen auf dem Arbeitsmarkt, und zwar um jeweils 6 Prozent. Im ersten Fall sind dafür verlängerte Ausbildungszeiten und eine massiv gestiegene Arbeitslosigkeit (von 10,1 Prozent 1975 auf 30,5 Prozent 1985) verantwortlich; im zweiten Fall dürften es günstigere Ruhestandsbedingungen sein.

Das traditionelle weibliche Lebensmuster - kurze Erwerbstätigkeit, lange Unterbrechungsphase mit Konzentration auf die Familienarbeit, eventueller Wiedereinstieg in den Beruf - hat an Bedeutung verloren gegenüber ununterbrochener Berufstätigkeit. Die Statistik zeigt, daß Frauen genau in dem Alter am durchgängigsten arbeiten, in dem sie Kinder bekommen und großziehen. Noch 1979 waren 40 Prozent der Franzosen der Auffassung, daß eine Frau mit Kleinkindern nicht außer Haus arbeiten sollte; 1982 waren bereits 71 Prozent der gegenteiligen Meinung. Gegenwärtig macht es kaum einen Unterschied für die Berufsausübung der Frau, ob sie kein, ein oder zwei Kinder hat. Ihre Erwerbsrate bewegt sich zwischen 65 und 75 Prozent. "Elles veulent bosser en faisant des bébés"[22], stellt der *Nouvel Observateur* lakonisch fest. Erst das dritte Kind veranlaßt viele, den Beruf (jedenfalls vorübergehend) aufzugeben. Das allerdings auch nur, wenn das Familieneinkommen nicht ausreicht, um eine Kinderfrau zu bezahlen.

"Les femmes (qui) marchent au super", die mit den glänzenden Hochschulabschlüssen und dem Willen zu arrivieren, verzichten in der Regel weder auf Kinder noch auf Karriere. Ihnen erklärt Gabrielle Rolland, Vizedirektorin des Französischen Instituts für Management, wie sie zwischen Tokio und New York Mutterpflichten, Teint und Geschäftskontakte so pflegen und sich gleichzeitig per Meditation entspannen können, daß man ihnen weder Streß noch Müdigkeit anmerkt. Frauenzeitschriften neuen Typs, wie *Biba* oder *Contemporaine*, quellen über von elegant gekleideten, erotisch attraktiven, strahlenden Erfolgsfrauen, die Unternehmen leiten, Goldmedaillen für Frankreich erringen, Forschungslaboratorien dirigieren, für Bürgerkriegsreportagen ihr Leben aufs Spiel setzen, als Brigadechefs Zuhälter- und Spionagenetze aufdecken. "Vor zehn Jahren", bestätigt die Abteilungsleiterin eines Stellenvermittlungsbüros für Topmanager, "hatten wir keine Frauen im Angebot. Heute sind sie gefragt, denn ihre Leistungen sind exzeptionell in jeder Hinsicht. Selbst der Macho-Boss, der zunächst bloß eine Vorzeigefrau gesucht hat, ist inzwischen scharf darauf, weibliche PDGs einzustellen."[23]

Tatsächlich? Nach Angaben von *Le Point* (1.5.1989) gab es 1989 unter den 269 leitenden Angestellten der 20 größten Unternehmen Frankreichs fünf Frauen. Noch zögerlicher als die Privatindustrie zeigen sich staatliche Betriebe bei der Besetzung von Führungsposten mit weiblichem Personal: Die Anteile reichen von 0,7 über 1 bis 3 Prozent bei EDF, SNCF und RATP. Auf die Frage, ob sie lieber einen Chef oder eine Chefin hätten, entschieden sich 1988 48 Prozent der Befragten für einen Mann und nur 16 Prozent für eine Frau (wobei nicht verschwiegen werden soll, daß 57 Prozent der Frauen einen "patron" vorzogen). Unter diesen Umständen verwundert es geradezu, daß 16,4 Prozent aller Unternehmen mit mehr als zehn Angestellten von einer Frau geleitet werden. In den letzten zehn Jahren sind Frauen in viele, ihnen bis dahin unzugängliche Berufszweige "eingedrungen" - von der Feuerwehr bis zur Atomindustrie, von der Börse bis zur Weltraumforschung; ihr Anteil an den Universitätsabsolventen steigt ständig, besonders in den Rechts- und Wirtschaftswissenschaften sowie in der Medizin. Aber noch sind die Chefetagen von Männern belegt, sie dominieren vor allem bei den politischen Entscheidungsträgern - und daran hat auch die Ernennung Edith Cressons zur Premierministerin nichts geändert.

So wenig wie das "Gesetz zur beruflichen Gleichstellung von Männern und Frauen" von 1983, das mit Hilfe von arbeitsrechtlichen Betimmungen und Anreizen zu betrieblichen Frauenförderplänen der Diskriminierung von Frauen entgegenwirken sollte. Yvette Roudy, die das Gesetz in ihrem Ministerium vorbereitet hatte,[24] legte 1989 einen 155seitigen Bericht über seine Umsetzung vor. Abgesehen von einigen Fortschritten im Sozialrecht und vereinzelten "vorbildlichen" betrieblichen Gleichstellungsplänen ist die Bilanz eher entmutigend, und das auf vier Gebieten: der geschlechtsspezifischen Spaltung des Arbeitsmarktes, der anhaltenden Lohnungleichheit, dem hohen Anteil der Frauen an der Arbeitslosigkeit und ihrer zunehmenden Benachteiligung durch ungeschützte Beschäftigungsverhältnisse.

455 registrierte Berufe gibt es in Frankreich. Die 10,5 Millionen erwerbstätigen Frauen verteilen sich im wesentlichen auf zwanzig dieser Berufe. In Kindergärten und Krankenhäusern beträgt ihr Anteil 100 bzw. 98 Prozent; im Handel und in der Verwaltung 80 Prozent. Der Dienstleistungsbereich war immer schon eine Domäne der Frauen. Infolge der Tertiärisierung des Arbeitsmarktes hat sich diese Tendenz verschärft, ohne daß die sektorielle Konzentration die Aufstiegschancen der Frauen entscheidend verändert hätte - außer im Bereich von Kunst, Theater, Medien.[25] Typisch ist die Situation in der Education Nationale, die 61 Prozent Frauen beschäftigt. Diese stellen an den Grundschulen 74 Prozent, an den Gymnasien 59 Prozent des Lehrpersonals und 9 Prozent der Hochschullehrerschaft. Obwohl das Frauenministerium sich in Zusammenarbeit mit dem Erziehungsministerium in zwei landesweiten Medienkampagnen um eine Verbreiterung des weiblichen Berufsspektrums

bemüht hat, sind die Frauen im technisch-industriellen Bereich weiterhin massiv unterrepräsentiert. Margaret Maruani zieht aus diesem Befund den ernüchternden Schluß, daß "die Feminisierung des Arbeitsmarktes nicht zu einem Abbau der Segregation geführt habe, im Gegenteil".[26]

Einkommensdisparität ist eine der Folgen. Nachdem sich die Gehälter von Männern und Frauen in den siebziger Jahren angeglichen hatten, stagnierte diese Entwicklung zwischen 1984 und 1987. 1989 lag der Durchschnittslohn der Männer 35 Prozent über dem der Frauen. Das bedeutet nicht, daß global gegen den Grundsatz "für gleiche Arbeit gleicher Lohn" verstoßen wird, sondern daß die Strukturdifferenzen im Hinblick auf Qualifikation, Berufsbranchen und Stellenhierarchie weiterbestehen. Eine hochqualifizierte Frau verdient in der Regel nicht weniger als ihr Kollege. Wenn der Einkommensunterschied zwischen Männern und Frauen bei den leitenden Angestellten insgesamt trotzdem bei +17 und den Topmanagern bei +29 Prozent liegt, so weil in diesen Spitzenpositionen das männliche Geschlecht dominiert und der Andrang der Frauen eine relative Verminderung der Gehälter nach sich zieht (wie auch eine Entwertung bestimmter Diplome!). Existentielle Folgen hat die Lohndifferenz in den unteren Einkommensschichten: 1988 verdienten 6 von 10 Frauen weniger als 6.500 Francs im Monat, bei den Männern waren es "nur" 4 von 10.

Ähnlich ungünstig ist die Situation der Frauen angesichts der Arbeitslosigkeit: 7,7 Prozent männlichen standen Ende 1988 13,4 Prozent weibliche Arbeitslose gegenüber. Die Benachteiligung verdoppelt sich für Mädchen und junge Frauen: 1985 betrug ihr Anteil an den Arbeitslosen 30,5 Prozent. Hinzu kommt, daß Frauen überproportional (62 Prozent) unter den Erwerbslosen vertreten sind, die keinen Anspruch auf Arbeitslosenunterstützung haben, weil sie meist nur kurze Erwerbszeiten nachweisen können. Die weiblichen Beschäftigten haben von der Dynamisierung des Arbeitsmarktes infolge des wirtschaftlichen Aufschwungs nicht profitiert, u.a. weil es im industriellen Sektor gerade die frauenstarken, aber strukturschwachen Branchen wie Textil- und Schuhindustrie sind, die der internationalen Konkurrenz am raschesten zum Opfer fallen.

Langfristig gesehen ist das schwerste Handikap der Frauen die zunehmende Segmentierung des Arbeitsmarktes, Maruani spricht von einer "geschlechtsspezifischen Ghettoisierung". 1988 kamen zu den 15 Millionen Festangestellten 3,2 Millionen Erwerbstätige in ungeschützten Beschäftigungsverhältnissen wie Interims- und Teilzeitarbeit, "petits boulots" unterschiedlichster Art. Drei Viertel dieser "emplois précaires" werden von Frauen wahrgenommen; bei der Teilzeitarbeit liegt ihr Anteil bei 84 Prozent - und die Tendenz steigt. 1978 war nur eine von zehn Frauen teilzeitbeschäftigt, heute ist es eine von vier. Dazu der Roudy-Bericht: "Die Teilzeitarbeit hat keineswegs alle die Vorzüge, die man ihr zuschreibt. Sie mag in manchen Lebenslagen eine Nothilfe sein, aber sie erlaubt weder eine Berufskarriere noch eine ordentliche Rente. In Wahrheit ist sie mehr ein betriebspolitisches Instrument als ein Vorteil für die Frauen."[27] Tatsächlich ist das Einkommen der Teilzeitarbeiterinnen oft so unregelmäßig und geringfügig, daß in Notsituationen wie Scheidung, Erwerbsunfähigkeit oder Arbeitslosigkeit des Ehemanns ein Abgleiten in die Armut droht.

Von der "neuen Armut" war in den letzten Jahren in den französischen Medien viel die Rede. 1984 waren davon 1,4 Millionen Haushalte betroffen - mit einem Monatseinkommen von 1.750 Francs, das damit nicht einmal die Hälfte des staatlich festgesetzten Mindestsatzes (SMIC) von 4.000 Francs erreichte. Seltener hörte man von der spezifisch weiblichen Armut, von den "femmes très pauvres", die als gesellschaftliches Randphänomen aus allen Statistiken herausfallen.[28] Betroffen sind, neben den "heimlichen Immigrantinnen", vor allem vier Gruppen: alleinstehende ältere Frauen, die keine Anstellung mehr finden, aber das Rentenalter noch nicht erreicht haben; sehr junge Frauen, die von zu Hause weggegangen, ohne festen Wohnsitz und Ausbildung sind und sich mit Gelegenheitsarbeiten über Wasser halten; Frauen aus subproletarischem Milieu ("les anciennes pauvres"), die in den anrüchigen Vierteln der Großstädte oder in den Altindustriegebieten des Nordens leben, meist kinderreiche Mütter und Analphabetinnen; Langzeitarbeitslose ohne Anspruch auf Unterstützung oder Hoffnung auf Wiedereinstellung.

Die Ungleichheiten zwischen Männern und Frauen spiegeln die gesamtgesellschaftlichen "inégalités sociales" in Bezug auf Einkommen, Zugang zum Arbeitsmarkt, Berufsperspektiven und Karrierechancen. Die Ungleichheiten innerhalb der weiblichen Bevölkerung reflektieren wiederum das gesamtgesellschaftliche Ungleichgewicht. Die Errungenschaften der Emanzipation kommen vor allem den Frauen der aufstrebenden Mittelschichten zugute. Von den anderen ist in den postfeministischen Hochglanzgazetten der "neuen Bourgeoisie" nicht die Rede. Das Dossier des *Nouvel Observateur* zur 20-Jahrfeier des MLF erwähnt weibliche Arbeitslosigkeit und Armut mit keinem Wort. Dabei hatte ein beachtlicher Teil der Neuen Frauenbewegung auf der Untrennbarkeit von sozialer und Geschlechter-Revolution und dem gemeinsamen Interesse aller Frauen bestanden; nicht wenige Töchter "aus guter Familie" hatten durch ihre politische Aktivität erstmals Frauen aus dem Arbeitermilieu kennengelernt und sich bewußt mit ihnen solidarisiert.

Simone de Beauvoir mit Yvette Roudy und Kate Millet

Was von den Medien im Sommer 1970 nach dem Muster der amerikanischen Women's Lib Bewegung "Mouvement de Libération des femmes" (MLF) genannt wurde, war nie eine durchstrukturierte Organisation, sondern bestand aus zahlreichen, mehr oder weniger spontan entstandenen Gruppen - jede von ihnen ein "rassemblement d'individus en révolte" (Montreynaud). "Eine Bewegung mit unbestimmten Konturen und ausdehnungsfähiger Definition", nennt Françoise Picq das MLF, von keiner Avantgarde geleitet, ohne den Anspruch auf Repräsentativität oder Alleinvertretungsanspruch: "Le MLF, c'est toutes les femmes."[29] Es gab auch keine Doktrin, der alle angehangen hätten, vielmehr verschiedene Inspirationsquellen: von einem kulturrevolutionär interpretierten Marxismus über Psychoanalyse und Surrealismus bis zum amerikanischen Radikalfeminismus, seinerseits stark beeinflußt von Simone de Beauvoirs Theorieklassiker *Das andere Geschlecht* (1949). Die historische französische Frauenbewegung war dagegen zunächst kaum präsent; ihre großen Gestalten und Debatten wurden erst später wiederentdeckt. Dennoch weist das MLF überraschende Ähnlichkeiten mit der alten Frauenbewegung auf: die gering entwickelten Organisationsstrukturen, die phantasievoll-provokativen Agitationsformen, eine ungewöhnlich vielfältige und intellektuell anspruchsvolle Publizistik. Der Feminismus hat im zentralstaatlichen Frankreich immer schon die société civile repräsentiert, die mit dem Mai 1968 die autoritären politischen Strukturen massiv in Frage stellte.

Was Originalität und Dynamik des MLF ausmacht - die Vielfalt der Gruppen, ihre unterschiedliche ideologische Entwicklung, das Auf und Ab von Zusammenschlüssen, Spaltungen, Auflösungen - erschwert gleichzeitig seine übersichtliche historische Darstellung. Das beginnt bei Datierungsfragen: Ist die Bewegung bereits 1974 infolge strategischer Differenzen und mit der Erreichung eines wichtigen Zieles, der Legalisierung der Abtreibung, auseinandergebrochen? Hat die exklusive Inanspruchnahme des Kürzels MLF durch die Gruppe *Psychologie und Politik* ihr 1979 den Todesstoß versetzt?[30] Oder lebt sie, wenngleich in veränderter Form, heute noch fort in Zeitschriften, Selbsthilfegruppen, "Coordinations", in der Frauenforschung, ja selbst in dem von den MLF-Frauen verpönten Staatsfeminismus?

Über die Anfänge besteht weitgehende Übereinstimmung. Sozialwissenschaftlerinnen begannen in den sechziger Jahren, die Frauenfrage zum Gegenstand ihrer Forschung zu machen. In den Seminaren von Andrée Michel und Evelyne Sullerot lernten sich einige der späteren Aktivistinnen kennen und wurden auf das von Yvette Roudy und anderen gegründete *Mouvement Démocratique Féminin* (MDF) aufmerksam, das ihnen aber schon bald zu zahm erschien. In den Turbulenzen von 1968 entstanden zwei Gruppen; die eine war gemischtgeschlechtlich und nannte sich nach ihren Zielen *Féminisme, Marxisme, Action* (FMA), die andere, um Antoinette Fouque und die Schriftstellerin Monique Wittig, bestand nur aus Frauen. Beide hörten voneinander, trafen sich und debattierten darüber, ob die Frauen allein für ihre Befreiung kämpfen sollten oder zusammen mit den Männern. FMA schloß daraufhin die männlichen Mitglieder aus, entdeckte die "beglückende Erfahrung des Unter-Frauen-Seins" und bestimmte damit Konzept und Dynamik der weiteren Bewegung: "Nur die Unterdrückte kann ihre Unterdrückung analysieren, theoretisieren und die Mittel des Kampfes wählen." Die "non-mixité" der Frauenversammlungen gab zu zahlreichen Polemiken Anlaß, entwickelte sich aber zu einem Merkmal des MLF. Das zog am 29. August 1970 zum ersten Mal die Aufmerksamkeit der Presse auf sich, als neun Frauen am Arc de Triomphe, dem Grabmal des unbekannten Soldaten, einen Kranz niederlegten für die "noch unbekanntere Frau des unbekannten Soldaten". Noch im Oktober zögerte *Le Monde*, die Demonstrantinnen, die überall auftauchten, um ihren Ideen Öffentlichkeit zu verschaffen, ernst zu nehmen. Der erste Durchbruch gelang im November anläßlich der von der Zeitschrift *Elle* mit großem Aufwand organisierten "Generalstände der Frauen", die durch das nonkonformistische Auftreten der militanten Feministinnen eine unerwartete Wendung nahmen: Selbst die anwesenden Minister konnten sich dem provokativen Witz der aufmüpfigen Frauen nicht entziehen. Ungefähr zur gleichen Zeit erschien eine Sondernummer der Zeitschrift *Partisans*, der Selbstdarstellung des MLF und seinen Forderungen gewidmet, unter dem Titel "Befreiung der Frauen: Jahr Null".

Von den Mitkämpferinnen ist die Entwicklung der Neuen Frauenbewegung mehrfach beschrieben worden: vor dem Hintergrund ihrer persönlichen Erlebnisse und Erfahrungen.[31] Françoise Picq hat "die Jahre der Bewegung" aus eigener Anschauung, aber mit der Distanz der Politologin dargestellt, die versucht, subjektive Erinnerung und wissenschaftliche Analyse zu verbinden. Sie wendet sich gegen eine allzu strikte Systematisierung des MLF auf der Basis allein schriftlicher Quellen. Aber für Außenstehende erleichtert die von Albistur/Armogathe eingeführte und von Rémy ausgearbeitete Gliederung den Zugang.[32] Sie unterscheiden vier Hauptgruppen: Revolutionäre Feministinnen, Cercle Dimitriev, Lutte de classe(s), Psychologie und Politik (Psy & Po). Abgesehen von der letzten Gruppe um Antoinette Fouque handelte es sich nicht um monolithische, gegeneinander abgeschottete Blöcke, sondern um Richtungen, die sporadische Koalitionen ebenso erlaubten wie individuelle Grenzgänge.

Die *Revolutionären Feministinnen* (FR) waren es, die mit ihren spektakulären Aktionen die Öffentlichkeit erregten. Sie veranstalteten z. B. zum Muttertag ("fête des mères") 1971 eine Demonstration gegen die Ausbeutung der Mütter, verübten ein Sprengstoffattentat gegen den Sitz des abtreibungsfeindlichen "Ordre des médecins" und organisierten am "Vatertag" 1974 eine "Frauen-Messe" in Vincennes. Ihr Ziel war die Abschaffung des Patriarchats und die Errichtung einer herrschaftsfreien, egalitären Gesellschaft. Nicht der Kapitalismus erschien ihnen als Hauptfeind, sondern "eine hierarchische Sozialordnung, in der Männer aller Klassen die Frauen unterdrücken und zum Objekt degradieren". Aus der nicht unberechtigten Sorge, "vereinnahmt" zu werden, mißtrauten die FR allen etablierten Parteien wie Verbänden.

Das unterschied sie sowohl von den Vertreterinnen des *Cercle Elisabeth-Dimitriev*, die zur strategischen Zusammenarbeit mit dem politischen Linksextremismus bereit waren, um dem Befreiungskampf der Frauen eine Massenbasis zu verschaffen, wie von der *Tendance Lutte de classe*, die der trotzkistischen *Ligue communiste révolutionnaire* (LCR) nahestand und den Kampf gegen das Patriarchat nicht vom Klassenkampf trennen wollte.

Gemeinsam war allen drei Richtungen die Überzeugung von der existentiellen Gleichheit der Geschlechter. "Die Tatsache, ein Mensch zu sein, ist unendlich wichtiger als alle geschlechtsspezifischen Unterschiede." Diese Aussage Simone de Beauvoirs, die dem demokratisch egalitären Feminismus als Leitmotiv dient, stand in diametralem Gegensatz zu den Ideen der Gruppe *Psy & Po*, die sich ausdrücklich vom "Suffragettenfeminismus" abgrenzte und den berühmten Satz: "On ne naît pas femme, on le devient" ("man wird nicht als Frau geboren, sondern dazu gemacht") für "eine ausgemachte Dummheit" hielt. Geschult an Freud und Lacan, aber gleichzeitig deren "Phallozentrismus" bekämpfend, betonten (und betonen) Antoinette Fouque und ihre Anhängerinnen die radikale Andersartigkeit und prokreative Kraft des Weiblichen. Ihrer Meinung nach kann es nicht darum gehen, die Frauen den Männern gleichzumachen, das würde nur ihre Maskulinisierung bedeuten, sondern durch eine "Revolution des Symbolischen" die weibliche Libido zu befreien und damit die Gesellschaft von der exklusiven Geltung des männlichen Normensystems.[33] Die Frauen von *Psy & Po* betonten zwar das Recht auf Bisexualität und sandten Solidaritätsadressen an streikende Arbeiterinnen, ihre Praxis lief aber auf geschlechtliche und soziale Abgrenzung hinaus. Das isolierte die Gruppe, der Personenkult und Elitisierung vorgeworfen wurde, und führte, als sie das Kürzel MLF zu wirtschaftlichen Zwecken "usurpierte", zum Bruch mit anderen Teilen der Frauenbewegung.[34] Gewisse Animositäten zwischen egalitärem und identitärem Feminismus bestehen fort, auch wenn sie an Schärfe verloren und gegenwärtig eher "das intellektuelle Abenteuer einer Frauenidentität zwischen Gleichheit und différence" (E. Sinnassamy) favorisiert wird.

Das zeigt den Wandel an, dem die Neue Frauenbewegung seit

ihrem Entstehen 1968/69 unterlag und der sich grob in vier Phasen skizzieren läßt.

Am Anfang stand nicht das "Lob des Unterschieds", sondern die Erfahrung seiner Realität. "Eine Frau ist ein Mann wie jeder andere" - mit diesem Selbstverständnis hatten sich die Pariser Studentinnen der Mai-Bewegung angeschlossen. Aber sie merkten bald, daß ihre Kommilitonen alle Welt befreien wollten, nur nicht sie von den niederen Reproduktionsarbeiten. Sie sahen sich für die "Weltrevolution" eingespannt, aber hinsichtlich der Veränderung ihres Alltags auf eine ungewisse Zukunft verwiesen. Die Diskrepanz zwischen der abstrakten Rhetorik der Männer und dem konkreten weiblichen Veränderungswillen ermutigte die Frauen zu einem Selbstfindungsprozeß, der sich zunächst in der bewußten Klausur reiner Frauengruppen vollzog, aber bald nach öffentlicher Artikulation drängte. Das war der eigentliche Ausgangspunkt der Bewegung, die zwischen 1970 und 1973 zur vollen Entfaltung gelangte mit der Gründung immer neuer Gruppen, der Ausbreitung über Paris hinaus, der Einflußnahme auf die Öffentlichkeit mit Manifesten, Demonstrationen bis hin zu einer "Marseillaise der Frauen".[35] Auch wenn der Kampf für die Selbstbestimmung über den eigenen Körper einen Schwerpunkt der feministischen Agitation bildete (publizistischer Höhepunkt: das "Manifest der 343") und dem MLF breite Zustimmung bei Frauen aller Schichten sicherte, war er doch nur Teil eines die gesamtgesellschaftlichen Verhältnisse betreffenden Veränderungswillens.

Die Jahre 1974/75 markieren einen Wendepunkt von der Militanz zur Reflexion, von der kulturrevolutionären Spontaneität zur Theorie einer weiblichen Gegenkultur. Die Legalisierung des Schwangerschaftsabbruchs und die Verabschiedung weiterer frauenfreundlicher Gesetze bremsten den agitatorischen Elan der Bewegung; Strategiedifferenzen spalteten Utopistinnen und Reformistinnen; auf die begeisterte "prise de parole des femmes", das "Sich-Aussprechen" der Frauen, folgte das Bedürfnis nach Selbstbesinnung und Standortbestimmung. Zwei Essays kennzeichnen die neue Blickrichtung. "Das weibliche Geschlecht", verkündete Annie Leclerc in ihrem Buch *Frauen-Wort*, "existiert nur, weil es sich vom männlichen unterscheidet", und sie verherrlichte als lustvolles Glück alles, was mit der weiblichen Sexualität zusammenhängt, von der Menstruation bis zur Mutterschaft. Luce Irigaray verfaßte mit *Spiegel der anderen Frau* einen Hymnus auf die von der patriarchalen Kultur verdrängte und erstickte weibliche Kreativität.

In den Jahren 1976-78 nahm die Frauen-Kultur Gestalt an: Die weibliche Identität wurde zum Gegenstand der künstlerischen Produktion wie der Forschung. Die Verlage legten Frauen-Reihen auf, neue feministische Zeitschriften entstanden, Buchhandlungen, Galerien von und für Frauen wurden gegründet, Kunstausstellungen und Filmfestivals organisiert, der historische Feminismus neu entdeckt. Gleichzeitig aber erhoben sich Stimmen aus den eigenen Reihen, die den Absolutheitsanspruch des Neofeminismus anprangerten und nach den Kosten der Emanzipation fragten. Typisch dafür das bissige Pamphlet von Annie Lebrun: "Lâchez-tout!" ("Gebt auf!")

Nach der Latenzphase der ausgehenden siebziger Jahre setzten die Radikalfeministinnen ihre Hoffnung auf den Sieg der Linken 1981. Die Schaffung eines sozialistischen Frauenministeriums und der staatlich finanzierte Frauenforschungskongreß in Toulouse 1982 erleichterten den Brückenschlag zwischen den Anhängerinnen einer autonomen und den Vertreterinnen einer institutionalisierten Frauenbewegung. Die Einschätzungen dieses Brückenschlags variieren. Die einen bedauern, daß der reformistische Staatsfeminismus dem revolutionären Elan der Bewegung das Genick gebrochen und individueller Affairismus die kollektive Utopie ersetzt habe; andere beglückwünschen die Radikalfeministinnen zu ihrer Einsicht in die Macht des Faktischen und zu ihrer politisch-strategischen Reife.[36]

Wenn man bedenkt, daß die Achtundsechziger Frauen "nicht nur ein Stück des Kuchens wollten, sondern das ganze Rezept verändern" (Montreynaud), sind ihre Bemühungen gescheitert. Wenn man dagegen die Vielfalt der über ganz Frankreich verbreiteten Frauenprojektgruppen in Betracht zieht, das Anwachsen des weiblichen Anteils in der Kommunalpolitik oder im Vereinswesen, das selbstbewußte Auftreten der Frauen bei den Streiks der letzten

Jahre, die Bündnispolitik von Frauen unterschiedlicher parteipolitischer wie feministischer Richtungen,[37] dann scheint der gesellschaftsverändernde Impuls der Frauenbewegung doch weitergewirkt zu haben. "Was hier in Gang gekommen ist", meint jedenfalls Yvette Roudy, "ist nichts weniger als eine kleine, permanente Kulturrevolution." Andere sind da, wie wir gesehen haben, pessimistischer. Selbst wenn sie ein roll back des Erreichten nicht befürchten, bilanzieren sie doch, daß "der harte Kern des Verteilungsmodus zwischen Männern und Frauen gleich blieb".[38] Wenn der Feminismus trotzdem aus der Mode gekommen ist und gelegentlich sogar einem ausgesprochenen Antifeminismus Platz macht, so nicht, weil seine Ziele erreicht wurden, sondern weil inzwischen der Gedanke an eine aktive Interessengemeinschaft der Frauen als Kollektivismus verschrien und der Glaube an den Fortschritt als Ideologie diskreditiert ist. Dabei hat sich doch gerade im Falle des MLF die Utopie als listiger Umweg zu einem insgesamt befriedigenden Fortschritt erwiesen.

Vom alten und neuen Antifeminismus

Benoîte Groult

Es ist kaum zu glauben: Eine Generation nach der anderen - der Gelehrte wie der Philosoph, der Historiker wie der Schriftsteller, letzten Endes ein Mann nach dem anderen - hat sich die männliche Hälfte des Menschengeschlechts bemüßigt gesehen, zu beweisen, daß die andere Hälfte nichts wert ist und es nicht verdient, zur Würde eines menschlichen Wesens zu gelangen, zu dem einer Bürgerin, eines über sein Schicksal frei bestimmenden Individuums. Aufgrund dieser weltweit proklamierten, angeborenen Unterlegenheit war die Frau allein dazu bestimmt, dem Mann zu dienen, ihm Nachkommenschaft zu sichern, zugleich schweigend und fügsam (aber nicht untätig!) im Schatten seines Hauses zu leben.

Unabhängig von Rasse, religiöser Zugehörigkeit oder kulturellem Niveau waren sich Kriegsmänner und Politiker, kluge und dumme Männer mindestens in einem Punkt einig, nämlich in der Notwendigkeit einer vollkommenen und lückenlosen Verachtung des Weiblichen.

Da sie Wissen und Macht, das heißt Autorität und Prestige, für sich reserviert hatten und, in exklusiv männlichen Gemeinschaften lebend, einander laufend in der Geringschätzung des schwachen Geschlechts bestätigten und in der Notwendigkeit bestärkten, es eingesperrt zu halten, konnten sie mit reinem Gewissen und munterer Entschlossenheit Stein für Stein das Gebäude ihrer Überlegenheit aufbauen, das auf dieser grundsätzlichen Frauenfeindlichkeit beruht, die die Säule jeder patriarchalischen Gesellschaft bildet.

Dieses System war in sich so kohärent und durch seine Langlebigkeit abgesichert, daß es legitim und naturgegeben erschien. Um sich durchzusetzen, bedurfte es nicht einmal der Gewalt - oder kaum ... Die systematische Herabwürdigung des anderen genügte.

Aber die Gewalt war ständig präsent, in Reserve; sie lag auf der Lauer hinter dem Paternalismus, verschleiert durch Liebesbeziehungen; als permanente Bedrohung in den Gesetzen, den religiösen Vorschriften oder in einer Moral gegenwärtig, die allein den Frauen vorbehalten war und jenseits derer es für sie kein Heil gab. Eine Gewalt, die sich als solche nicht zu erkennen gab, da sie entweder individuell, in der Abgeschlossenheit des Hauses ausgeübt wurde oder vereinzelt in den Werken oder Reden der Meisterdenker als Bonmot ohne ernsthafte Konsequenzen auftrat. Erst wenn man alle die kleinen Bissigkeiten nebeneinander stellt, fällt die Beharrlichkeit ins Auge, mit der die frauenfeindliche Propaganda betrieben wurde - mit dem Ziel, jeglichen Widerstand bei den Frauen und ihren gelegentlichen Verteidigern zu entmutigen.

Rückblickend ist es faszinierend, zu beobachten, mit welcher unerbittlichen Logik und mörderischen Bösartigkeit das System der Regeln, Gesetze und Verbote sich durchsetzte, aus dem das ideologische Gefängnis bestand, in dem das zweite Geschlecht eingesperrt wurde. Das alles zeugt für die eingefleischte Abscheu der herrschenden Kaste, auch nur den geringsten Übergriff und die winzigste Überschreitung seitens einer Kaste zu dulden, deren Inferiorität deklariert worden war.

Heute empfindet man die Argumente und Vorwände als lächerlich, die gestern noch dazu dienten, die Frauen ihrer elementaren Freiheiten zu berauben. Man würde sie für schlechte Witze halten, wenn ihre Auswirkungen nicht so schwerwiegend gewesen wären!

Bei näherer Betrachtung haben aber die heute angewandten Strategien mit denen der Vergangenheit eines gemein: Sie drücken genau den gleichen Willen aus, die Frauen auszuschließen. Sie sind nur subtiler oder scheinheiliger, indem sie z. B. solche Begriffsfallen wie "Andersartigkeit" oder "Komplementarität der Geschlechter" gebrauchen, die so nützlich sind, um Frauen auf Bereiche zu beschränken, an denen die Männer kein Interesse haben.

Ein solches Einverständnis über den Begriff der Andersartigkeit (der es erlaubte, den viel gefährlicheren Begriff der Gleichheit in Vergessenheit geraten zu lassen), sollte uns in höchstem Maße verdächtig erscheinen. SIE, die Männer, waren immer entzückt, wenn wir uns kapriziös, kokett, eifersüchtig, possessiv, käuflich und frivol zeigten. Solche nützlichen Untugenden wurden sorgfältig gefördert. SIE haben es immer geschätzt, wenn wir intuitiv, sensibel und aufopfernd waren; um die Pflege solcher Tugenden kümmerten sie sich wenig. Aber daß dieselben Geschöpfe anfingen zu denken, war eine Grenzüberschreitung, die SIE nur schwer verzeihen konnten. Mit naivem Egoismus oder (wenn man will) mit monströsem Zynismus, haben Männer von ihren Gefährtinnen immer verlangt, nicht sie selbst zu sein, sondern sich dem männlichen Ideal von Weiblichkeit anzupassen.

Wie kam man dazu - wie kamen SIE dazu -, sich ohne Scham zwei Modelle menschlicher Entwicklung auszudenken, die sich ohne andere Erwägungen und Kriterien allein nach der Gestalt des Unterleibs richten? Nicht daß alles von Anfang an konzertiert gewesen wäre! Hingegen liegt der Vorteil auf der Hand, über eine "Sündenziege" zu verfügen bzw. das eigene Geschlecht auf Kosten des anderen aufzuwerten. "Das Wesen männlicher Identität beruht auf dem Gefühl, Herrscher zu sein" (Elisabeth Badinter). Nachdem erst einmal der Schwachsinn des Weibes aktenkundig gemacht war, konnte der Mann sich seinen Phantasmen hingeben - bis hin zu der Anmaßung, sich für göttlich zu halten.

Alles ist so abgelaufen, als ob die Philosophen, und nach ihnen die Theologen, die ansonsten gehalten waren, ernsthaft zu argumentieren, sich stillschweigend die Erlaubnis zum Phantasieren gegeben hätten, sobald sie das Frauenthema erörterten. Als ob sie eine Wunderformel entdeckt hätten, um sich abzureagieren und gleichzeitig die Mauer gegen die Frauen zu verfestigen, die ihr Ego stärkte und ihnen den ausschließlichen Genuß der Macht sicherte.

Monotheismus, das heißt allmächtiger, männlicher Gott, ohne Gattin oder weibliche Nachkommenschaft, heißt patriarchalische Gesellschaft. Alle Bücher der großen Religionen, Thora, christliche Bibel und Koran, stimmen überein in der Gewißheit, daß Frauen keine Geschöpfe erster Wahl sind. Gottes- oder Männerwort? Die Ambivalenz wurde kunstvoll gepflegt.

"Wenn die Frau gut wäre, so hätte Gott eine gehabt", erklärte Sacha Guitry. Richtiger wäre es, zu sagen, daß man die Frau von vornherein für schlecht befunden hatte, um Gott daran zu hindern, sich eine zu nehmen.

Man kann sich gut vorstellen, daß mit all den "Vätern", dem Ewigen Vater und unserem Heiligen Vater, den Frauen ein Gutteil ihrer Identität abhanden kam und sie vor allem die Grundlage dieser Identität einbüßten, nämlich: die Achtung vor ihrem Körper. Zu einem späteren Zeitpunkt übernahm dann der ärztliche und wissenschaftliche Diskurs die "Evangeliumswahrheiten" und verstärkte noch das Arsenal der Zwänge und die ängstliche Abscheu vor dem Körper und der Sexualität.

Man wird einwenden, daß die Kirche nicht die einzige Macht war. Gewiß. Aber zum Unglück der Frauen haben Ärzte und Gelehrte, in ihrer überwältigenden Mehrheit Männer (die Frauen wurden im 14. Jahrhundert von der Medizinschule von Salerno ausgeschlossen), die klerikale Erbschaft übernommen und dank des Prestiges, das ihnen ihr angeblich objektives Wissen über den menschlichen Körper gab, noch verschlimmert.

In der Konsequenz waren sich Wissenschaft und Theologie darin einig, die minderwertige Lage der Frauen und die sie treffenden Verbote für gerecht und heilsam zu erklären.

Im Rückblick der Jahrhunderte erweist sich die Werbekampagne für den Mann als ein *von Meisterhand* durchgeführtes Marketing-Unternehmen. War sie in der Antike noch wissenschaftliche Wahrheit (sic), so wurde die weibliche Unvollkommenheit bei den Christen zur göttlichen Offenbarung, um für die moderne Medizin wiederum zur wissenschaftlichen Wahrheit (sic) zu werden.

Im Lauf der Zeit zwangen einige Offensichtlichkeiten allerdings die einen oder die anderen dazu, die Positionen zu wechseln, ohne die alten aber ganz aufzugeben.

Die erste Strategie, die von dem angeborenen Schwachsinn des weiblichen Geschlechts ausging, hatte ein Jahrtausend lang funktioniert. Als man aber genügend Lehrerinnen, Ärztinnen, Rechtsanwältinnen und Schriftstellerinnen zählte, deren "arme Köpfe (nicht) geplatzt" und deren "Eierstöcke (nicht) vertrocknet" waren (und das trotz aller Verbote und all Verwarnungen und all den Jahren gescheiterter Bemühungen und von vornherein verlorener Kämpfe), mußte man einen Gegenangriff organisieren, eine neue Waffe finden. Diese Waffe wurde der Penis bzw. sein symbolisches Doppel der Phallus.

Man dekretierte, daß die Minderwertigkeit des menschlichen Weibes nicht aus der Mangelhaftigkeit ihres Gehirns herrühre, sondern aus der einfachen Tatsache, daß sie kein männliches Wesen sei! Man befand, es sei eine traumatische Erfahrung, als Frau geboren zu werden; aufgrund der "entscheidenden Entdeckung, die jedes Mädchen machen muß: Eines Tages bemerkt sie den sehr sichtbaren und sehr großen Penis ihres Bruders oder ihres Spielgefährten. Sie erkennt ihn blitzartig als ihrem eigenen, kleinen und wenig sichtbaren Sexualorgan überlegen, und von da an beneidet sie ihn und fühlt sich beeinträchtigt." Diese Entdeckung wird sie ihr ganzes Leben verfolgen, und sie wird ihrer Mutter immer böse sein, "sie so schlecht ausgestattet in die Welt geschickt zu haben".

Sie erkennen Freud und seine Theorie der Frau, die nichts ist als ein kastrierter Mann.

Den Frauen blieb in dieser Zeit nur, in ihrer "traurigen phallischen Suche" fortzufahren: entweder durch das Gebären - vorausgesetzt, das Neugeborene war ein Junge - den fehlenden Penis der Mutter zu ersetzen oder durch Berufstätigkeit und Konkurrenz mit den Männern das Gesetz der Geschlechter zu übertreten.

Von nun an war es die Erwerbstätigkeit und vor allem die daraus entstehende finanzielle Unabhängigkeit der Frauen, die die Wut der Misogynen erregte.

"Eine Frau, die zu arbeiten beginnt, ist keine Frau mehr", erklärte 1876 Jules Simon, Mitglied der französischen Akademie und Erziehungsminister der Dritten Republik.

Allerdings waren subalterne Arbeiten, z. B. die der Textilarbeiterinnen in Fabriken, durchaus mit Weiblichkeit vereinbar. Nicht jede Arbeit verbot man also der bewundernswerten Familienmutter; man verbot ihr nur jede aufwertende Arbeit. Der kleine Unterschied liegt in der Nuance!

In einer Zeitschrift für die berufliche Orientierung von Frauen aus den sechziger Jahren (gemeint ist 1960 und nicht 1860, als die Frauen noch nicht kühn genug waren, Medizin studieren zu wollen) riet man den jungen Frauen vom Arztberuf ab, "weil dieser eine psychische Ausgeglichenheit erfordere, die nicht Sache der Frauen sei und dazu zwänge, manchen unerfreulichen Anblick zu ertragen". Wärmstens empfohlen wurde dagegen der Beruf einer Krankenschwester oder einer Hebamme, dem, wie jeder weiß, unerfreuliche Anblicke erspart bleiben und der für die Nerven sehr beruhigend ist.

Zum großen Nachteil der armen Misogynen begannen die "dummen Weiber" sich zu rühren. Anstandshalber konnten die Männer nun nicht mehr behaupten, daß die Feministinnen, Streberinnen und Karrieristinnen nichts als Affenweibchen oder schlecht gefickte und unfruchtbare Stuten seien. Dies ging noch zu Zeiten eines Generals Bigeard, der es wagte, Gisèle Halimi "einen ordentlichen Fallschirmjäger" fürs Bett zu verschreiben, um ihr "das Maul zu stopfen"; oder eines Senators Daillet, der zur Lösung des Arbeitslosenproblems vorschlug, "die Frauen ins Bett zurückzuschicken ..." Solche Sprüche von Hosenschlitz-Tarzans über die Wirkungen des göttlichen Penis machten lediglich deren Autoren lächerlich.

Um so mehr als aus Amerika schlechte Nachrichten kamen: Unzählige Untersuchungen, die sich auf Tausende von Aussagen und ärztliche Dokumente stützten, bewiesen es: Je mehr Bildung Frauen erlangen und je qualifizierter die Berufe sind, die sie ausüben, desto größere Chancen haben sie, ein erfülltes sexuelles Leben zu führen.

Dies alles war höchst fatal für die Doktrin ...

Aber mit der Zeit verfeinerte sich die Beweisführung. Allmählich wich die bornierte Misogynie einem gewitzten und muskelstarken Antifeminismus. Selbstverständlich waren beide Ausdruck der gleichen globalen Frauenfeindlichkeit. Aber während die Misogynie das älteste Trugbild der Welt ist, das geradewegs zum "ältesten Gewerbe der Welt" führt - womit die Männer zu verstehen geben, daß Prostitution Bestandteil der weiblichen Natur sei - ist der Antifeminismus dessen moderne Verkleidung. Es wäre richtiger, von Gynophobie zu sprechen, denn es geht nicht mehr um Verachtung, sondern um Angst. Man verabscheut nicht wirklich, was man verachten kann, aber man haßt, was einen bedroht.

Ein neues Phänomen taucht auf: Mit der Vorahnung ihrer Niederlage - denn die Gleichheit bedeutet in ihren Augen eine Niederlage - wächst die Angst der Männer vor dem Verlust ihrer virilen Identität. Daher wird jede Bemühung um die "Verbesserung der Lage der Frauen in der Gesellschaft und um die Durchsetzung ihrer Rechte" (Definition des Feminismus im *Larousse*) unverzüglich als Aggression wahrgenommen, als Männlichkeits-Beleidigung. Da die guten alten Rezepte der Misogynie nichts mehr taugen, plaziert man jetzt den Antifeminismus auf sozialem und politischem Gebiet: Die Männer schlagen zurück.

Chronologie der französischen Frauenbewegung

1405	Christine de Pisan: Buch über die Stadt der Frauen
16. Jh.	"Querelle des Femmes": 891 Texte erscheinen zur Frauenfrage
1548	Marguerite de Navarre: Heptaméron
1555	Louise Labé: Sonnets
1622	Marie de Gournay: Abhandlung über die Gleichheit von Männern und Frauen
1626	Marie de Gournay: Le grief des Dames
17. Jh.	Les Précieuses - 1660, Madeleine de Scudéry: Clélie
1673	François Poullain de la Barre: Von der Gleichheit der Geschlechter
1678	Marie-Madeleine de La Fayette: La princesse de Clèves
1725	Marie de Sévigné: Briefe
1762	Louise d'Epinay: Les Contre-Confessions (éd. posthume 1818)
1774	Louise d'Epinay: Conversations avec Emilie (Preis der Französischen Akademie)
1783	Choderlos de Laclos: De l'éducation des femmes
1787	Madame Gacon-Dufour: Mémoire pour le sexe féminin contre le sexe masculin
1789	Beschwerdehefte der Frauen an die Nationalversammlung 5.10. Marsch der Frauen nach Versailles
1790	Condorcet: Über die Zulassung der Frauen zum Bürgerrecht Januar: Gründung des *Klubs der Freundinnen des Gesetzes* durch Théroigne de Méricourt Juli: Etta Palm d'Aelders gründet die *Patriotische Gesellschaft der Freundinnen der Wahrheit*
1791	Olympe de Gouges: Erklärung der Rechte der Frau und Bürgerin
1792	20.9. Gesetz über das Recht auf Ehescheidung
1793	12.5. Gründungsaufruf der *Revolutionären Republikanerinnen* 30.10. Verbot der Frauenclubs durch den Konvent 3.11. Hinrichtung von Olympe de Gouges
1795	20.5. Marsch der Frauen gegen die Thermidor-Regierung 24.5.Verbot der Teilnahme von Frauen an politischen Versammlungen
1801	Sylvain Maréchal: Entwurf eines Gesetzes, das den Frauen das Lesenlernen verbietet

1804	Code Napoleon
1809	Germaine de Staël: De l'Allemagne
1816	Aufhebung des Scheidungsrechts
1830	Entstehung der ersten Saint-Simonistischen Vereinshäuser Prosper Enfantin: Appel à la femme
1832	Gründung der Zeitschrift *La Femme libre* (1834 verboten) George Sand: Indiana
1833	Aufbruch der Saint-Simonistischen *Compagnons de la Femme* nach Konstantinopel, auf der Suche nach dem "weiblichen Messias"
1834	Charles Fourier: Le Phalanstère
1836	Flora Tristan: L'Union ouvrière Erstes Erscheinen der integralfeministischen *Gazette des Femmes* Einführung der Grundschulpflicht für Mädchen
1838	Flora Tristan: Les Pérégrinations d'une Paria
1846	Daniel Stern (Pseudonym von Marie d'Agoult): Nélida
1847	George Sand: La Mare au Diable
1848	5.3. Einführung des allgemeinen Wahlrechts - jedoch nicht für die Frauen 6.4. *La Voix des femmes* schlägt George Sand als Kandidatin für die Nationalversammung vor (sie lehnt jedoch ab)
1849	Kandidatur Deroins zu den Wahlen in Paris Auseinandersetzung zwischen Proudhon und Jeanne Deroin
1850	15.3. Das Gesetz Falloux verlangt die Einrichtung einer Mädchenschule in jeder Gemeinde mit 800 Einwohnern 31.5. Wiedereinführung der Wahlrechtsbeschränkungen. Pierre Leroux' Antrag auf Kommunalwahlrecht für Frauen wird abgelehnt Verhaftung von Jeanne Deroin, Désirée Gay und Pauline Roland
1854	Michelet: Die Frauen der Revolution
1858	Proudhon: La Pornocratie
1861	Julie Daubié, erste Abiturientin (wird 1871 die erste Licenciée de Lettres) Jules Simon: L'ouvrière
1862	Elisa Lemonnier gründet die *Gesellschaft für die Berufsausbildung der Frauen* und eröffnet die erste Mädchenschule in Paris Die durchschnittliche Arbeitszeit der erwerbstätigen Frauen liegt bei 15 Stunden täglich
1866	Suzanne Voilquin: Souvenirs d'une fille du peuple ou la Saint-Simonienne en Egypte Julie Daubié: Studie über die Bedingungen der Frauenarbeit

	33% der Erwerbstätigen sind weiblich
	Verurteilung der Frauenarbeit durch die französische Sektion der 1. Internationale
1867	Marguerite Tinayre gründet den Konsumverein *Les Equitables de Paris*
1868	Zum erstenmal legt eine Frau das Staatsexamen in Naturwissenschaften ab
	Zulassung der Frauen zum Medizinstudium
1869	Einrichtung von Oberschulen für Mädchen
	Maria Desraimes und Léon Richer gründen die Zeitschrift *Le Droit des Femmes*
1870	Gründung der *Vereinigung für Frauenrecht* durch Léon Richer
1871	Zulassung der Frauen zum Literaturstudium
	8.4. Gründung des *Bunds der Frauen zur Verteidigung von Paris*
	18.3. Pariser Commune
1874	19.5. Schutzgesetze zur Frauen- und Kinderarbeit (u. a. Verbot der Untertagearbeit)
1878	Internationaler Kongreß für Frauenrecht
1879	Hubertine Auclert spricht auf dem Sozialistenkongreß in Marseille
1881	Hubertine Auclert gründet die Zeitschrift *La Citoyenne*
	Frauen dürfen ohne Zustimmung ihrer Männer ein Bankkonto eröffnen
	6.6. Schulgeldfreiheit für alle Schulen bis hin zu den Lehrerinnen-Seminaren
	26.7. Eröffnung der Ecole Nationale Supérieure in Sèvres
1882	Gründung der *Französischen Liga für Frauenrecht*
	28.3. Schulpflicht für Mädchen und Jungen von 6-13 Jahren
	Erstes Mädchengymnasium in Montpellier
1884	Clémence Royer ist die erste Mathematikerin, die Vorlesungen an der Sorbonne hält
	Neues Scheidungsgesetz
	Wahl von drei Gemeinderätinnen
	Zulassung der Frauen zum Studium der Rechtswissenschaften
1886	Louise Michel: Memoiren
1889	Frauenrechtskongresse in Paris
1891	Marguerite Durand gründet *La Fronde*
1892	Zulassung der Frauen zum Zahnarztberuf
	11-Stundentag für Frauen - Allgemeines Verbot der Nachtarbeit
1896	Internationaler Feministinnenkongreß in Paris
1898	Louise Michel: La Commune
1900	Internationaler Kongreß zur Lage und zum Recht der Frauen

	Jeanne Chauvin als erste Rechtsanwältin zugelassen
	Erstmalige Teilnahme von Frauen an den Olympischen Spielen
1901	Gründung der *Union nationaliste des femmes françaises* (Sarah Monod) und der *Föderation der Frauenverbände*
	Streik der Arbeiterinnen der Pappkartonindustrie in Guerche gegen Lohnsenkungen, Streiks der Verkäuferinnen
1902	Lucie Luzeau-Rondeau als erste Frau Doktor der Naturwissenschaften
	Gründung der *Patriotischen Liga der Französinnen*
1903	1.9. *La Fronde*, die erste von Frauen verwaltete und redigierte Zeitung, wird eingestellt
	Physiknobelpreis für Marie Curie
1904	Beschränkung der Tagesarbeitszeit für Frauen auf 10 Stunden
	Liberalisierung des Scheidungsrechts
	Paul Lafargue: La Question des femmes
	Vor dem Palais Bourbon verbrennen Frauen den Code Civil
1905	Streiks der Fischerfrauen von Douarnenez für bessere Arbeitsbedingungen und Löhne
1906	Marie Curie erhält den Lehrstuhl für allgemeine Physik an der Sorbonne
	Colette: La Vagabonde
1907	Kongreß zur Frauenarbeit unter der Präsidentenschaft Marguerite Durands
	Verheiratete Frauen erhalten die freie Verfügung über ihr Einkommen
	Unverheiratete Frauen bekommen die Vormundschaft für ihre außerehelichen Kinder
	Erste Kutschenfahrerinnen
1908	Suffragetten-Demonstration in Paris
1909	Unbezahlter Mutterschaftsurlaub von 8 Wochen und Kündigungsverbot während dieser Zeit
	Lily Laskine als erste Instrumentalistin ins Orchester der Pariser Oper aufgenommen
	Frauen auf Rad und Pferd dürfen erstmalig Hosen tragen
1910	Gründung der Union der Musikerinnen
	Streik der "Midinettes" in den Kaufhäusern und von 5000 Weberinnen in den Cévennes
	Lydia Pissarjerski: Socialisme et Féminisme
	Elise Deroche erhält als erste Frau den Pilotenschein
1910/1911	Recht auf 8 Wochen bezahlten Mutterschaftsurlaub für Lehrerinnen und Postangestellte
	Erste weibliche Klinikchefin

1911	Madeleine Pelletier: Das Recht auf Abtreibung Kreuzzug" der Hausfrauen von Ferrières gegen Preiserhöhungen und das teure Leben
1912	Gesetz zur Erbringung des Nachweises der Vaterschaft für die Heranziehung der Väter zu Unterhaltspflichten bei außerehelichen Kindern
1914	5.7. 6.000 Frauen demonstrieren für das Frauenwahlrecht vor der Statue von Condorcet Der Internationale Frauentag wird auf Initiative von Louise Saumoneau begangen Die Frauenvereine treten der *Heiligen Vaterländischen Union* (Union sacrée) bei
1915	Festsetzung eines Minimallohns für Heimarbeiterinnen
1916	Hélène Brion veröffentlicht die Broschüre *La voie féministe*
1917	Hélène Brion wird des Pazifismus bezichtigt und verhaftet Gründung der *Föderation der Sport-Frauen* durch Alice Milliat Gründung der Zeitschrift *La Voix des femmes*
1918	Louise Weiss gründet die Zeitschrift *L'Europe nouvelle*
1919	9.5. Beginn der Debatte zum Frauenwahlrecht
1920	31.7. Gesetz gegen Schwangerschaftsabbruch "La loi scélérate" Verheiratete Frauen dürfen einer Gewerkschaft ohne die Zustimmung ihrer Männer beitreten "Légion d´honneur" für Colette - dieser höchste Orden Frankreichs wurde unter Napoleon eingeführt, um zivile und militärische Verdienste zu belohnen
1921	Einführung einer Medaille zur Ehrung von Müttern mit vielen Kindern Erste Frauen-Olympiade in Monte Carlo
1922	Senat lehnt das Frauenwahlrecht ab Marie Curie als erste Frau in die Medizin-Akademie gewählt Erste Olympische Spiele für Frauen in Paris
1924	Vereinheitlichung des Studienprogramms für Oberschulen und Äquivalenz des Abiturs an Gymnasien und Lyzeen Die Orientalistin Alexandra David-Néel ist als erste Europäerin in Lhassa/Tibet 21.11. Streik der Arbeiterinnen in den Konservenfabriken von Douarnenez
1925	Geringfügige staatliche Unterstützung der Frauen während des Mutterschaftsurlaubs (Loi Strauss) 21.9. Streik der "Damen der PTT" für Lohngleichheit
1926	Gründung von zwei neuen Vereinen für das Frauenwahlrecht Einführung des Muttertags

1927	Die Affäre Alquier: Die Lehrerin Henriette Alquier und die Geschäftsführerin des *Bulletin des groupes féministe* werden wegen Propaganda für Empfängnisverhütung angeklagt
	12.000 Textilarbeiterinnen, unter Führung von Martha Desrumeaux, streiken sieben Monate lang ("grève des dix sous")
1928	Stillende Mütter bekommen ein Jahr lang eine Arbeitszeitverkürzung von einer Stunde täglich. Der bezahlte Mutterschaftsurlaub wird auf den gesamten öffentlichen Dienst ausgeweitet
	Gründung der *Internationalen Liga der Mütter und Erzieherinnen für den Frieden*
1929	Februar: Generalstände des Feminismus in Paris
1931	Gründung der Bibliothek Marguerite Durand
1933	Berthie Albrecht gründet die Zeitschrift *Le Problème sexuel*
1934	Gründung von *La Femme nouvelle,* u.a. durch Louise Weiss (Verein für Bürgerrecht-Gleichheit zwischen Männern und Frauen)
	August: Internationaler Frauenkongreß gegen Krieg und Faschismus
1934/1939	Louise Weiss: Mémoires d'une Européenne
1935	Textilarbeiterinnenstreiks in Roanne, Lyon und in Vizille (Weberinnen) - 6000 Arbeitslose organisieren einen Hungermarsch nach Paris: "Wir wollen Brot und ein anständiges Leben"
1936	Léon Blum beruft drei Staatssekretärinnen in die Volksfrontregierung
	Gründung der *Union des Jeunes Filles de France* (Danielle Casanova)
1937	Die Familienunterstützung wird um 142% erhöht
1938	18.2. Die zivilrechtliche Unmündigkeit der Frau wird aufgehoben. Aber noch muß der Ehemann der Erwerbstätigkeit seiner Frau zustimmen
1942	15.2. Gesetz über die Todesstrafe bei Abtreibung
1943	30.7. Guillotinierung der "Engelmacherin" Marie-Louise Giraud
	Berthie Albrecht wird von der Gestapo zu Tode gefoltert, Danielle Casanova stirbt im KZ-Ravensbrück
1944	21.4. Frauenwahlrecht per Dekret verkündet
	18.11. Gründung der *Union Französischer Frauen*
1945	20.4. Frauen wählen erstmalig
	August: Sechs Widerstandskämpferinnen erhalten die "Legion d'honneur"
	Mutterschaftsurlaub: zwei Wochen vor, sechs Wochen nach der Geburt
1946	30.7. Gesetz zur Lohngleichheit

1947	Geneviève Poinso-Chapuis: erste Frau Ministerin für Gesundheit und Bevölkerung in der Regierung Robert Schumann
1948	8.3. 100.000 Frauen demonstrieren in Paris
1949	Simone de Beauvoir: Le Deuxième Sexe
1950	Gesetz zum Muttertag
1951	Simone Weil: La condition ouvrière
1952	Gründung des *Komitees für die Würde der französischen Frauenpresse* - Appell von Marcelle Auclair und UFF
1956	Gründung des Vereins *La Maternité heureuse* durch Dr. Lagroua-Weil-Hallé und Evelyne Sullerot, aus dem 1960 das *Mouvement français pour le Planning familial* entsteht
1961	Erste Busfahrerinnen in Paris
1964	Colette Audry eröffnet bei Denoel-Gonthier die Reihe *Femmes* Eliane Victor startet die TV-Sendung "Les femmes aussi" Die Geburtenrate (bis dahin bei 2,9) beginnt zu sinken Gründung des *Mouvement démocratique féminin* durch Colette Audry und Yvette Roudy und des *Club Louise Michel*
1965	13.7. Frauen brauchen zur Berufsausübung nicht mehr die Erlaubnis ihrer Männer CGT-Kundgebung zum Jahr der Frau in der Pariser Alhambra In den Beratungszentren von *Planning familial* wird die Pille empfohlen 13.7. Ein Gesetz sichert verheirateten Frauen berufliche Unabhängigkeit und Verfügung über ihr Einkommen Erstmals sind genausoviele Mädchen wie Jungen zum Abitur zugelassen
1966	Mutterschaftsurlaub auf 14 Wochen verlängert Gesetz zur Legalisierung der Empfängnisverhütung (Loi Neuwirth) Die Börse wird den Frauen zugänglich gemacht CGT-Großveranstaltung für Mindestlohn für Frauen Unverheiratete Frauen haben Anspruch auf die Bezeichnung Madame
1968	Erste Frau in die Medizinische Akademie gewählt Selbstmord der Lehrerin Gabrielle Russier, angeklagt wegen Verführung eines Minderjährigen Erster weiblicher Investment-Club *Femmes de valeur*
1970	Zulassung von Frauen an der Ecole Polytechnique Streichung des Begriffs "Chef de famille" aus dem Code civil, "Väterliche Gewalt" durch "elterliche Autorität" ersetzt 5.4. "Manifest der 343" für das Recht auf Schwangerschaftsabbruch im *Nouvel Observateur*

	16.4. Gründung des *Comité du travail féminin* im Sozialministerium
	Juli: Gründung der Frauenvereinigung *Choisir* u.a. durch die Rechtsanwältin Gisèle Halimi. Ziel von *Choisir* ist es, die repressive Gesetzgebung zum Schwangerschaftsabbruch abzuschaffen und Frauen, die das Manifest der 343 unterzeichnet haben, rechtlich zu unterstützen
	16.7. Gesetz über die berufliche Weiterbildung von "unqualifizierten" Frauen mit Kindern
	26.8. Frauen legen am Grab des unbekannten Soldaten einen Kranz nieder mit der Aufschrift: "Unbekannter als der unbekannte Soldat ist seine Frau"
	Gründung der Frauengruppe *Revolutionäre Feministinnen*
	20.11. Massendemonstration von Frauen in Paris gegen das Abtreibungsverbot
	20.-22.11. Generalstände der Frau in Versailles, organisiert von der Zeitschrift *Elle* und reformfeministischen Gruppen
	"Abtreibungsfahrten" nach London und Amsterdam
1972	Gründung des *Cercle Dimitriev,* der sich als Vereinigung gegen das Patriarchat und den Kapitalismus versteht
	Demonstration der *Revolutionären Feministinnen* gegen den Muttertag
	14.5. Massenkundgebung der Frauen in der Mutualité
	Gesetzliche Gleichstellung nichtehelicher mit ehelich geborenen Kindern
	Prozeß von Bobigny: Gisèle Halimi setzt Freispruch für wegen Abtreibung angeklagte 17jährige und deren Mutter durch
	Gründung von weiteren Frauengruppen: *Spirale, Ecologie féminine* und *Musidora*
	22.12. Grundsäztliche Lohngleichheit zwischen Männern und Frauen gesetzlich verpflichtend
1973	Jacqueline de Romilly erste Professorin im Collège de France
	Gründung des MLAC (Bewegung für die Freiheit von Schwangerschaftsabbruch und Verhütung)
	Streiks der Arbeiterinnen von Lip
	Gründung des Vereins *Retravailler* durch Evelyne Sullerot
	Wiedereingliederungsmaßnahmen für Familienmütter
	Eröffnung einer Frauenbuchhandlung durch die Gruppe *Psy & Po*
	Neue Frauenzeitschriften: *Le torchon brûle, Les Pétroleuses,* später *Cahiers du Féminisme, Femmes en mouvement*

	Manifest von 10.000 Medizinern gegen die Freigabe der Abtreibung
	Annie Leclerc: Parole de femme
	Gisèle Halimi: La cause des femmes
1974	Air France stellt die erste Pilotin ein
	Gründung der éditions des femmes
	Gründung der *Liga für Frauenrecht* durch Simone de Beauvoir u. a.
	Frauenmesse der Revolutionären Feministinnen zum Vatertag
	Ernennung von Françoise Giroud zur Staatssekretärin für Frauenfragen. Drei weitere Frauen in der Regierung Chirac
	Luce Irigaray: Speculum de l'autre femme
1975	Inkrafttreten des Gesetzes über den freiwilligen Schwangerschaftsabbruch (IVG)
	1.-3.März Internationale Frauentage der Regierung im Rahmen des UNO-Jahrs der Frau
	Entkriminalisierung der Scheidung durch die Ehescheidungsreform
	Freigabe von Verhütungsmitteln auf Krankenschein für Minderjährige
	Frauenprotestmarsch gegen das Franco-Regime - "Der Machismus führt zum Faschismus"
	Revolte der Prostituierten von Lyon, Grenoble, Montpellier
	Benoîte Groult: Ainsi soit-elle
	Kolloquium der UFF "Les Femmes dans la Résistance" in der Pariser Sorbonne
	Kampf der Textilarbeiterinnen von Rhône-Poulenc gegen aufgezwungene Teilzeitarbeit
	Der Begriff "Sexismus" findet Eingang in den *Petit Larousse illustré*
	Auflösung des Staatssekretariats für Frauenfragen bei der Regierungsumbildung
1977	Gesetzliche Einführung eines Erziehungsurlaubs für Eltern
	Heruntersetzung des Rentenalters für Frauen von 65 auf 60 Jahre
	8,5% Frauensitze bei den Gemeindewahlen
	Gründung der Zeitschrift *Questions féministes*
	Gründung des Frauen-Verlages Tierce
	Agnes Vardas Film: L'une chante, l'autre pas
	Maité Albistur/Daniel Armogathe: Histoire du féminisme français

Anne Tristan/Annie de Pisan: Histoires du MLF
Annie Lebrun: Lâchez tout!

1978 In der Militärhochschule St. Cyr werden weibliche Kandidaten aufgenommen
"Manifest für die Rechte der Frau" von der Sozialistischen Partei
Choisir nimmt an den Parlamentswahlen teil
Zunahme der Zahl der weiblichen Abgeordneten von 7 auf 18
In Belfort wehren sich Metallarbeiterinnen gegen die Entlassung verheirateter Frauen
Kampf der "Au Printemps"-Verkäuferinnen für Lohngleichheit
Eröffnung des Frauenhauses "Centre Flora Tristan" in Vichy
Monique Pelletier wird "delegierte" Ministerin für Frauenfragen
F-Magazine hg. von Claude Servan-Schreiber und Benoîte Groult
Evelyne Sullerot: Le fait féminin

1979 6. Oktober "Marsch der 50.000 Frauen" für das Recht auf Schwangerschaftsabbruch
Das Gesetz zum Schwangerschaftsabbruch wird verlängert
Simone Veil wird Präsidentin des Europa-Parlaments
Erstes internationales Frauenfilmfestival in Sceaux
Jeanne Bourin: La Chambre des dames
Christiane Collange: Je veux rentrer à la maison

1980 Verlängerung des Mutterschaftsurlaubs auf 16 Wochen
Elisabeth Badinter: L'amour en plus

1981 Nicole Pradain: Erste Generalstaatsanwältin
Erste Präfektin: Yvette Chassagne
Ernennung von Yvette Roudy zur Ministerin für die Rechte der Frau - vier weitere Frauen in der Regierung
Gisèle Halimi ist die erste feministische Abgeordnete im Parlament
Gründung der Vereinigung *Femmes et Libertés*

1982 Bericht des Ministeriums für Frauenrechte: Die französischen Frauen in einer Gesellschaft der Ungleichheiten
Sozialversicherung übernimmt Kosten einer Abtreibung
Die Einkommenssteuererklärung muß von beiden Ehepartnern unterschrieben werden
Öffnung des Hebammenberufs für Männer ("Hommes sages-femmes")
Eröffnung des "Maison des femmes" in Paris
Ein malaysischer Immigrant muß sich vor Gericht verantwor-

	ten, weil seine Tochter an den Folgen einer Klitorisbeschneidung gestorben ist
	Quotenregelung bei Gemeinderatswahlen für verfassungswidrig erklärt
	Offizielle Anerkennung des Internationalen Frauentags durch die Regierung
	Ratifizierung der UN-Konvention über die Beseitigung aller Formen der Diskriminierung der Frau
1983	Ganzseitige Anzeige der *Liga für Frauenrecht* mit einem männlichen "Playgirl" unter der Überschrift "Rührt nicht an dem Image des Mannes"
	Kolloquium von *Choisir* in der Unesco "Féminisme et socialisme"
	14.7. Gesetz über die berufliche Gleichstellung von Männern und Frauen
	Bei den Kommunalwahlen erreichen Frauen 14% der Sitze
1984	Erstes Tour de France-Radrennen von Frauen
	Eröffnung der Camille Claudel-Ausstellung im Musée Rodin
	Prix Goncourt für *L'Amant* von Marguerite Duras
	Huguette Bouchardeau (PSU) übernimmt das Umweltministerium
	Erstmals wird eine Befruchtung post mortem gestattet
	Gründung der Stiftung "Sanfte Medizin" durch die Ministerin für Soziales, Georgina Dufoix
	Michelle Perrot (Hg.): Une histoire des femmes est-elle possible?
1985	Die Astronomin Jacqueline Ciffréo entdeckt einen Kometen, der nach ihr benannt wird
	Nationalpreis für Literatur und Kunst an die Historikerin Michelle Perrot
	Nach Brigitte Bardot verkörpert Catherine Deneuve die Republik als Marianne
	Eva Thoma gründet in Grenoble *SOS-Inzest*
1986	Erstmals Berufung einer Frau in den Verfassungsgerichtshof
	Erlaß über Gebrauch weiblicher Berufsbezeichnungen
	1.7. Jede(r) hat das Recht, den Familiennamen der Mutter zu tragen
	Dezember: Weibliche Beteiligung an den Schüler- und Studenten-Demonstrationen
	Elisabeth Badinter: L'un est l'autre
1987	Gesetzliche Festlegung der gemeinsamen elterlichen Zuständig-

	keit für nichteheliche Kinder und Kinder aus geschiedenen Ehen
	Clara, Zeitschrift der *Union des femmes françaises*
1988	Bei den Parlamentswahlen werden 5,71% Frauen als Abgeordnete gewählt
	Sechs Frauen in der Regierung: drei Ministerinnen und drei Staatssekretärinnen
	Recht auf Krankenversicherung für alleinstehende Mütter über 45 Jahre mit mindestens drei Kindern
	Demonstration der Krankenschwestern für die Aufwertung des Berufs und bessere Bezahlung
	Zulassung der Abtreibungspille RU 486
1989	Die Widerstandskämpferin Marie-Madeleine Fourcade wird als erste Frau im Invalidendom begraben
	Gründung der *Alliance pour la Démocratisation* (Antoinette Fouque, AFD), die für Frauenrecht und Freiheit der Frauen eintritt - 200 Jahre nach der Französischen Revolution
	März: Generalstände der Frauen in der Sorbonne (AFD)
	April: Toulouse. Internationales Kolloquium "Die Französische Revolution und die Frauen"
	16,4% Frauensitze bei den Kommunalwahlen
1990	Anwendung der Abtreibungspille RU 486 in Schwangerschaftsabbruch-Zentren
	Florence Arthaud gewinnt die "Route du Rhum" (Segelwettbewerb)
	Gründung des *Europäischen Zentrums der Internationalen Demokratischen Frauenföderation* CEFDIF in Paris
	Hélène Carrère d'Encausse als dritte Frau Mitglied der Académie Française
1991	Die *Union des Femmes françaises* und 20 weitere feministische Gruppen rufen für den 8. März zu einer Friedenskundgebung auf
	Ernennung von Edith Cresson zur Premierministerin. Ihrem Kabinett gehören fünf Ministerinnen an
1992	2.4. Erzwungener Rücktritt Edith Cressons
	Marie-Christine Blanchard wird als erste Frau an die Spitze eines Regionalrats gewählt
	22.7. Verabschiedung des Gesetzes zur sexuellen Belästigung am Arbeitsplatz
	Ergänzung des Gesetzes zum Schwangerschaftsabbruch durch Art. L162-15, der eine Bestrafung jeder Behinderung eines Schwangerschaftsabbruchs vorsieht (zunehmende Angriffe von rechtsextremen Kommandos auf Abtreibungszentren)

1993	Änderung des Familiengesetzes in Bezug auf die Gleichbehandlung Mai: Internationales Kolloquium in Paris-Jussieu, "Femmes, Nations, Europe, Nationalismes et internationalismes dans les mouvements des femmes en Europe" Juni: Internationales Kolloquium "La démocratie pour les femmes: un pouvoir à partager" (*Choisir*)

Quellen

Maité Albistur/Daniel Armogathe: Histoire du féminisme français du Moyen-Age à nos jours, Paris 1977.
Camille Aubaud: Lire Les Femmes de lettres, Paris 1993.
Marieluise Christadler: Von Minirock bis Ministerpräsident - Chronik der stillen Revolution der französischen Frauen, in: Frankreich Jahrbuch 1991.
Florence Montreynaud: Le XXe siècle des femmes, Paris 1989.

Anmerkungen zu dem Vorwort

1 Ulrich Wickert, Frankreich. Die wunderbare Illusion, Hamburg [3]1990, S. 27.
2 Als Beispiel sei nur Heinrich von Treitschke angeführt, dessen Beschreibung der französischen Frauen zwischen Hysterie und Komik schwankt: Politik. Vorlesungen gehalten an der Universität zu Berlin, Leipzig [6]1922, Bd. I, S. 244f.
3 Thomas Mann, Friedrich und die große Koalition, Berlin 1916, S. 25f.
4 Michèle Sarde, Regard sur les Françaises, Paris 1983, S. 23f., 33f., 65ff.; vgl. die brillante Einleitung von Renate Baader in dem von ihr herausgegebenen Band Das Frauenbild im literarischen Frankreich. Vom Mittelalter bis zur Gegenwart, Darmstadt 1988.
5 Tatsächlich geht Brigitte Sauzay in ihrem Deutschland-Essay soweit, den unförmigen Pullover, den das ökopazifistische deutsche Aupair-Mädchen auch nach einem längeren Aufenthalt im 7. Pariser Arrondissement nicht ablegt, als Symbol ihrer nationalideologischen Tumbheit auszugeben. Le vertige allemand, Paris 1985, S. 237.
6 Sarde, S. 11.
7 Vgl. M. Christadler, Zwischen Macht und Ohnmacht. Die Musen der Republik, in diesem Band.
8 Sarde, S. 53.
9 Jeanne Calo, La création de la femme chez Michelet, Paris 1975, S. 23.
10 Benoîte Groult, Le féminisme au masculin, Paris 1977, erwähnt als Nicht-Franzosen neben Stuart Mill, dem sie ein ganzes Kapitel widmet, auch August Bebel.
11 Elisabeth Badinter, X Y, de l' identité masculine, Paris 1992; vgl. Marie France, Octobre 1992, S. 56f.
12 Der französische Ausdruck "connivence", der in diesem Zusammenhang vorkommt, bedeutet auch "Komplizenschaft".
13 Theodore Zeldin, Les Français, Paris 1983, S. 401f.
14 Maité Albistur/Daniel Armogathe, Histoire du féminisme français, Paris 1977, Bd. I, S. 7.
15 Helmut Kaelble, Nachbarn am Rhein - Entfremdung und Annäherung der französischen und der deutschen Gesellschaft seit 1880, München 1991, S. 173.

Anmerkungen zu dem Kapitel "Révoltes et Révolutions - Von der Französischen Revolution zur Pariser Commune"

1 Jules Michelet, Die Frauen der Revolution, München 1984.

2 Charles Fourier, Die Theorie der vier Bewegungen und der allgemeinen Bestimmungen, Frankfurt/M. 1966, S. 190.
3 Jules Vallès, L'insurgé, Paris 1950, S. 120.
4 Clara Zetkin, Zur Geschichte der proletarischen Frauenbewegung Deutschlands, Berlin 1958, S. 15.
5 Zit. in: Wir Frauen, Düsseldorf, Nr. 4/1989.
6 Zit. in: Sklavin oder Bürgerin? Französische Revolution und Neue Weiblichkeit 1760-1830, Historisches Museum Frankfurt/M., Marburg 1989, S. 22.
7 Zit. in: Susanne Petersen, Marktweiber und Amazonen, Frauen in der Französischen Revolution, Köln 1987, S. 31/32.
8 Zit. in: Petersen, S. 88.
9 Vgl. Verena von der Heyden-Rynsch, Europäische Salons, Höhepunkte einer versunkenen weiblichen Kultur, München 1992, S. 119 ff.; vgl. auch Jutta Held (Hg.), Frauen im Frankreich des 18. Jahrhunderts - Amazonen, Mütter, Revolutionärinnen, Hamburg 1989; Elisabeth Badinter, Emilie, Emilie ou l'ambition féminine au XVIIIe siècle, Paris 1983; Liselotte Steinbrügge, Das moralische Geschlecht, Theorien und literarische Entwürfe über die Natur der Frau in der französischen Aufklärung, Weinheim und Basel 1987.
10 Vgl. Dominique Godineau, Freiheit, Gleichheit und die Frauen, in: Marxistische Studien, Jahrbuch des IMSF 14/1988, S. 148.
11 Zit. in: Petersen, S. 154; vgl. Paule-Marie Duhet, Les femmes et la Révolution 1789-1794, Paris 1971.
12 Petersen, S. 175; vgl. auch Marie Cerati, Le Club des Citoyennes républicaines révolutionnaires, Paris 1966, S. 11, 29.
13 Zit. in: Sklavin oder Bürgerin?, S. 46.
14 Zit. in: Petersen, S. 227.
15 Vgl. Annette Rosa, Citoyennes, les femmes et la Révolution française, Paris 1988.
16 Vgl. Elisabeth Roudinesco, Théroigne de Méricourt, Une femme mélancolique sous la Révolution, Paris 1989; Baron Marc de Villiers, Histoire des clubs de femmes et des légions d'amazones, 1793-1848-1871, Paris 1910; vgl. auch Stephan Weigel (Hg.), Die Marseillaise der Weiber - Frauen, die Französische Revolution und ihre Rezeption, Hamburg 1989; Salomé Kestenholz, Die Gleichheit vor dem Schafott - Portraits französischer Revolutionärinnen, Darmstadt 1988; Marieluise Christadler (Hg.), Freiheit, Gleichheit, Weiblichkeit. Aufklärung, Revolution und die Frauen in Europa, Opladen 1950; Gerda Marko, Das Ende der Sanftmut. Frauen in Frankreich 1789-1795, München 1993.
17 Olympe de Gouges, Schriften, hrsg. von M. Dillier/V. Mostowl/R. Wyss, Frankfurt/M. 1980; Paul Noack, Olympe de Gouges 1748-1793,

Kurtisane und Kämpferin für die Rechte der Frau, München 1992; Olympe de Gouges, Textes présentés par Benoîte Groult, Paris 1987; Lottemi Doormann, "Ein Feuer brennt in mir", Die Lebensgeschichte der Olympe de Gouges, Weinheim und Basel 1993.

18 Vgl. Flora Tristan, Arbeiterunion, Sozialismus und Feminismus im 19. Jahrhundert, Frankfurt a. M. 1988, S. 21.

19 Annette Kuhn, Der Wahn des Weibes, dem Manne gleich zu sein, in: Christadler, S. 51; vgl. auch Ute Gerhard, Menschenrechte-Frauenrechte 1789, in: Sklavin oder Bürgerin, S. 64.

20 Zit. in: Laure Adler, Les femmes politiques, Paris 1993.

21 Zit. in: v. Alemann/ Jallamoin/ Schäfer, Das nächste Jahrhundert wird uns gehören, Frauen und Utopie 1830-1840, Frankfurt a. M. 1981, S. 7.

22 Jürgen Kuczynski, Die Geschichte der Lage der Arbeiter unter dem Kapitalismus, Bd. 18, Berlin 1963, S. 32, 33.

23 Vgl. Kuczynski, ebd.; vgl. auch Tristan, S. 9ff.

24 Jules Simon, L'ouvrière, Paris 1861, S. 53.

25 Ebd., S. Vl, 139.

26 Zit. in: v. Alemann/Jallamion/Schäfer, S. 144.

27 Vgl. Adler, S. 34.

28 Vgl. Ingrid Strehler, Den Männern gleich an Rechten ... Auffassungen zur Emanzipation der Frau in Frankreich und Deutschland zwischen 1789 und 1871, Leipzig 1989, S. 40ff.

29 Vgl. ebd. und Maité Albistur/Daniel Armogathe, Histoire du féminisme français du Moyen Age à nos jours, Paris 1977, S. 176, 270ff.; vgl. auch Andrée Michel, Le féminisme, Paris 1992, S. 62.

30 Zit. in: v. Alemann u.a., S. 43.

31 Zit. in: ebd., S. 64.

32 Vgl. Ursula Linnhoff, Zur Freiheit, oh, zur einzig wahren - Schreibende Frauen kämpfen um ihre Rechte, Köln 1979.

33 Zit. in: Edith Thomas, Les Pétroleuses, Paris 1963, S. 29.

34 Baron Marc de Villiers, Histoire des Clubs de femmes et des légions d'amazones 1793-1848-1871, Paris 1910, S. 303, 339.

35 Zit. in: ebd., S. 300/301.

36 Vgl. Albistur/Armogathe, S. 303.

37 Zit. in: v. Alemann, in der Reihenfolge: S. 67, 205, 163ff., 43, 181.

38 Benoîte Groult, Wie die Freiheit zu den Frauen kam. Das Leben der Pauline Roland, München 1992, S. 228.

39 Adler, S. 24.

40 Zit. in: de Villiers, S. 355.

41 Zit. in: Thomas, S. 38ff.

42 Histoire de la Commune de 1871, zit. in: Thomas, S. 11.

43 Zit. in: Albistur/Armogathe, S. 333.

44 Ebd., S. 315.
45 Zit. in: Thomas, S. 21.
46 Jeanne d'Héricourt, La femme affranchie, Paris 1860, S. 85, 165.
47 Albistur/ Armogathe, S. 322/323.
48 Zit. in: Gilette Ziegler, Les femmes dans la Commune de Paris, Femmes du monde entier, Berlin 2/1971, S. 49.
49 Vgl. Louise Michel, Mémoires, Paris 1977; La Commune (1898), Paris 1978; dies., Die Frauen in der Revolution, Berlin 1976; Vassili Soukhomline, Deux femmes russes combattantes de la Commune (Elisabeth Dimitriev, Anne Korvine Kroukovskaia), in: Cahiers internationaux - Revue internationale du monde du travail Nr. 16, S. 53ff.; Florence Hervé, Die Frauen der Commune, in: FrauenBilderLesebuch, Berlin 1981; Sylvie Braibant, Elisabeth Dmitrieff, aristocrate et pétroleuse, Paris 1993.
50 de Villiers, S. 410.
51 Zit. in: Für Dich, Berlin Nr. 21/1981, Die Pariser Kommune und die Frauen: Revolutionärinnen mit Leib und Seele.
52 Vgl. Thomas, S. 89.
53 de Villiers, S. 384.
54 Thomas, S. 164.
55 Ebd., S. 262.
56 Zit. in: Maité Albistur/Daniel Armogathe, Le grief des femmes, Anthologie de textes féministes du second empire à nos jours, Paris 1978, S. 43ff.
57 Françoise Picq, Libération des femmes, Les années-mouvement, Paris 1993, S. 48ff.
58 Zit. in: Marieluise Christadler, Marianne und ihre Schwestern, Frauen und Politik in Frankreich, in: Lendemains 61/1991, S. 93.
59 Ebd., S. 94.
60 Vgl. Geneviève Fraisse/Michelle Perrot (Hg.), Histoire des femmes, le XlXe siècle, Bd. 4, Paris 1992.
61 Benoîte Groult, S. 194.

Anmerkungen zu dem Kapitel "Zwischen Macht und Ohnmacht - Die Musen der Republik"

1 Das salische Gesetz geht auf den Brauch eines fränkischen Stammes zurück, Bodenbesitz nicht an weibliche Nachkommen zu vererben. Es wurde zu Beginn des 14. Jahrhunderts dahingehend erneuert, daß Frauen, die, wie das Beispiel Aliénors von Aquitanien zeigt, durchaus

Königinnen hatten werden können, fortan endgültig von der Thronfolge ausgeschlossen wurden.

2 Zur Salonkultur vgl. Verena von der Heyden-Rynsch, Europäische Salons. Höhepunkte einer versunkenen weiblichen Kultur, München 1992.

3 Histoire, Nr. 160, 1992, S. 15.

4 Marie-Thérèse Guichard, Les égéries de la République, Paris 1991, S. 258; vgl. auch Michelle Coquillat, Qui sont-elles? Les femmes d'influence et de pouvoir en France, Paris 1983.

5 Françoise Chandernagor, L'Allée du roi, Paris 1981; in ihrer Romantrilogie "Leçons de ténèbres" (1988-90) nimmt F. Chandernagor - selbst Enarchin und als hochgestellte Beamtin im Conseil d'Etat tätig - das Thema der Karrierefrau zwischen Politik und Mondänität wieder auf, führt ihre Heldin aber zum Scheitern.

6 V. S. Wortley schrieb 1908 in einem Vergleich über französischen und englischen Feminismus: "Obwohl die Französinnen rechtlich den Männern unterlegen sind, bilden sie in der Praxis das überlegene Geschlecht. Sie sind die Macht hinter dem Thron." Theodore Zeldin, France 1848-1945, Bd. 1, Oxford 1973, S. 346.

7 Guichard, S. 51, 59.

8 Ebd., S. 77ff.
Alfred Dreyfus, aus dem jüdischen Bürgertum stammend, war 1894 angeklagt worden, militärische Geheimnisse an Deutschland verraten zu haben. Die kriegsgerichtliche Verurteilung war von antisemitischen Einstellungen bestimmt und führte zur schwersten innenpolitischen Krise der Dritten Republik. Obwohl 1896 der wahre Schuldige gefunden wurde, hielten der französische Generalstab und das Kriegsministerium an der Schuld Dreyfus' fest. Die "Dreyfsards" kämpften um seine Rehabilitierung. Dieser Kampf wurde zum Machtkampf linker Parteien und der bürgerlichen Mitte gegen die Rechtsparteien. Die Rehabilitierung Dreyfus' erfolgte erst 1906.

9 S.u.S. 50f.

10 Guichard, S. 23ff.

11 Jean Rabaut, Histoire des féminismes français, Paris 1978, S. 145f.

12 S.u.S. 61ff.

13 Laurence Klejman/Florence Rochefort, L'égalité en marche, Paris 1989, S. 104f.

14 Guichard, S. 153ff.

15 Ebd., S. 156ff.; vgl. Rabaut, S. 284ff., Klejman/Rochefort, S. 269ff.; zu den interessantesten Büchern Louise Weiss' gehören: Ce que femme veut. Souvenirs de la IIIe République, Paris 1946; Mémoires d'une Européenne, Paris 1968-1970.

16 Guichard, S. 163ff.
17 Zu M.-F. Garaud vgl. Florence Montreynaud, Le XXe siècle des femmes, Paris 1989, S. 524f.; Laure Adler, Les femmes politiques, Paris 1993, S. 188ff.
18 Lt. *Le Point* (11.9.1993, S. 7) wurde die ehemalige sozialistische Ministerin Martine Aubry im September vom *Club Vauban* kooptiert.
19 S. das Kapitel von Anne Cova in diesem Buch.
20 Simone Veil, geb. 1927, überlebte Auschwitz, wohin sie als 17jährige deportiert worden war. Sie ist ausgebildete Juristin und Mutter von drei Kindern. 1969 wurde sie ins Kabinett des damaligen Justizministers Pleven berufen. Von 1974-1979 war sie Gesundheitsministerin, danach bis 1989 im Europaparlament. Im März 1993 wurde sie Staatsministerin für Soziales, Gesundheit und Stadtentwicklung. Zu Simone Veil vgl. Montreynaud, S. 582f.; Adler, S. 169ff.

Anmerkungen zu dem Kapitel "Mondäner und rebellischer Feminismus - Die Frauenbewegung in der Dritten Republik"

1 Zu den unmenschlichen Arbeitsbedingungen vgl. Maité Albistur/Daniel Armogathe, Histoire du féminisme français, Paris 1977, Bd. II, S. 469f.
2 Laurence Klejman/Florence Rochefort, L'Egalité en marche, Paris 1989, S. 34.
3 Simone de Beauvoir, Le deuxième sexe, Paris [2]1976, Bd. II, S. 157.
4 Charles Sowerwine, Les femmes et le socialisme, Paris 1978; Klejman/Rochefort, S. 209ff.
5 Eine Ausnahme bilden - neben Madeleine Pelletier (Anm. 21), die wiederum einen Sonderfall darstellt - Louise Saumoneau, Textilarbeiterin, in der Sozialistischen Partei für "den Feminismus zuständig", und Gabrielle Petit, aus ärmlichen, bäuerlichen Verhältnissen stammend, Herausgeberin der kurzlebigen Zeitschrift *Die befreite Frau*, die sich für eine Verankerung der feministischen Ideen "im Volk", insbesondere die Propagierung der Empfängnisverhütung einsetzte.
6 Benoîte Groult, Le féminisme au masculin, Paris 1977; Klejman/Rochefort, S. 117f.
7 Vgl. Françoise Thébaud über Frauenarbeit in diesem Buch.
8 Das Gesetz Falloux (15.3.1850) sieht für jede Gemeinde von 800 Einwohnern eine Grundschule für Mädchen vor, 1867 wird diese Maßnahme auf Gemeinden mit 500 Einwohnern erweitert. Im gleichen Jahr stellt das Erziehungsministerium fest, daß 41 Prozent der Frauen (25 Prozent der Männer) ihren Namen nicht schreiben können; Weiter-

bildungskurse für Mädchen werden eingerichtet. 1869 wird eine Hochschule für Medizinerinnen eröffnet; ihr Diplom gilt allerdings nur für die Kolonien. Seit 1880/81 gibt es die Ecoles normales supérieures für Frauen; gleichzeitig wird die Schulpflicht für beide Geschlechter verpflichtend und kostenfrei. In den folgenden Jahren entstehen in Paris und anderen Städten Mädchengymnasien. Die Sorbonne öffnet sich den Frauen.

9 Albistur/Armogathe, Bd. II, S. 563.

10 Die Heilige vaterländische Union (Union sacrée) ist die von Poincaré 1914 benutzte Bezeichnung für die Geschlossenheit aller Franzosen angesichts des Krieges mit dem Deutschen Reich. Die Heilige Union war gesichert, als Gewerkschaften und die Sozialistische Partei zusagten, eine Generalmobilmachung nicht mit einem Generalstreik zu verhindern.

11 Während Albistur/Armogathe der Wahlrechtsagitation der Zwischenkriegszeit nur einen "anekdotischen" Charakter zubilligen, sprechen Klejman/Rochefort von dem "langen Marsch" der Suffragetten. Fest steht, daß deren Engagement folgenlos bleibt.

12 Eine ausführliche Bilanz findet sich bei: Michèle Sarde, Regard sur les Française, Paris 1983, S. 492ff.; vgl. auch Albistur/Armogathe, Bd. II, S. 576ff.

13 Erste Präsidentin des Nationalrats der französischen Frauen (CNFF), der seit seiner Gründung bemüht war, einen "verantwortungsbewußten", republikanischen Feminismus zu vertreten, Philanthropie in den Mittelpunkt seines Wirkens stellte und bei den Frauen mehr auf Familiensinn und "nationales Pflichtgefühl" drängte als auf die Anmahnung "ihrer legitimen Rechte".

14 Albistur/Armogathe, Bd. II, S. 567.

15 Etats généraux des femmes 1989, Paris 1990, S. 114.

16 Klejman/Rochefort, S. 129.

17 Jean Rabaut, Hubertine Auclert, Das schwierige Bündnis zwischen Sozialismus und Feminismus, in: Marieluise Christadler (Hg.), Die geteilte Utopie. Sozialisten in Frankreich und Deutschland, Opladen 1985, S. 56ff.

18 Zu Maria Desraimes vgl. Eliane Brault, La franc-maçonnerie et l'émancipation des femmes, Paris 1953; Odile Krakovitch (Hg.), Maria Desraimes, Ce que veulent les femmes, articles et discours, Paris 1980.

19 Rabaut, S. 56f.

20 Hubertine Auclert, La Citoyenne 1848-1914, hrsg. und mit Anmerkungen versehen von Edith Taieb, Paris 1982.

21 Madeleine Pelletier (1874-1939) ist eine der eigenwilligsten Frauenkämpferinnen der Dritten Republik. Sie hatte sich aus kleinen Ver-

hältnissen zur Ärztin hochgearbeitet und war überzeugt, daß nur eine Revolution alle sozialen und sexistischen Vorurteile beseitigen werde. Anders als Louise Saumoneau stellte sie den Feminismus über den Sozialismus und entwickelte zur Frage der Geburtenkontrolle, des "Rechts auf Abtreibung" und der weiblichen Sexualität so moderne Ideen, daß sie nicht nur in Gegensatz zur moderaten Frauenbewegung, sondern in den dreißiger Jahren in Konflikt mit der Justiz geriet. Vgl. Claude Maignien/Charles Sowerwine, Une féministe dans l'arène politique, Paris 1992.

22 "Einen dieser christlichen Glauben an die eigene Sache, die zum Scheiterhaufen oder in die Arena führen", schrieb sie von sich selbst.

23 Zum Entsetzen der Anwesenden erklärte Maria Pognon auf dem Feministenkongreß 1900 zur Frage der Prostitution: "Warum sollte eine Frau, wenn sie es wünscht, nicht das Recht haben, ihren Körper zu verkaufen? Er gehört ihr doch. Und wenn Sie ihr nicht das geringste Recht zugestehen, so hat sie doch das Recht, zu verkaufen, was ihr gehört." Klejman/Rochefort, S. 139.

24 Albistur/Armogathe, Bd. II, S. 552.

25 Klejman/Rochefort, S. 131.

26 Zu Mitarbeiterstab und Programm der *Fronde* ausführlich: Annie Dizier-Metz, La Bibliothèque Marguerite Durand. Histoire d'une femme, mémoire des femmes, Paris 1992, S. 7ff.

27 So verteidigte sie eine promovierte Juristin bei dem Bemühen, als Rechtsanwältin zugelassen zu werden, und unterstützte Madeleine Pelletier, die eine psychiatrische Zusatzausbildung anstrebte.

28 Klejman/Rochefort, S. 136.

29 Albistur/Armogathe, Bd. II, S. 551.

30 Klejman/Rochefort, S. 130f., deuten eine Finanzierung durch Gustave de Rothschild an, können dafür aber keine definitiven Beweise erbringen, da Marguerite "Sorge getragen habe, die Bilanzen der Zeitung zu vernichten".

31 Confédération générale des travailleurs - mitgliederstärkste, marxistisch orientierte Gewerkschaft.

32 Klejman/Rochefort, S. 244.

33 S.u.S. 112ff.

34 Zu den reichen Kollektionen der Bibliothek vgl. Dizier-Metz, S. 39ff.

35 Léon Abensour, Histoire générale du féminisme des origines à nos jours, Paris 1921; ders., La femme et le féminisme avant la Révolution, Paris 1921.

36 Klejman/Rochefort, S. 134.

37 Ebd., S. 170f.

38 Zu dem Begriff s.u.S. 69.

39 Klejman/Rochefort, S. 331.
40 Albistur/Armogathe, Bd. II, S. 572.
41 Ebd., S. 570.
42 Ebd., S. 574.
43 Sarde, S. 474f.
44 Albistur/Armogathe, Bd. II, S. 571.

Anmerkungen zu dem Kapitel "Feminismus und Pazifismus 1914-1940 - Von einem Krieg zum anderen"

Übersetzung aus dem Französischen von Marieluise Christadler und Florence Hervé

1 Michelle Perrot, Sur le front des sexes: un combat douteux, Vingtième siècle, no. 3, 7/1984, S. 69-76.
2 Vgl. Steven C. Hause, More Minerva than Mars: the French Women's Campaign and the First World War, Behind the Lines: Gender and the two World Wars, ed. by M. R. Higonnet, J. Jenson, S. Michel, M. Collins Weiz, Yale University Press ,1987, S. 99-113.
3 Da ich mich in diesem Beitrag mit dem Studium der pazifistischen Fraktion der feministischen Bewegung beschäftige, kann ich die der Mehrheit nicht ausführlich behandeln. Zu diesem Thema vgl. Françoise Thébaud, La femme au temps de la guerre de 14, Paris 1986, und Le féminisme à l'épreuve de la guerre, in: Rita Thalmann (Hrsg.), La tentation nationaliste 1914-1945, Paris 1990.
4 Charles Sowerwine, Les femmes et le socialisme, Paris 1978.
5 Vgl. Nicole Gabriel, L'Internationale des femmes socialistes, Matériaux pour l'histoire de notre temps, no. 16, 7.9.1989, S. 34-41.
6 Marcelle Capy verwendet den Buchtitel von Romain Rolland, Au-dessus de la mêlée, im Oktober 1915 in Frankreich veröffentlicht.
7 Nelly Roussel, Notre idéal, L'Equité, 15/4/1915, zit. in: Derniers combats, Paris, L'Emancipatrice, 1932, S. 68.
8 Hélène Brion, héroine de la paix, Manuskript, Bibliothèque Durand, Paris.
9 Ebd.
10 L'affaire Hélène Brion au ler Conseil de guerre, Revue des causes célèbres politiques et criminelles, 2/5/1918, no. 5, S. 129-168. Sie wird angeklagt, drei Broschüren verbreitet zu haben: Les instituteurs syndicalistes et la guerre, L'expulsion du citoyen Trotzky, La Conférence de Zimmerwald.

11 Der von Hélène Brion geschriebene Text wurde 1979 neu herausgegeben in der Sammlung Mémoire des femmes, Paris.
12 Fernand Corcos, La Paix, Oui, si les femmes le voulaient, Paris 1929.
13 Vgl. Geneviève Fraisse, Et si les mères désertaient la guerre. Madeleine Vernet (1879-1949): Pazifismus und Feminismus, Les Cahiers du GRIF, 12/1976.
14 Madeleine Vernet, Appel aux femmes!, La Mère éducatrice, 1/1921.
15 *Volonté de paix* ist gemischt. Sie vereint Feministinnen wie Marthe Bray, Andrée Jouve, Jeanne Melin, deutsche Feministinnen (Gertrud Baer, Helene Stöcker) und männliche Persönlichkeiten (Alain, Michel Alexandre, Charles Gide, Paul Langevin, Victor Margueritte, Georges Pioch, Jean Rostand, Romain Rolland, Han Ryner, Albert Einstein ...). Vgl. Madeleine Vernet, De l'objection de conscience au désarmement-les thèses de la Volonté de Paix, Levallois-Perret 1930.
16 Le Mouvement féministe. Organe officiel de l'Alliance nationale des Sociétés féminines suisses, 26.7.1929, S. 128.
17 Vgl. Marguerite Nobs, Etapes vers la paix. Un effort féminin, Genève, Union Mondiale de la femme pour la concorde internationale, 1960.
18 Vgl. Nicole Gabriel, Des femmes appelèrent mais on ne les entendit pas: Anita Augspurg et Lida Gustava Heymann, in: Rita Thalmann (Hg.), La tentation nationaliste 1914-1945, Paris 1990, S. 93-114.
19 La Française, 16.9.1993.
20 Irène Joliot-Curie, Luce Langevin, Lucie Prenant, Berthie Albrecht, Marguerite de Saint-Prix, Gabriele Duchêne, Maria Rabaté, Antoinette Gilles.
21 Die meisten feministischen Gruppen schließen sich an.
22 So wird der acht Monate dauernde Krieg 1939/1940 in Frankreich bezeichnet.

Anmerkungen zu dem Kapitel "Ich bin eine andere Frau geworden - Frauen in der Résistance"

1 Mireille Albrecht, Berty, La grande figure féminine de la Résistance, Paris 1986.
2 Marie-Louise Coudert, Elles, la Résistance, Paris 1983.
3 Lucie Aubrac, Ils partiront dans l'ivresse, Paris 1986.
4 Pierre Durand, Danielle Casanova, L'indomptable, Paris 1991.
5 Ingrid Strobl, Sag' nie, du gehst den letzten Weg, Frauen im bewaffneten Widerstand gegen Faschismus und deutsche Besatzung, Frankfurt 1989, S. 33ff.; Guilaine Guidez, Femmes dans la guerre (1939-1945), Paris 1989, S. 59ff.
6 Guidez, S. 265.

7 Vgl. Florence Montreynaud, Le 20e siècle des femmes, Paris 1989, S. 340; David Diamant, Les juifs dans la Résistance 1940-44, Paris 1971.
8 Ebd., S. 319.
9 Vgl. Françoise Thébaud, Maternité et famille entre les deux guerres: idéologies et politique familiale, in: Femmes et fascismes, sous la direction de Rita Thalmann, Paris 1986, S. 85ff.
10 Michèle Bordeaux, Femmes hors d'Etat français 1940-1944, in: Femmes et fascismes, S. 138.
11 Montreynaud, S. 320.
12 Femmes dans la Résistance, Actes du colloque tenu à l'initiative de l'UFF, Paris La Sorbonne, 22./23.11.1975, Paris 1979, S. 19.
13 Hans-Jürgen Arendt, Der internationale Frauenkongreß gegen Krieg und Faschismus in Paris 1934, in: Beiträge zur Geschichte der Arbeiterbewegung, Berlin, Heft 2/1977; vgl. hierzu und zu dem folgenden auch den Beitrag von Christine Bard in diesem Buch.
14 Vgl. Marie-France Brive, La Référence à la Révolution française dans la construction de l'identité des femmes résistantes en France de 1940 à 1944, in: Les femmes et la Révolution française, Actes du Colloque tenu à Toulouse les 12, 13 et 14 avril 1989, Tome 3, S. 287-320.
15 In: Frauen der ganzen Welt, Berlin, Nr. 4/1984, S. 11; vgl. Célia Bertin, Femmes sous l'occupation, Paris 1993.
16 Vgl. Dora Schaul, Résistance. Erinnerungen deutscher Antifaschisten, Frankfurt 1973.
17 Vgl. Strobl, S. 162.
18 Durand, Danielle Casanova, S. 59.
19 Strobl, S. 305ff.
20 Montreynaud, S. 303.
21 Edith Thomas, 14. Juli 1944, in: Frankreich meines Herzens, Die Résistance in Gedicht und Essay, Leipzig 1987, S. 24.
22 Brive, La référence à la Révolution française ... Tome 3, S. 288.
23 Cécile Ouzoulias-Romagon, J'étais agent de liaison FTPF, Paris 1988, S. 42ff.
24 Marianne Monestier, Elles étaient cent et mille, Paris 1972, S. 98.
Am 10. Juni 1944 umstellten Himmlers SS-Leute das französische Dorf Oradour im Zentralmassiv und erschossen alle Männer wegen der Tötung eines deutschen Offiziers durch die Résistance. Die Kirche, in die sich Frauen und Kinder gerettet hatten, wurde verschlossen und angezündet. Die Menschen verbrannten. Zu Oradour vgl. Lea Rosh/Günter Schwarberg, Die letzten Tage von Oradour, Göttingen 1988.
25 Femmes dans la Résistance, S. 25.
26 Albrecht, S. 349.
27 Benoîte und Flora Groult, Tagebuch vierhändig, München 1991, S. 43.

28 Souvenir de la vie clandestine 'Rose', dactylographié, 1948, S. 24; Elisabeth Terrenoire, Combattante sans uniforme, femme de Résistant à la rencontre d'autres femmes, in: Les femmes dans la Résistance - actes du colloque tenu à l'initiative de l'Union des femmes françaises, Paris 1977, S. 63.
29 In: Les femmes dans la Résistance, Propos recueillis et présentés par Nicole Chatel, Paris 1972, S. 240ff.
30 Ouzoulias-Romagon, S. 46.
31 Hélène Eck, Les Françaises sous Vichy, Femmes du désastre - citoyennes par le désastre?, in: Georges Duby/Michelle Perrot, Histoire des femmes - le XXe siècle, Paris 1992, S. 208.
32 In: France Hamelin, Femmes dans la nuit, l'internement à la petite Roquette et au camp de Tourelles 1939-1944, Paris 1988, S. 213/214.
33 Mélinée Manouchian, Manouchian, Paris 1971, S. 76.
34 Missak Manouchian, Abschiedsbrief, in: Frankreich meines Herzens, S. 177.
35 Laure Adler, Les femmes politiques, Paris 1993, S. 136.
36 Monestier, S. 255.
37 Ebd., S. XII.
38 Zit. in: Eck, Les Françaises sous Vichy, S. 209.
39 In: Guidez, S. 127.
40 Ebd., S. 168.
41 Adler, S. 135; Geneviève de Gaulle-Anthonioz, in: Durand, S. 8.
42 Ania Francos, Il était des femmes dans la Résistance, Paris 1978, zit. nach Helmut Kopetzky, Die andere Front, Europäische Frauen in Krieg und Widerstand 1939-1945, Köln 1983, S. 125.
43 Monestier, S. 98.
44 Eck, S. 209.
45 In: Antoinette, Femmes syndicalistes, femmes résistantes, Dez. 1975, S. 45.
46 Françoise Leclerc/ Michèle Wendling, Les femmes devant les Cours de Justice à la Libération: éléments d'une recherche, Colloque Féminismes et Nazisme, Université Paris 7, CEDREF, 10/11/12 Décembre 1992; vgl. auch Alain Brossat, Les tondues, un carnaval moche, Paris 1992.
47 Kopetzky, S. 222.

Anmerkungen zu dem Kapitel "Von Proudhon bis Pétain - Frauenarbeit: Konzepte, Meinungen und Wirklichkeit"

Übersetzung aus dem Französischen von Marieluise Christadler und Florence Hervé

1 Jenny d'Héricourt gibt 1860 *La femme affranchie* heraus, Juliette Lamber *Idées antiproudhoniennes* 1861; über Jenny d'Héricourt vgl. Karen Offen, Qui est Jenny d'Héricourt? Une identité retrouvée, in: Bulletin de la Société d'histoire de la révolution de 1848 et des révolutions du XIXème siècle, no. 3/1987.

2 Über Proudhon und die Anti-proudhoniennes, vgl. Maité Albistur und Daniel Armogathe, Histoire du féminisme français, Bd. 2, Paris 1977 (S. 476-481) und Geneviève Fraisse, La raison des femmes, Paris 1992.

3 Hélène Eck, Les Françaises sous Vichy - Femmes du désastre. Citoyennes par le désastre?, in: Histoire des femmes (Hg. Georges Duby/Michelle Perrot), Bd. 5, Le XXe siècle (Hg. Françoise Thébaud), Paris 1992 (S. 185-211).

4 Andrée Michel, La condition de la Française d'aujourd'hui, Paris 1964; Madeleine Guibert, Les fonctions des femmes dans l'industrie, Paris-la Haye 1966, und Les femmes et l'organisation syndicale avant 1914. Présentation et commentaires de documents pour une étude du syndicalisme féminin, Paris CNRS 1966; Evelyne Sullerot, Histoire et sociologie du travail féminin, Paris 1968, und Les Françaises au travail (Enquête der IFOP), Paris 1973.

5 Die erste Phase der Geschichte der Frauenarbeit hat eine kommentierte Bibliographie angeregt: Madeleine Guibert, Nicole Lowit, Marie-Hélène Zylberberg-Hocquard, Travail et condition féminine, Bibliographie commentée, Paris 1977, mit Ergänzungen in: Le mouvement social no. 105 (Okt.-Dez. 1978), Travaux de femmes dans la France du XIXe siècle, vorgestellt von Michelle Perrot, Quelques éléments de bibliographie sur l'histoire du travail en France.

6 Philomène Rozan, Führerin des Streiks der Seidenarbeiterinnen, vgl. Claire Auzias und Annick Houel, La grève des ovalistes, Paris 1982; Le témoignage de Lucie Baud, ouvrière en soie, in: Le Mouvement social no. 105, (Okt.-Dez. 1978).

7 Vgl. Le Mouvement social no. 140 (Juli-Sept. 1987), Métiers de femmes, hrsg. von Michelle Perrot.

8 Die französische Ausgabe erschien erst 1987: Les femmes, le travail et la famille, Marseille 1987.

9 In: Jules Simon, L'ouvrière, Paris 1861.

10 Joan Scott, Statistical Representations of work: The Politics of the Chamber of Commerce. Statistisque de l'industrie à Paris, 1847-1848, in: S. L. Kaplan und C. J. Koepp (eds), Work in France, Ithaca, Cornell University Press 1986 (S. 335-363), und La travailleuse, in: Histoire des femmes, Bd. 4, Le XIXe siècle (Hg. Geneviève Fraisse und Michelle Perrot), S. 419-443.

11 Les ouvriers européens, 1855 (36 Monographien).

12 Jean-Paul Burdy, Mathilde Dubesset, Michelle Zancarini-Fournel, Rôles, travaux et métiers de femmes dans une ville industrielle, Saint-Etienne 1900-1950, in: Le Mouvement social no. 140, S. 27-53.

13 Vgl. Anm. 8.

14 D. Vanoli, Les ouvrières enfermées. Les couvents soyeux, in: Les Révoltes logiques Nr. 2, Frühling-Sommer 1976.

15 Marie-Hélène Zylberberg-Hocquard, Féminisme et syndicalisme en France, Paris 1978, und Femmes et féminisme dans le mouvement ouvrier français, Paris 1981.

16 Marcelle Capy, Aline Valette, Femmes et travail au XIXe siècle, présentation et commentaires par Evelyne Diebolt und M. H. Zylberberg-Hocquard, Paris 1984.

17 Hélène Brion, La Voie féministe, Vorwort, Anmerkungen und Kommentare von Huguette Bouchardeau, Paris 1982.

18 Vgl. Michelle Perrot, Les ouvriers en grève, Paris 1974, und Mathilde Dubesset, Françoise Thébaud, Catherine Vincent, Quand les femmes entrent à l'usine: les ouvrières des usines de guerre de la Seine 1914-1918, unveröffentlichte Diplomarbeit (Universität Paris VII, 1974, unter der Leitung von Michelle Perrot).

19 Brion, S. 59.

20 Vgl. Françoise Thébaud, La femme au temps de la guerre de 14, Paris 1986; dies., La Grande Guerre: Le triomphe de la division sexuelle, in: Histoire des femmes, Bd. 5, S. 31-74; Jean-Louis Robert, Women and Work in France during the First World War, in: Richard Wall und Jay Winter, The Upheaval of War: Family, Work and Welfare in Europe 1914-1918, Cambridge University Press 1988.

21 Cantines, dispensaires, chambres d'allaitement, vgl. Thébaud, La femmes au Temps de la guerre de 14.

22 Bevor er in Frankreich durch den Arzt Huot popularisiert wurde, scheint der Begriff vom deutschen Arzt A. von Moll in einer Abhandlung der Sexologie 1912 verwendet gewesen zu sein, vgl. Cornélie Usborne, Pregnancy in the Women's Active Service. Pronatalism in Germany in the First World War, in: The Upheaval of War, a.a.O.

23 Jean-Louis Robert, Ouvriers et mouvement ouvrier parisien pendant la Grande Guerre et l'immédiate après-guerre: histoire et anthropologie, thèse Paris II, 1989.

24 Vgl. Stéphane Audoin-Rouzeau, S. 14-18: Les combattants des tranchées, Paris 1986.

25 Thébaud, La femme ...; Martine Martin, Ménagère: une profession? Les dilemnes de l'entre-deux-guerres, in: Le Mouvement social no. 140, S. 89-106.

26 Ebd., S. 89.

27 Sylvie Zerner, De la couture aux presses: l'emploi féminin entre les deux guerres, in: Le Mouvement social, no. 140, S. 9-26.
28 Yvonne Knibiehler (Hg.), Cornettes et blouses blanches, les infirmières dans la société française 1880-1980, Paris 1984; dies. Nous les assistantes sociales, Paris 1981.
29 Vgl. Madame ou Mademoiselle, itinéraires de la solitude féminine, 18e-20e siècle, rassemblés par Arlette Farge und Christiane Klapisch-Zuber, Paris 1984.
30 Dissertation von Christine Bard über die französische feministische Bewegung, Le mouvement féministe en France 1914-1939, Paris 1993.
31 Annie Fourcaut, Femmes à l'usine en France dans l'entre-deux-guerres, Paris 1982.
32 Henri Hatzfeld, Du paupérisme à la sécurité sociale, Paris 1971; Gisela Bock/ Pat Thane (Hg.), Maternity and Gender Policies: Women and the first rise nof the European Welfare States 1880-1950, London 1991.
33 Zu Vichy vgl.: Eck; François Rouquet, der eine Dissertation über die PTT während des Zweiten Weltkriegs verteidigt hat (Universität Rennes I), stellt eine Verbindung zwischen dem Überschuß an Frauen und der Säuberung fest, die er auch als eine Art der Regulierung in der Personalverwaltung betrachtet.
34 Danielle Kergoat, Les ouvrières, Paris 1982; Rose-Marie Lagrave, Une émancipation sous tutelle: Education et travail des femmes au XXe siècle, in: Histoire des femmes, Bd. 5, S. 431-464; Margaret Maruani, Mais qui a peur du travail des femmes?, Paris 1985, und: Au labeur des dames: métiers masculins, emplois féminins, in Zusammenarbeit mit Chantal Nicole, Paris 1989.

Anmerkungen zu dem Kapitel "'Vom Schandgesetz' zur Geburtenkontrolle - Sechzig Jahre Kampf um Selbstbestimmung"

Übersetzung aus dem Französischen von Marieluise Christadler und Florence Hervé

1 Françoise Thébaud, Le Mouvement nataliste dans la France de l'entre-deux-guerres: L'Alliance nationale pour l'accroissement de la population française, Revue d'histoire moderne et contemporaine, 1985, Bd. 32, S. 276-301. Vgl. auch Françoise Thébaud, Quand nos grand-mères donnaient la vie. La maternité en France dans l'entre-deux-guerres, Lyon 1986 (entstanden nach einer Dissertation unter dem Titel "Donner la vie: histoire de la maternité en France entre les deux guerres", thèse de 3e cycle sous la direction de Michelle Perrot, Paris VII,

1982); Françoise Thébaud, Maternité et famille entre les deux-guerres: idéologies et politique familiale, in: Rita Thalmann (Hg.), Femmes et fascismes, Paris 1986, S. 85-97.

2 Zum Gesetz von 1920 vgl. Ginette Camus Perchat, A contre-courant de l'opinion publique: histoire de la loi du 31 juillet 1920 réprimant la provocation de l'avortement et la propagande anticonceptionnelle, thèse de doctorat sous la direction de M. J. Bouvier, Paris VIII, 1971; Chantal Truchon, Les Origines de la loi du 31 juillet 1920 réprimant la provocation à l'avortement et la propagande anticonceptionnelle, Magisterarbeit unter der Leitung von Michelle Perrot, Paris VII, 1974; Anne Cova, La Loi de 1920 dans le débat sur l'avortement et la contraception, Rencontres Floresca Guépin, 1922, S. 21-33.

3 Journal Officiel, documents parlementaires, Chambre des députés, annexe nr. 6679, Arbeitssitzung vom 7. August 1919, S. 2351.

4 Francis Ronsin, La Grève des ventres, propagande néomalthusienne et baisse de la natalité française, (XIXe-XXe siècles), Paris 1980. Über Paul Robin, vgl. Christine Demeulenaere-Douyere, Paul Robin (1937-1912). Bonne naissance. Bonne éducation. Bonne organisation sociale, Dissertation unter der Leitung von Antoine Prost, Paris l, 1991; Nathalie Bremand, Cempuis. Une expérience d'éducation libertaire à l'epoque de Jules Ferry, 1880-1894, Paris 1992.

5 Roger-Henri Guerrand, La Libre maternité 1896-1969, Tournai 1971, S. 101.

6 Journal officiel, annales de la Chambre des députés, Sitzung vom 23. Juli 1920, S. 2696.

7 Ebd., S. 2697.

8 Ebd., S. 2698.

9 Guerrand, S. 81.

10 Roger-Henri Guerrand, Francis Ronsin, Le Sexe apprivoisé. Jeanne Humbert et la lutte pour le contrôle des naissances, Paris 1990, S. 81.

11 Laurence Klejman, Florence Rochefort, L'Egalité en marche. Le féminisme sous la Troisième République, FNSP, 1989, S. 328-329.

12 Der CNFF und die UFSF zählen nach einem Bericht der Polizei vom Oktober 1915 zusammen 115.000 Mitglieder, vereinigen somit die Mehrheit der feministischen Gruppen, vgl. Archives de la Préfecture de Police, Ba 1651, Considérations générales, octobre 1915, S. 23.

13 Nelly Roussel, Encore le 'Droit de la Chair', L'Action, 24. April 1908. Anne Cova, Féminisme et Natalité: Nelly Roussel (1878-1922), History of Eureopean Ideas, August 1922, Bd. 15, Nr. 4-6, S. 663-672.

14 Zum Mutterschaftskonzept von Madeleine Pelletier, vgl. Anne Cova, Madeleine Pelletier (1874-1939). Logique et infortunes d'un combat pour l'égalité, Paris 1992, S. 73-89; Anne Cova, Féminisme et maternité:

la doctoresse Madeleine Pelletier (1874-1939), Actes du Colloque d'Histoire au Présent, in Vorbereitung; Charles Sowerwine, Claude Maignien, Madeleine Pelletier, une féministe dans l'arène politique, Paris 1992, S. 213-233.

15 Guerrand, S. 101.

16 Karen Offen, Body Politics: Women, Work and the Politics of Motherhood in France, 1920-1950, in: Gisela Bock, Path Thane (Hg.), Maternity and Gender Policies. Women and the Rise of the European Welfare States, 1850s-1950s, London 1991, S. 138-159. Für eine vergleichende Perspektive, vgl. Gisela Bock, Pauvreté féminine, droit des mères et Etats-providence, in: Françoise Thébaud, (sous la direction de), Histoire des femmes en Occident, Bd. 5, Le XXe siècle, Paris 1992, S. 381-409.

17 Zum Familiengeld vgl. Susan Pedersen, Social Policy and the Reconstruction of the Family in Britain and France, 1900-1945, Ph.D., Harvard University 1989.

18 Françoise Thébaud, Donner la vie: histoire de la maternité en France entre les deux guerres, S. 139-141.

19 Sandra Dab, La Politique du PCF en direction des femmes entre les deux guerres: ses conceptions sur le rôle historique de la famille, la place et les droits des femmes, Magisterarbeit unter der Leitung von Michelle Perrot, Paris VII, 1980.

20 Pivatarchiv von Jeanne Humbert, Protestbrief vom 15. Juni 1934. Über Victor Margueritte, vgl. Patrick de Villepin, Victor Margueritte, La vie scandaleuse de l'auteur de la Garçonne, Paris 1991.

21 Florence Montreynaud, Le XXe siècle des femmes, Paris 1989, S. 322.

22 Francis Szpiner, Une affaire de femmes, Paris 1943. Exécution d'une avorteuse, Paris 1986 und 1988.

23 Hélène Eck, Les Françaises sous Vichy. Femmes du désastre, citoyennes par le désastre?, in: Thébaud (Hg.), Histoire des Femmes, Bd. 5, S. 190.

24 Pierre Rosanvallon, Le Sacre du citoyen. Histoire du suffrage universel en France, Paris 1992.

25 Françoise Thébaud, Introduction, Thébaud (Hg.), Histoire des femmes, Bd. 5, S. 13-23.

26 D'une révolte à une lutte. 25 ans d'histoire de planning familial, Paris 1982, Janine Mossuz-Lavau, Les Lois de l'amour. Les politiques de la sexualité en France (1950-1990), Paris 1991.

27 Françoise Picq, Le Mouvement de libération des femmes et ses effets sociaux, ATP, Recherches féministes et recherches sur les femmes, Bd. 1, November 1987, S. 120.

28 Jean Gouazé, Maurice Mouillaud, Evelyne Serverin, Jean-Francois

Tétu, La Loi de 1920 et l'avortement. Stratégies de la presse et du droit au procès de Bobigny, Lyon 1979.

29 Le Monde, dossiers et documents, Nr. 52, Juni 1978, und Nr. 101, Mai 1983.

30 Hervé Le Bras, Marianne et les lapins. L'obsession démographique. Epilogue original, Paris 1991, (2. Aufl.1993).

Anmerkungen zu dem Kapitel "Die Republik und ihre illegitimen Töchter - Der lange Kampf der Französinnen um politische Gleichberechtigung"

1 Mariette Sineau, Des femmes en politique, Paris 1988, S. 4.

2 Christine de Pisan, Das Buch von der Stadt der Frauen (hg. von Margarete Zimmermann) München 1990; Régine Pernoud, Christine de Pisan, München 1990.

3 Renate Baader, Streitbar und unzeitgemäß: die Moralistik der Marie de Gournay, in: Renate Baader/Dietmar Fricke, Die französische Autorin vom Mittelalter bis zur Gegenwart, Wiesbaden 1979.

4 Bernard Magné, Education des femmes et féminisme chez Poullain de la Barre, Marseille 1972; Benoîte Groult, Le féminisme au masculin, Paris 1977, S. 21ff.

5 Maité Albistur/Daniel Armogathe, Histoire du féminisme français, Bd. II, Paris 1977, S. 311f.; Elisabeth/Robert Badinter, Condorcet, Paris 1988.

6 Hannelore Schröder/Theresia Sauter, Zur politischen Theorie des Feminismus, in: Aus Politik und Zeitgeschichte, 48/1977, S. 31f.

7 Albistur/Armogathe, Bd. II, S. 332

8 Vgl. das Kapitel von F. Hervé "Von der Französischen Revolution bis zur Pariser Commune" in diesem Band.

9 Albistur/Armogathe, Bd. II, S. 449f., 476f.

10 Eudes warnte vor dem "verderblichen Einfluß" der Frauen: "Man muß sie unter strikter Kontrolle halten, um sie zum Arbeiten zu zwingen." Albistur/Armogathe, Bd. II, S. 496.

11 Albistur/Armogathe, Bd. II, S. 497.

12 Antoinette Fouque, Femmes en mouvement: hier, aujourd'hui, demain, in: Le Débat, 59/1990, S. 126; Françoise Picq, Libération des femmes. Les Années-Mouvement, Paris 1993, S. 91f., 179.

13 Vgl. Marieluise Christadler (Hg.), Freiheit, Gleichheit, Weiblichkeit, Opladen 1990, S. 11f.

14 Geneviève Fraisse, Muse de la Raison. La démocratie exclusive et la différence des sexes, Paris 1989, S. 197.

15 Albistur/Armogathe, Bd. II, S. 386; vgl. Claudia Honegger, Die französische Anthropologie der Revolutionszeit und die Neubestimmung der Geschlechter, in: Victoria Schmidt-Linsenhoff (Hg.), Sklavin oder Bürgerin? Französische Revolution und neue Weiblichkeit 1760-1830, Frankfurt 1989, S. 294f.; Lieselotte Steinbrügge, Das moralische Geschlecht, Weinheim 1987.

16 Vgl. Roland Barthes, Michelet, Paris 1965; Jules Michelet, Die Frauen der Revolution, München 1984.

17 Gerd Krumeich, Jeanne d'Arc in der Geschichte, Sigmaringen 1989; vgl. Maurice Agulhon, Marianne au pouvoir, L'imagerie et la symbolique républicaines de 1880 à 1914, Paris 1989.

18 Michèle Sarde, Regard sur les Françaises, Paris 1983, S. 40f.

19 Vgl. Jean Rabault, Féministes à la Belle Epoque, Paris 1985.

20 Sarde, S. 457; Danièle Léger, Le féminisme en France, Paris 1982; Claire Duches, Feminism in France. From Mai 68 to Mitterrand, London 1986.

21 Heinz-Gerhard Haupt, Sozialgeschichte Frankreichs seit 1789, Frankfurt 1989, S. 219.

22 Vgl. Charles Sowerwine, Les femmes et le socialisme, Paris 1978; Laurence Klejman/Florence Rochefort, L'égalité en marche, Paris 1989, S. 211ff.

23 Vgl. dazu den Bericht von Philippe Eliakim, Comment négocier avec une tranche de vie? in: L'Evénement du Jeudi, 20.10.1988, S. 8f.

24 Picq, S. 333.

25 Michèle Barzach, Traduire dans les faits l'égalité de droit, in: 1989. Etats généraux des femmes à la Sorbonne, 1989, S. 37.

26 Zum Aufstieg der Frauen in der staatlichen Verwaltung vgl. Marieluise Christadler, Marianne und ihre Schwestern, Frauen und Politik in Frankreich, in: Lendemains 61, 1991, S. 98.

27 Vgl. hierzu und zum folgenden: Picq, S. 312f.

28 Rapport d'information déposé en application de l'article 145 du Règlement par la Commission des Affaires Culturelles, Familiales et Sociales sur l'égalité professionelle entre les femmes et les hommes, 20.12.1989.

29 Le Monde, 10.3.1990, S. 5.

30 Le Nouvel Observateur, 23./29.5.1991, S. 36.

31 Le Figaro, 23.5.1991, S. 8; Le Monde, 24.5.1991, S. 11f.

32 Laure Adler, Les femmes politiques, Paris 1993, S. 222.

33 Material dazu findet sich u.a. bei Adler; Sineau; Régine Saint Criq/Nathalie Prévost, Vol au-dessus d'un nid de machos, Paris 1993.

34 Nach ihrer Demission als Europaministerin im Oktober 1990 war sie leitende Mitarbeiterin in dem Industriekonzern Schneider.

35 Edith Cresson, Avec le soleil, Paris 1976.

36 Le Point, 20.5.1991, S. 14.

37 Einer der Wege für Frauen, in die oberen Ränge der Politik zu gelangen, ist es, die Nachfolge des Vaters oder Ehemannes anzutreten. Roselyne Bachelot, die eine dieser "Erbinnen" ist, sagt dazu: "Man ist immer Sohn oder Tochter von jemandem in der Politik. Einer muß einen an die Hand nehmen." Saint-Cricq/Prévost, S. 67; vgl. auch Sineau, S. 229.

38 Adler, S. 216.

39 Ebd., S. 234.

40 Ebd., S. 229, 231; über die wirtschaftliche Konkurrenz zu den Japanern schreibt sie: "Es handelt sich um einen Krieg in anderen Formen, wo 'die Toten' die Arbeitslosen sind." L'Express, 29.3.91.

41 Sineau S. 182f.; Saint-Cricq/Prévost, S. 133; Adler, S. 243 und 246.

42 Adler, S. 212.

43 Picq, S. 353; Saint-Cricq/Prévost, S. 151.

44 Saint-Cricq/Prévost, S. 131; Françoise Gaspard/Claude Servan-Schreiber/Anne Le Gall, Au pouvoir, citoyennes!, Paris 1992, S. 35f.

45 Vgl. Marie-Noëlle Lienemann, La Fracture, Paris 1991, S. 100.

46 Adler, S. 166f., 171, 184f., 241; Saint-Cricq/Prévost, S. 62; vgl. Marie-Thérèse Guichard, Le président qui aimait les femmes, Paris 1993.

47 Christine Fauré, Participation politique de la femme en France, in: UNESCO (Hg.), Cultures, 4, 1982, S. 112f.; dies., La démocratie sans les femmes: essai sur le libéralisme en France, Paris 1985.

48 Saint-Cricq/Prévost, S. 32, 75, 104f.

49 Ebd., S. 47.

50 Ebd., S. 87.

51 Fédération des associations départementales des femmes élues des collectivités locales.

52 Während die Sozialisten nicht über eine eigene Frauenvereinigung verfügen (Saint-Cricq/Prévost, S. 167), gibt es z. B. bei den Gaullisten das Frauenzentrum Femme-Avenir, das lange Zeit von Christine Papon geleitet wurde und jetzt die Rechtsanwältin und Regionalrätin Noëlle Dewavrin zur Präsidentin hat.

53 Im einzelnen nachzulesen bei Saint-Cricq/Prévost, S. 174f.

54 Lienemann, S. 99.

55 Saint-Cricq/Prévost, S. 183.

56 Françoise Gaspard war 1977-1983 "députée-maire" von Dreux. In "Une petite ville en France" (Paris 1990) berichtet sie über den spektakulären Aufstieg des rechtsextremen Front National in dieser Stadt, der 1989 mit Marie-France Stirbois (61,3 Prozent der Stimmen) die einzige FN-Abgeordnete ins Parlament entsandte.

57 Adler, S. 269.

Anmerkungen zu dem Kapitel "Eine Kulturrevolution - auf Abruf? Frauen und gesellschaftlicher Wandel"

1 Elisabeth Badinter, L'un est autre, Paris 1986; dies., X Y, de l'identité masculine, Paris 1992.
2 Françoise Giroud/Bernard-Henri Lévy, Les hommes et les femmes, Paris 1993.
3 Josiane Savigneau, Femmes: le retour du bâton, in: Le Monde, 4. Juni 1993, S. 30; Susan Faludis Buch wurde von den Edition des femmes unter Beibehaltung des amerikanischen Titels 1993 in einer Übersetzung herausgebracht.
4 Nouvel Observateur, 6./12.12.1990. Diese Nummer enthält ein 44seitiges Dossier über die Ergebnisse von "20 Jahren Frauenkampf", darunter die von SOFRES durchgeführte Repräsentativbefragung von 800 Französinnen über 15 Jahre, die im folgenden mehrfach zitiert wird.
5 Evelyne Sullerot (Hg.), Le fait féminin, 1978, S. 490.
6 Im Gegensatz zu Sullerot (S. 489) sind Benoîte Groult (Ainsi soit-elle, 1975, S. 73), Yvette Roudy (Roudy-Bericht), Monique Rémy (De l'utopie à l'intégration, 1990, S. 151) der Meinung, daß sich ohne die Frauenbewegung an der condition féminine wenig geändert hätte.
7 Nouvel Observateur, 6./12.12.1990, S. 178.
8 Fünf von hundert 35jährigen Frauen bleiben unverheiratet, wenn sie ein Fachabitur haben, 18 von 100, wenn sie ehrgeizig genug waren, ein Staatsexamen abzulegen. Henri Mendras, La Seconde Révolution française, 1988, S. 229, 239.
9 Sabine Chalvon-Demersay, Concubins, concubines, Paris 1983.
10 Florence Montreynaud, Le XXe siècle des femmes, 1989, S. 150f., 322f., 522f.
11 Françoise Giroud, Leçons particulières, 1990, S. 227.
12 L'Etat de la France et de ses habitants, 1990, S. 71f.; vgl. Femmes en chiffres, DNIDF-INSEE, Paris 1987.
13 Arbeits- und steuerrechtliche Begünstigungen erleichtern das Aufziehen von Kindern ebenso wie die Bereitstellung ganztägiger Erziehungseinrichtungen für Vorschul- und Grundschulalter; vgl. Kommission der Europäischen Gemeinschaften (Hg.), Kinderbetreuung in der Europäischen Gemeinschaft 1985-1990, Brüssel 1990, S. 21f.
14 Paul Yonnet, Fécondité, Nuptialité, Maritalité, in: Le Débat, Nr. 50, 1988, S. 202ff.
In der BRD ist die Zahl der Eheschließungen zwischen 1980 und 1987 relativ konstant geblieben, die der Scheidungen hat dagegen zugenommen; inzwischen ist mit der Scheidung jeder dritten Ehe zu rechnen.

15 Mendras, S. 225f.; vgl. Oliver Donnat/Denis Cigneau, Les pratiques culturelles des Français, Paris 1990.
16 François de Singly, Fortunes et Infortunes de la femme mariée, Paris 1987.
17 Louis Roussel, La famille incertaine, Paris 1989.
18 Obwohl die Arbeitsteilung im Haushalt von allen Beteiligten als Norm empfunden wird, ist sie nicht zur Realität geworden. Vgl. Jean-Claude Kaufmann, La trame conjugale. Analyse de couple par son linge, Paris 1992.
19 Nach Angaben des Bundesministeriums für Jugend, Familie, Frauen und Gesundheit beliefen sich die Schätzungen für die Bundesrepublik 1989 auf 4 Millionen.
20 Jean-Hugues Déchaux, Des relations de parentés inédites? in: Esprit, Nr. 163, 1990.
21 Zum Vergleich die Zahlen für die Bundesrepublik von 1987. Hier waren von den 21,3 Mill. Frauen im Alter von 15-65 Jahren 10,1 Mill. erwerbstätig, d.h. 49,3 Prozent.
22 "Sie wollen arbeiten gehen und Kinder kriegen."
23 Nouvel Observateur, 6./12.12.1990; Eine dieser weiblichen Spitzenkräfte (PDG = Président Directeur Général) ist Gilberte Beaux, die in der Bundesrepublik als Adidas-Saniererin bekannt wurde. Die jetzt 65jährige Bankierstochter schloß als erste Frau das Institut Technique de Banque mit Auszeichnung ab und leitete 20 Jahre die Compagnie Financière de Paris.
24 Der Text des Gesetzes ist u.a. abgedruckt in der 1985 erschienenen Autobiographie Yvette Roudys *A cause d'elles*, wo sie auch die Umstände seiner Entstehung schildert.
25 Ein Drittel der rund 23.000 Journalisten sind Frauen; in den Abschlußklassen der Journalistenschulen stellen sie 60 Prozent. Alle Frauen, die 1978 das F-Magazine mitgegründet haben, sitzen inzwischen in Spitzenpositionen der Medienszene.
26 Margaret Maruani, La reprise de l'emploi échappe aux femmes, in: Alternatives Economiques, Juni 1990, S. 24f.
27 Rapport d'information sur l'égalité professionnelle entre les femmes et les hommes (Roudy-Bericht), Paris, Assemblée Nationale, 20.12.1989; vgl. Margaret Maruani, Teilzeit oder Kündigung, in: Le Monde des Débats, Oktober 1992, S. 8f.
28 Frédérique Vinteuil, Le continent noir des femmes très pauvres, in: Cahiers du Féminisme, Nr. 46, 1988.
29 Françoise Picq, Libération des femmes. Les années-mouvement, Paris 1993, S. 99.
30 F. Picq vermutet, daß die Großdemonstration vom 5. Oktober 1979, die

scheinbar den Höhepunkt der Bewegung bildete, infolge der Spaltung zwischen MLF und "MLF-eingetragener Verein" in Wahrheit "ihr Schwanengesang" war (S. 295).

31 Anne Tristan/Annie de Pisan, Histoires du MLF, Paris 1977; Danièle Léger, Le féminisme en France, Paris 1982; Régine Dhoquois, Appartenance et Exclusion, Paris 1989; Cathy Bernheim, L'Amour presque parfait, Paris 1991.

32 Maité Albistur/Daniel Armogathe, Histoire du féminisme français, Bd. 2, Paris 1977; Monique Rémy, De l'utopie à l'intégration, Paris 1990.

33 Interview mit A. Fouque in: Le Débat, Nr. 59, März/April 1990, S. 126-143. - Die Initiatorin der Editions des Femmes, der Frauenbuchhandlung in der rue des Saints-Pères und Theoretikerin einer weiblichen Kulturrevolution hat sich inzwischen einen festen Platz in der Pariser Intellektuellen-Szene erobert, wie u.a. eine dreistündige Rundfunksendung über sie im Sommer 1989 beweist.

34 F. Picq widmet diesem Bruch ein ganzes Kapitel mit der provokativen Überschrift "Wem gehört das MLF?" Darin werden zwar die Argumente A. Fouque korrekt wiedergegeben, aber ihr Verhalten implizit mißbilligt; eine völlig andere, apologetische Version der Vorgänge findet sich in: Le Débat, Nr. 50, 1988, S. 241ff.

35 "Levons-nous, femmes esclaves, et brisons nos entraves, debout!" Der ganze Text ist abgedruckt in: Albistur/Armogathe, Bd. II, S. 694.

36 Exemplarisch für die beiden Positionen einerseits Rémy: "La réforme tue l'utopie"; andererseits Françoise Collin, die betont, daß die Frauenbewegung nur überlebt, wenn sie Bündnisse schließt und sich als "eine soziale Kraft unter anderen" versteht, sich also "vergewerkschaftet". (taz, 23.12.1990).

37 Ein Beispiel dafür sind die von der *Alliance des Femmes pour la Démocratisation* (Gründerin: A. Fouque) 1989 organisierten Generalstände der Frauen, bei denen Vertreterinnen (fast) aller Parteien und Generationen mitgewirkt und auf die fortbestehenden Defizite hingewiesen haben.

38 Picq, S. 351.

Anmerkung zu dem Kapitel "Vom alten und neuen Antifeminismus"

Übersetzung aus dem Französischen von Marieluise Christadler und Florence Hervé

Personenregister

Die Autorinnen

Christine Bard, Unterricht und Forschung am Centre d'études, de documentation et de recherche pour les études féministes, Paris, Dissertation über "Le mouvement féministe en France 1914-1939", Herausgeberin von "Madeleine Pelletier, Logique et infortunes d'un combat pour l'égalité", Paris 1992.

Marieluise Christadler, Professorin für Politikwissenschaft an der Universität-Gesamthochschule Duisburg. Buchveröffentlichungen: "Kriegserziehung im Jugendbuch. Literarische Mobilmachung in Deutschland und Frankreich vor 1914", Frankfurt a. M. [2]1979; "Deutschland-Frankreich, Alte Klischees - neue Bilder", Duisburg 1981; "Die geteilte Utopie, Sozialisten in Frankreich und Deutschland", Opladen 1985; "Freiheit, Gleichheit, Weiblichkeit", Opladen 1990.

Anne Cova, Historikerin, Doktorandin des Institut Universitaire Européen in Florenz und der Ecole des Hautes Etudes en sciences sociales in Paris. Dissertation über "Droits des femmes et protection de la maternité en France". Beiträge, u.a. "French Feminism and Maternity: Theories and Politics 1890-1918", in: Gisela Bock und Pat Thane (Hg.), "Maternity and Gender Politics, Women and the Rise of the European Welfare States 1880s-1950s", Routledge 1991.

Benoîte Groult, Schriftstellerin, u.a. Autorin von "Ödipus' Schwester", "Salz auf unserer Haut", "Wie die Freiheit zu den Frauen kam, Das Leben der Pauline Roland", zuletzt von "Cette mâle assurance". Die Lehrerin und Rundfunkautorin wurde mit vierzig zur Feministin. Unter der Regierung Mitterrands leitete sie eine Kommission, die sich mit der Feminisierung männlicher Berufsbezeichnungen befaßte.

Florence Hervé, Dr. phil., Germanistik-Studium in Paris. Als Universitätslehrbeauftragte, VHS-Dozentin und Publizistin tätig. Autorin von Büchern zur Frauenbewegung, zuletzt "Geschichte der deutschen Frauenbewegung", Köln 1990; "Frauenzimmer im Haus Europa", Köln 1991; "Namibia: Frauen mischen sich ein", Berlin 1993; und "Das Weiberlexikon" (Mitherausgeberin), Köln 1993. Redakteurin der Zeitschrift und des Kalenders "Wir Frauen".

Françoise Thébaud, Maître de conférences an der Universität Lyon 2, Mitglied des Institut Universitaire de France, Historikerin über Frauen im 20. Jahrhundert. Viele Beiträge dazu, u.a. in: "1914-1918: l'autre front"; "Femmes et fascismes"; "La Tentation nationaliste". Autorin von "La Femme au temps de la guerre de 14" und von "Quand nos grand-mères donnaient la vie: la maternité en France dans l'entre-deux-guerres", Herausgeberin des Bands V, 20. Jahrhundert, der "Histoire des femmes", Paris 1992.

ZEBULON KONTROVERS

Norbert Thomas, Luxusware Müll
ISBN 3-928679-19-8; DM 19,80; ÖS 154; SFr 19,80

Alexander Schuller, Der Automaten-Mann
Mit einem Vorwort von Gerhard Meyer
ISBN 3-928679-17-1; DM 19,80; ÖS 154; SFr 19,80

Günter Handlögten/Henning Venske, Klüngel, Filz & Korruption
ISBN 3-928679-16-3; DM 19,80; ÖS 154; SFr 19,80

Henry Düx, Vom Wackeldackel zum Doppelmord
ISBN 3-928679-18-X; DM 19,80; ÖS 154; SFr 19,80

Alfred Lessing, Mein Leben im Versteck
Wie ein deutscher Sinti den Holocaust überlebte
Mit einem Vorwort von Günter Wallraff
ISBN 3-928679-10-4; DM 24,80; ÖS 193; SFr 26,20

Jürgen Streich, Dem Gesetz zuwider
Wie bundesdeutsche Behörden Umweltverbrechen zulassen
ISBN 3-928679-12-0; DM 24,80; ÖS 193; SFr 26,20

Rüdiger Heins, Obdachlosenreport
Warum immer mehr Menschen ins soziale Elend abrutschen
ISBN 3-928679-11-2; DM 24,80; ÖS 193; SFr 26,20

Bernd Michels, Spionage auf Deutsch
Wie ich über Nacht zum Top-Agent wurde
ISBN 3-928679-06-6; DM 24,80; ÖS 193; SFr 26,20

Harald Schumacher, Einwanderungsland BRD
Warum die deutsche Wirtschaft weiter Ausländer braucht
ISBN 3-928679-05-8; DM 34,80; ÖS 270; SFr 36,80

Sara Gül Turan, Freiwild
Meine Zeit in einem deutschen Gefängnis
Mit einem Vorwort von Günter Wallraff
ISBN 3-928679-04-X; DM 24,80; ÖS 193; SFr 26,20

ZEBULON BELLETRISTIK

Bernd Michels, Restrisiko
Kriminalroman
ISBN 3-928679-24-4; DM 19,80; ÖS 154; SFr 19,80

Norbert Leppert, Stadt im Zwielicht
Kriminalroman
ISBN 3-928679-15-5; DM 19,80; ÖS 154; SFr 19,80

Nicoletta Sipos, Chiara W.
Aus dem Italienischen übersetzt von Bert Schmitz
ISBN 3-928679-14-7; DM 28,00; ÖS 218; SFr 28,00

Nicoletta Sipos, Potowskys schwarze Saga
ISBN 3-928679-09-0; DM 36,00; ÖS 280; SFr 38,00

Frédérick Tristan, Im Gefolge des Alchimisten
Aus dem Französischen übersetzt von Michael Gramberg
ISBN 3-928679-03-1; DM 39,80; ÖS 310; SFr 42,20

Patricia Carstens, Kein Anschluß
ISBN 3-928679-02-3; DM 39,80; ÖS 310; SFr 42,20

Hendrik de Boer, Der Wind in den Wolken
Kurzgeschichten
ISBN 3-928679-07-4; DM 34,80; ÖS 270; SFr 36,80

ZEBULON SPEZIAL

Hans-Günther Hecker/Bernd Dietrich-Heßbrügge
Auf Pfauenschwingen
ISBN 3-928679-01-5; DM 39,80; ÖS 310; SFr 39,80

Ralph Durry/Karl-Heinz Wanders, Meister DEG
Hattrick für die Düsseldorfer Puckstars
ISBN 3-928679-00-7; DM 24,50; ÖS 198; SFr 24,50

Franz-F. Schart, Revier total
Das etwas andere Heimatbuch
ISBN 3-928679-08-2; DM 24,80; ÖS 193; SFr 26,20